U0839358

珍藏本
纪念版

汉译世界学术名著丛书

美洲三书

〔英〕埃德蒙·柏克 著

缪哲 选译

商务印书馆
SINCE 1897 The Commercial Press
2017年·北京

Edmund Burke

THE WORKS OF THE RIGHT HONORABLE EDMUND BURKE I,II

Little Brown and Company,Boston,1866

本书根据利特尔·布朗出版公司 1866 年版

《埃德蒙·柏克著作集》第一卷、第二卷选译

埃德蒙·柏克像

汉译世界学术名著丛书
（120年纪念版·珍藏本）
出 版 说 明

2017年2月11日，商务印书馆迎来120岁的生日。120年前，商务印书馆前贤怀揣文化救国的理想，抱持“昌明教育，开启民智”的使命，立足本土，放眼寰宇，以出版为津梁，沟通中西，为中国、为世界提供最富智慧的思想文化成果。无论世事白云苍狗，潮流左右激荡，甚至战火硝烟弥漫，始终践行学术报国之志，无改初心。

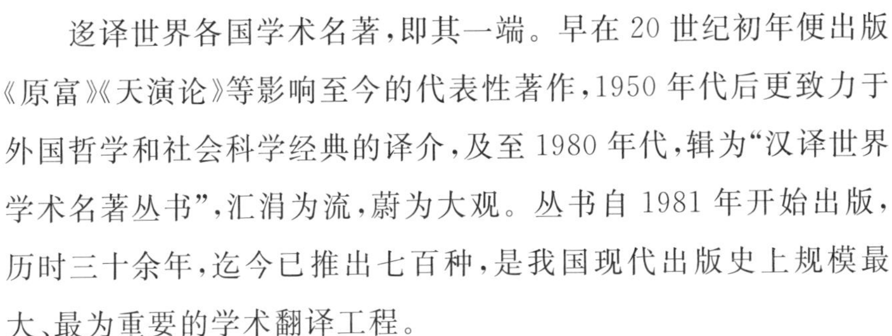

迻译世界各国学术名著，即其一端。早在20世纪初年便出版《原富》《天演论》等影响至今的代表性著作，1950年代后更致力于外国哲学和社会科学经典的译介，及至1980年代，辑为“汉译世界学术名著丛书”，汇涓为流，蔚为大观。丛书自1981年开始出版，历时三十余年，迄今已推出七百种，是我国现代出版史上规模最大、最为重要的学术翻译工程。

丛书所选之书，立场观点不囿于一派，学科领域不限于一门，皆为文明开启以来，各时代、各国家、各民族的思想与文化精粹，代表着人类已经到达过的精神境界。丛书系统译介世界学术经典，引领时代思想，为本土原创学术的发展提供丰富的文化滋养，为推动中国现代学术和现代化进程做出了突出的贡献。

为纪念商务印书馆成立120周年，我们整体推出“汉译世界学术名著丛书”120年纪念版的珍藏本，寄望既利于文化积累，又便于研读查考，同时向长期支持丛书出版的译者、编者和读者致以敬意。

两甲子后的今天，商务印书馆又站在了一个新的历史时间节点上。我们不仅要铭记先辈的身影和足迹，更须让我们的步伐充满新的时代精神。这是商务人代代相传的事业，更是与国家和民族的命运始终紧密相连的事业。我们责无旁贷，必须做好我们这代人的传承与创造，让我们的努力和成果不仅凝聚成民族文化的记忆，还能成为后来人可以接续的事业。唯此，才能不负前贤，无愧来者。

商务印书馆编辑部

2017年10月

目　　录

译者引言

对不同的人，柏克有不同的好处。在理论家的眼中，柏克的价值多在于《法国革命论》一书；对政治家，或用心于实际政治的普通人，柏克论美洲问题的三篇文字，或更称得上政治智慧的源泉。英国的政治家、文人莫雷勋爵（1838—1923）在他的《埃德蒙·柏克》一书中说：

“在柏克所有的文字中，最让我们叹为观止的，莫过于《论课税于美洲》、《论与美洲的和解》和《致布里斯托长官书》。研究公共问题的人，不论是为求知识，还是为长才干，将它们奉作我们文献中的（或任何一国的文献中的）宝典去读，是毫不为过的。它们是完美的典范，每一个理论家，或每一个‘演员’，在政治之危急的关头，焚膏继晷以图获取的所有本领，都可见之于它们。它们讨论的话题，与我们作为自由公民的兴趣和感情之间，纵然略显得隔膜，但它们讨论问题的方法，对于政治中人来说，仍是充满教益的，仍是无与伦比的。……作者对问题的处理中，仍有我们今天要学的每一样东西：对纷繁的细节的简化和有力的把握，以人类经验的大原则，去洞明世理，对正义、自由这两个伟大的政治之目标，心中有强烈的感受,对权宜之举的解释有大家的气度,胸襟开阔,以及道德感、远见和高贵的脾性。"

另一位政治家、柏克先前的朋友、后来的敌人福克斯也建议说:"《论与美洲的和解》这一篇演讲,要白天读,晚上想;要下韦编三绝之功,铭记在脑子里,铭刻在心里。"这工夫,是不会白下的,对于政治,"他将有开阔的视野,通达的见识。"

美洲脱离英国而独立,去今已200多年,英美的读者所受益于这三篇文字的,照莫雷的话,只是其中的方法和作者的政治气质。对我们来说则不仅此;改动莫雷的话说:"它们所讨论的问题本身,今天仍是充满教益的。"

美洲脱离她的祖国而独立,过程约有三局。1764年至1774年,是英国改变其旧有的帝国政策、试图课税于美洲的时期,英国与美洲的冲突,焦点主要在利益。但随着双方的互不相让,1774年至1775年,冲突的重点,即转移到英国的主权与美洲的自由权上,而凡事一涉及这两者,人们最不轻易妥协。所以1775年之后主权与自由权之争,即恶化为主权与独立之争,内战终于爆发,结果是美洲的独立。

从冲突开始到美洲独立的近20年中,柏克对冲突的性质与最终的结果,表现出了令人吃惊的洞察力,并发出了神谕般的预言。在英国改变其旧的帝国政策、试图课税于美洲的十年中,柏克即断言,美洲人是不可能接受英国的课税的,假如英国不妥协,美洲人将抛开利益的问题,转而攻击英国的课税权,进而攻击课税权的基础、即英国的主权;这些想法,集中体现于1774年《论课税于美洲》的下院演讲中。“波士顿茶案”爆发之后,利益的冲突终于如柏克所预言的,演化为原则的对抗。主权的高调,使英国的执政者失去了理性,故而决定采取镇压的措施,1775年,柏克在下院发表了《论与美洲的和解》的演讲,警告英国的武力政策将引发美洲独立的后果;他预言说,武力一击而不中,就不再有和解的希望了,美洲必走上独立之路,在这个过程中,美洲会投向外国(即英国的敌人法国、西班牙)的怀抱。独立战争爆发后,柏克继续为美洲的事业公开地辩护,1777年,他致信布里斯托市的行政司法长官(后来又出版了这一封长信),谴责英国的武力政策,谴责叫嚣、煽动对美洲动武的愚民;主张以隐忍、退让的态度,接受美洲的所有要求,英国对于美洲之主权的任何一部分,假如美洲不接受,英国就应该舍弃,至不惜放弃对美洲的所有主权。用他的话说:

> “我舍弃它,是作为身体的一肢,目的是为了保住全身;假如有必要,我还愿意多舍,舍什么都行,只要能避免一场无益的、无希望的、反伦常的内战。有人说了:这么退让下去,岂不是容忍他们不战而独立?我因事理和各种情报相信:这样的退让,将收到正相反的效果。但即便有这样的效果,那么听我说一句心里话:我是宁取无战争的独立,也不要有战争的独立。”

并由此而预言说,假如英国大度地接受美洲的独立要求,则同文同种的纽带,将使英国得到一个最坚强的盟友;如果美洲的独立是流血换来的，则英美之间的仇怨，将使英国多一个最可怕的仇敌。

以上便是这三篇文字的大意。

这三篇文字，均涉及了许多当时的历史细节，故译者略述它们的背景，以为读者阅读的参考。

英国人的自由权，当时主要是有两大内容，一是财产权，二是人身保护权（即与“人身保护状”和陪审团相关的一系列司法制度）；选举与被选举的权利，当时则很次要。所谓财产权，是物主自由处置自己财产的权利，它不是经济问题，而是政治问题，或用当时的话说，是自由权的问题。一个人，假如不能按自己的意愿去处置自己的财产，不能以自己认为对自己有利的方式，去使用自己的财产，则就可以说：他的自由权受到了侵害；或用亚当·斯密的话说，“最神圣的人权”便受了“最公然的侵犯”。由这个角度说，一个人的财产给不给另一个人、给多少，应完全由他自己决定，不管此人是乞丐，是国王，还是代表国王的政府。而所谓纳税，也是让渡财产的一种，并几乎是臣民让渡财产给国王的惟一形式。所以税收的权利，便成为英国宪法中最重大的问题，是暴政与反暴政的焦点，也是臣民之自由权的核心。

英国的光荣革命、查理一世的被砍头，都是由税权的争执引起的。按英国人的自由观念，税必须来自于臣民的输捐，而非君主的课取。税可不可征收，又如何征收，须由臣民的代表、即下院来决定；由此而产生的宪法原则是：无代表则不纳税。具体到美洲来说，各殖民地在英国的议会中，是不享有代表权的；故理论上说来，英国的议会无权代表美洲做出输捐的决定，或者说，它无权课税于美洲。但从殖民地的建立直到1764年的一百余年间，英国和美洲，都不曾想到过税权的问题；因为英国的殖民地政策，只是其重商政策的辐射。美洲在这一政策中，并不是直接的税源。它是通过对美洲商业的管制与垄断，以使英国的商业获取最大的利益。它课税于美洲，采用的是关税、或曰港口税的间接形式（即为输入或输出于美洲的商品加价）。征收的地点也多在英国，而不是美洲。1764年以前，直接税、或美洲人所称的“内部税”，几乎是没有的。所有关于美洲的法案，都是管制贸易的条例，从没有以直接取得税收为目的的。所以从表面看来，美洲人的自由权并没有受到侵犯。更幸运的是，如一句老话所说的，大英帝国是“稀里糊涂得来的”，英国对它的殖民地，除了商业的管制外，其他的一切，概采取不管不问的态度，柏克称之“善意的疏忽”。各殖民地的内部事务，几乎完全由美洲人自己控制；政权有很强的民主色彩；即使英国在美洲的官吏，也因薪俸由各殖民地的议会授予，而不得不听命于殖民地议会。美洲作为一个政体或多个政体，固然在商业上受着英国的奴役，但具体到每一个美洲人，则还享受着英国人的所有自由权。但这一局面，正如柏克所说的，“1763年之后，就‘呜呼不承权舆’了”。

1764年，即英法“七年战争”结束的第二年，英国为减轻战争的债务（高达14亿英镑之巨），决定将其中的三分之一摊到美洲的头上。这样做也并非没有道理，因为战争的主要目的之一，是为了保卫美洲的殖民者；承担战争的部分费用，美洲人是有义务的。但问题是，美洲也因这战争而背负了巨大债务，新近又因在边境上与印第安人的冲突，负担益形地加重。这时候要求美洲分担战争的债务，是很不得宜的。但这还不是最要紧的；铸成大错的，是英国为此采取了直接的征税手段。1764 年，首相格伦维尔向下院提交了一份动议，要求课税于美洲，以筹集维持帝国的必要费用。这就是《美洲岁入法案》，亦即俗称的《糖税法》。该法案第一次使用了税收法案的标题，序言中也采用了税收法案的形式（在《论课税于美洲》中都有论及）。该法案的通过，立即引起了美洲人的警觉；他们感到这一新的政策，是违反“无代表不纳税”的宪政精神的，这是暴政的前奏。

美洲人对该法案的看法，可用纽约议会 1764 年 10 月致英国议会的陈情书来表达：“蠲免未经许可的、或并非自愿的纳税负担，必须成为每一个自由领地的重大原则”，否则就不可能有“自由、幸福与安全”，如果议会可以对美洲的贸易征税，也就可以对他们的土地、或任何东西征税了。

《岁入法案》通过后的第二年，格伦维尔内阁又通过了《驻军法案》，该法案要求殖民地为当地的英国驻军提供给养、营房等设施。在美洲的威胁已消除的局势下，却在美洲维持这样大的驻军，也难免让美洲人心里狐疑。

但话虽如此，美洲人对《岁入法案》的反应并不很强烈；它虽然有岁入法案的形式，但毕竟还是一种港口税，而不是直接税；很难说他们的自由权受到了实质性的侵害。但一年之后，好像为了印证纽约议会的预言似的，格伦维尔内阁再次提出了对美洲征税的要求，这就是著名的印花税了。

印花税在英国是一种通行的税种；但用在美洲则不合适；因为它是一种直接税、或美洲人所称的内部税，课税的目标是个人，而不是海关的商品。对没有代表权的美洲人课加这样的税种，很容易被美洲人看作是对他们自由权的侵犯。更为不祥的是，其中又规定：对于破坏该法案的人，须交由英国政府控制的海事法庭审判；而这种法庭，是一向为美洲人所痛恨的；因为它不允许有陪审团，被告须证明自己的清白，否则就有罪；这又是对英国人自由权的严重侵犯。

《印花税法案》通过的消息传到了美洲，弗吉尼亚率先为其他的殖民地树起了榜样：它通过自己的议会，向帝国政府提出了陈情与抗议，要求撤消这一税种。同时，各殖民地也感到有共同行动的必要，于是在《印花税法案》生效后的一个月内，9个殖民地各派出代表共议此事。会上通过了决议：否认议会有课税于美洲的权利；一同陈情于议会与国王。此外，它们还联合抵制英国商品的进口与出售，直到《印花税法案》被撤消为止。在波士顿城，还发生了数起严重的骚乱。

到了该年的11月初，议会感到，在美洲推行这一法案，事实上已不可能，因装有印花税票的船，在美洲根本不能靠岸，被指派分发税票的人，也因担心生命的安全而纷纷地辞职。这时格伦维尔内阁已倒台，新任首相是罗金厄姆勋爵，柏克此时也进入了下院，并成了罗金厄姆勋爵的重要智囊；亲美洲的辉格党人在内阁中占了上风。柏克等人主张撤消这一法案，罗金厄姆也赞同，却又担心因此留下一个危险的先例。几经考虑后，他们决定在撤消的同时，再通过一项《权利申明法案》，以申明议会对美洲享有全面的主权（课税权当然也包括）；他们解释说，撤消《印花税法》，并非主权的放弃，而是出于主权行使的得宜与否。柏克的“拥有主权”与“行使主权"可分离的思想,最早即见于此。1766年,议会就内阁的动议展开了激烈的辩论,皮特坚持说,在任何意义上,美洲在下院都没有代表权,故议会对美洲的立法权中,是绝不能包括课税权的。格伦维尔则反对说,代表不一定出自实际的民选,就美洲的利益来说,议会的每一个成员,其实都是它的"实质的代表"(virtual representatives);他又引证爱尔兰等地区的先例,说代表权与课税权,本不必联在一起;并指责下院里的帮派们在煽动美洲的骚乱。皮特则回应说,对这些先例的解释,是可此可彼、由乎一心的。他称赞美洲人的抗税是自由精神的体现,又说在这一件事上压服美洲,将毁灭英国的宪政自由。他建议说,英国对美洲的立法权是无限的,这一点应予申明,而印花税应立即、全部地废除。在辩论中,英国商人的陈情书也交到了议会,他们要求撤消印花税,以免美洲人对英国产品的抵制,给他们带来更大的损失。短暂的休会之后,下院收到了与皮特的演讲相呼应的动议。在利益之外,殖民大臣康威又为印花税的撤消,提出了国家安全的新理由:与美洲人的争斗,将逼迫美洲人投靠英国的敌人,——法国或西班牙。在这种种的压力下,取消《印花税法案》的动议,只经下院的一读,赞成票即过了半数。随后又通过了上院的表决。对殖民地出口的商品课加的某些招人反感的税项,同时也被降低或撤消了;对殖民地和多米尼哥、牙买加的某些港口之间的贸易之限制,也随即废除。美洲人对这一举措,大体上说是感激的,并表达了对祖国的忠诚。美洲的局面,总算是暂告平定。

但时不过一年,却波澜又起。《印花税法》撤消后不久,罗金厄姆内阁因国王派的阴谋而倒台,新任首相虽是亲美洲的皮特,但他组阁的方式,却一反柏克在《论当前之不满情绪的根源》中提出的组阁原则:即"政见相同"、"同党—朋友优先"。同党之外,皮特还吸纳了几个对美洲颇不友好的人,由此遗下了祸根。

皮特的"百宝嵌"内阁中为害最大的人,是财政大臣查尔斯·汤申。关于此人的性格,柏克在《论课税于美洲》的演讲中虽有惟妙惟肖的描述;而出于恕道,却没有提他的外号"香槟查理"。他所以有此诨称,是因为几杯酒落肚后,口舌即变得异常的伶俐。1767年,皮特病倒,软弱无方的格拉夫顿继任首相,汤申失去了约束,便重回到了课税于美洲的老路上。他在下院夸口说,他能从殖民地这一头肥鹅的身上,采下几根羽毛来,却又不至于疼得它呱呱地乱叫。于是他决定对玻璃、纸张、铅、茶和颜料等,在美洲征收进口税。上下两院通过了他的提案,这就是史称的"汤申法案"。

《汤申法案》重新燃起了美洲人已熄灭的怒火,并渐渐有燎原之势。1768年,麻省已被解散的议会,在未得伯纳德总督允许的情况下,自动召集于波士顿,旋即又被解散,英国的军队入驻波士顿。在这一段时间里,各殖民地一直抵制着英国产品的出售与使用。许多殖民地的议会与总督之间,还发生了激烈的争吵。同年11月,英国召开议会。麻省议会的举动与波士顿的骚乱者,在议会中受到了严厉的谴责;议会还向国王进言:假如有必要,可重新启用已搁置多年的《亨利八世法案》:其内容,是授权政府把那些被指控在英国境外犯有叛国罪的人,押解来英国审判。理由是美洲的陪审团是不会为叛乱者定罪的。国王的政府"欣然"答应了他们的请求。与此同时,在美洲最不得人心的麻省总督伯纳德,被封以准男爵的勋位。此后的1年中,英国与美洲陷入了僵持。

1770年,年仅32岁的乔治三世国王,决心要“重振朝纲”,他推倒了旧内阁,从自己身边的亲信中,挑选了诺斯出任新的首相,美洲的局面便江河日下了。

诺斯内阁面临的第一个棘手的问题,是《汤申法案》所导致的恶果。该法案没有带来它期望的岁入,反带来了遍地的骚乱。正如柏克所说的,政治的自由是富国之本,想依靠暴政榨取,最终是得不到钱的;“专制政权是无能的筹款者。怎样积蓄,怎样榨取,它都一窍不通”。《汤申法案》执行两年来,每年的收入,不足可笑的300镑,而英国用于维持美洲驻军的开销,则每年高达17万英镑。殖民地对英国商品的联合抵制,也使英国的工商业蒙受了惨重的损失。所以1770年,诺斯内阁迫于种种压力,向议会提出了修改《汤申法案》的申请,主张撤消其中的五支关税,但每磅3便士的茶税则保留,以作为英国对美洲主权的象征。这种做法,乍看是务实的,其实却是愚蠢的。这样的象征,以前或许可以保留,但经过了数年的对抗后,美洲人对英国已产生了深深的猜疑,自尊变得很敏感;顽固地保留茶税,会促使问题的重心由利益而转向原则。如柏克所说的,在这以前,美洲人抗税,是谈利益多,讲原则少,他们虽也攻击课税的原则,但只是轻击而已。而“假如我们越走越远,美洲人也会越走越远。”(《论课税于美洲》)现在,既然英国搬出了原则,美洲也便搬出了原则:美洲在议会中既无代表权,课税就是违反宪法之精神的,是对美洲自由权的侵犯。就这样,利益的冲突,渐渐有朝原则的冲突转化的趋势。在柏克看来,这是危险的兆头。

但英国的执政者却智不及此，故 1770 年的议会会议上，诺斯的动议被采纳，五支税被撤消，茶税作为主权的象征保留下来。用柏克的话说，这是丢了利益，落了骂名。结果是“部分的撤消未带来部分的善果，只带来了遍地的罪恶”（《论课税于美洲》）。

1770 年的撤消，表面上看来是给美洲带来的 3 年的安宁，但实际上，它并没有满足美洲人对自由权的要求，所以美洲是怀着愠怒接受的，并没有像《印花税法案》撤消时那样，流露出感激的心情。怨恨由腠肤进入了内脏。他们继续抵制茶的进口与销售。这一抵制，连同其他的因素，终于在 3 年之后，使东印度公司遭遇了重大的财政困难。1773 年，东印度公司仓库里堆积待售的茶叶，价值高达已 1700 万英镑；公司面临破产的危险。而公司的破产，将沉重地打击英国的财政。于是在公司的申请下，政府授予它向美洲输出茶叶的垄断权。它决定由它的代理商出售茶叶，并以低价销售；美洲独立的茶商被排斥于茶业之外。更为严重的是，美洲人认为这一套手法，是对他们的智力与感情的侮辱；因为它想靠低价的茶叶为诱饵，骗美洲人接受他们所拒绝的茶税。于是美洲与英国的旧怨，再次被揭开了伤疤。1773 年的年底，一伙美洲人潜入东印度公司的三艘船，把船上茶叶抛入了大海，史称为“波士顿茶案”。消息传至英国，国王和诺斯大为震怒。这一年 4 月，议会开会讨论美洲的乱局。柏克在下院发表了《论课税于美洲》的演讲，对 1764 年以来的殖民政策，进行了全面的抨击，这是迄当时为止最见柏克的远见与辩才的演讲，措辞严厉而尖刻，是议会多年来所未见的。在这一篇演讲中，他第一次提出了他最深刻的“帝国思想”（但还算不上清晰）。

这次会议讨论的主要问题，仍是茶税的老问题。议会争论的中心，仍是茶税的主权象征；这正是柏克最害怕的争论。他认为，原则的对抗，是异常危险的；因为甲对乙是否享有主权，并没有更高的原则可以决断。所以英国对美洲的政策，一定不能驱使美洲人去质问这一主权的根据；除了美洲的同意、或觉得英国的主权有益于自己的幸福与自由，这主权还有什么根据呢？假如英国不顾美洲人的心愿，一意推行这课税的主权，美洲人将质疑的，就不仅仅是课税权了，而是英国的全部主权。因此柏克的主张是，既然"无代表不纳税"是英国宪法的原则，这一权利，在实践中（而不在理论上）就应该推恩于美洲人，以此作为和解之途。

基于这样的思想，柏克主张彻底废除1767年的《汤申法案》，将残余的茶税一笔勾销。但他虽然喊哑了嗓子（他的确在演讲中喊哑了嗓子），却收效甚微，议会拒绝了撤消茶税的动议，并决计对美洲采取更强硬的措施。

1774年5、6月间，议会通过了一系列的《强制法案》，以报复"波士顿茶案"：封锁波士顿港；偿付茶叶之前，停止波士顿的一切贸易；改变麻省的自由政体[①]殖民地议会的成员由选举改为委任；法官与执法官由议会推选改为总督任命；被控谋叛的人，押往英国审判。这一法案，在美洲引起了全面的恐慌；他们称之为"对美洲自由权的大屠杀"；各殖民地陷入了叛乱状态。利益的冲突，彻底恶化为主权与自由权的冲突；"一个环绕四海的商业帝国的柱石，终于撼动于财政家不挂齿的三便士，哲学家不屑意的俗物如'茶'

① 殖民地议会的成员选举改委任；法官与执法官由议会推选改为总督任命。

了”(《论课税于美洲》)。

1774年9月,来自12个殖民地的55名代表会集于费城,商讨统一的对策。会议通过的《权利宣言》颇为稳健,它申明:美洲人既为英国的臣民,自应享有英国人的一切特权。以此为基础,他们要求撤消近来的《强制法案》,撤消之前,他们将自12月1日至1775年的9月间,停止与帝国的一切进出口贸易。

1775年初,英国再次召开议会。而国内的气氛,是颇不利于和解的,人民与内阁有相同的看法:英国已妥协了,但没有结果,剩下的惟有镇压一途。皮特在上院发言说,由《权利宣言》的内容看,和解仍有希望;故他动议接受这宣言的要求,放弃课税的权力,美洲作为回报,则应承认英国的主权,并自动输捐一笔他们认为合适的款项,以减轻英国的债务。但他的动议遭上院的否决。1775年2月,诺斯动议说,各殖民地议会若自行为它的政府募集经费,并附带征集适当定额的帝国防务费(其数额由英国决定),议会则答应不再课税于美洲。这一动议,不能不说是带有和解色彩的,但与此而俱来的,却是限制美洲贸易的新政策,以报复美洲中断与帝国的进出口贸易。柏克对此深不以为然,他认为双方的猜忌,眼下既这样深,则任何不利于和解的措施,都有可能导致伤口的溃烂。除了明明白白的善意之外,英国不应再拿出任何东西了。1775年3月22日,他在下院发表了平生最著名的演讲《论与美洲的和解》。他首先认为,镇压美洲,不仅是对美洲自由权的践踏,也是对英国自由原则的践踏,是对英国宪法的践踏;它不仅为害于美洲,更将为害于英国人的自由;其次,他论证了美洲是不可以征服的,英国假如动武,则有可能导致美洲独立的后果;第三,即使美洲可以征

服，美洲人也不会服从，英国需要不断地镇压，这将使英国变得国弊民衰，一旦有外敌，英国必受它的宰割，从而使国家无安全可言。基于这样的理由，他从 1764 年的立场上又做了退步：议会应申明永久性地放弃对美洲的课税权，以此作为和解的手段，然而反对派仍坚持以往的理由，即认为这样的退让，会导致英国主权的全部丧失，故否决了柏克的动议。诺斯的动议被通过。两个月后，英国的武力政策，终于导致了康科德与列克星顿战役，消息传到英国，柏克沮丧地说道：

> “完了，与美洲和解的希望，只怕是全完了。血已经流了。闸门开了。流到何时，流到哪里，怎么停下来，只有上帝知道。”①

大约一个月后，即 1776 年 7 月 4 日，《独立宣言》发表。柏克最担心的事终于发生：英国的主权，被美洲人“甩在了他的脸上”。

美洲的独立战争，自柏克最后一次和解的努力算起，大约进行了 8 年之久。在这 8 年中，英国的官商、贼民的政客、歹徒、骗子，也和正派的人一道，都成了高尚的人，成了爱国者；“为他们并不去打的战争，高声地请战”。而除了受权力的奴役、即由无体验权力之滋味的小百姓，也“犯了骄狂”，“为他们永远掌不上的残暴的统治权，摇旗呐喊”。举国是对美洲的喊“打”声。执政者的美洲政策，是参用暴力与蛊惑的，呻吟于权力下面的愚民，则以脑袋做战

---

① 《柏克书信选》，芝加哥大学出版社 1984 年版，226 页。

鼓的皮，或在美洲战场上被锤破，未与参战之荣的，则在蛊惑者的敲打下，发出了巨大的漫骂声：美洲人是暴徒，美洲人是胆小鬼，美洲人是忘恩负义的不肖子，美洲人是背叛祖国、投靠敌人（美洲在战争中曾寻求英国的敌人、法国的支持。）的下贱货。在这样的气氛下，柏克写下了著名的《致布里斯托长官书》。但美洲的独立，已是不可挽回。

1791年、即美洲独立近十年之后，柏克假托自己的一个朋友写了一封公开信，他又一次回顾了自己当年所持的立场："他坚信殖民地人不可以、也不应该被武力屈服。他坚信，若有这样的结果，则美洲必须驻以庞大的常备军，方可保持屈服的状态，他坚信这样的军队，当初既不顾英国人的宪法权利与特权，置英国人与美洲人于轭下，随后又把一个英国的民族，久久地置于奴役的境地，则性由习成，必兵骄将悍，

> 对英国本身的自由，也终将成为致命的威胁；这期间，它将使国库不胜其重；它将不断地滋生、养育新的争端，争端之不足，又将导致一轮新的战争；在国家疲敝、土裂民分多年之后，外国的势力必将宰制我们"。（《一个老辉格党人对新辉格党人的呼吁书》）

柏克假设的镇压成功并没有出现，这对双方都是幸运的。但尤为幸运的是，英国毕竟是商人的国家，利益的原则，很快使它清醒了过来，故而停止了与美洲的战争；否则，以它那多于美洲近三倍的人口，以它那无敌于天下的海军、陆军，若不顾后果而舍死一

战,美洲是不可能独立的。

但可悲的是,流血换来的独立,使这两个同文同种的国家,在此后近百年的时间里,相互间一直持有敌意;英国逢有外患,美国必站在与它为敌的一方。

《论当前之不满情绪的根源》一篇,涉及的是18世纪英国政治中最混乱的一幕。既是柏克的名篇,对理解其关于美洲的三篇文字亦极有助益。

英格兰一国,素以"平衡政体"自傲于人。依孟德斯鸠对英国政体的论述,英国的统治权,含君主、贵族和平民三部分,为了受统治的臣民之益,三者平衡而相制约。用帕雷的话说,"每一支立法权的滥用,莫不受抵制于与之对立的另一支立法权"。但理论终归是理论。"光荣革命"后,下院的势力大张,汉诺威家族之继承英国的王位,又由辉格党人"作俑"并支持,故英国的政治,1714年之前,大体上说,是垄断于辉格党人之手的;1744年之前,出任政府高官的,又多是最大的辉格党家族派尔罕家族的代理、裙带与盟友。这一"政治霸权"的支柱有两根:一是通过封官晋爵、口舌之捷给和手段的老到,巧妙地操纵上下两院;二是与君主的合同一致。内阁执掌权力,有国王的支持,是必不可少的,除了直接的荫庇,在议会中,国王的影响也很大;但只有他亲选的大臣,才能得这样的"恩待"。在前两位乔治的统治下,所谓"平衡",每体现于国王与辉格党大臣的处同一阵线;故政治体制得以平稳地运行。被排斥于体制之外者,是已遭废黜的国王詹姆斯二世的子孙;他们曾两度兴兵,以图推翻汉诺威家族的统治(1714年和1745年),但均以惨败

而终。至 1760 年乔治三世登基时,“僭君”的事业已日暮途穷。所谓“无世传的遗民”,随着旧托利党人的老迈与死亡,他们的后代们,渐渐依附了新朝;“僭君”事业的同情者,在体制中,或被投贤置散,或因改节而被纳入于体制,如著名的老皮特。

乔治三世的登基,翻开了国事的新局。在 1760 年,旧托利党人不依附新朝,是无所用其忠心的;而所谓“托利党”,也已名存实亡;故辉格党人的支持,已不再关乎汉诺威王朝的命运;派尔罕家族的庞大势力,反成了乔治三世“宸纲独断”的障碍。所以他登基不久,便决定撇开辉格党人而自行其是,于是他清洗了旧臣,擢他的亲幸、即柏克不屑于言之的布特勋爵于首相的宝座。然后在政府中安插自己的亲信,收买下院的议员。君权势力急剧地扩张起来,英国的政治陷入混乱,君权在政体中的角色,再度成为政治中的话题。

1763 年,布特怵于政治的繁难,辞去了首相一职;此后一直到 1770 年,不曾有一届内阁能同时取得君主的荫庇和下院多数成员的支持。格伦维尔(1763—1765)和罗金厄姆的内阁(1765—1766),虽得势于下院,却失意于国王;老皮特(1766—1767)做到了左右逢源,但失去了理智,格拉夫顿(1767—1770)则手足无措,不知计之安出。在政局的扰攘中,诺斯终于露面了;他左右逢迎,既得君主的恩宠,也获得了下院的支持;执掌英国的大位长达 12 年之久,这期间,因他的有术无学,性格之摇摆,最终促成了美洲的大叛乱,及美洲独立的结果。

在这些不成功的首相中,罗金厄姆勋爵是坚定的辉格党人,下台后,他成了议会中反对派的领袖;乔治三世一朝的前期政治中,处处有他的影子。他是乔治三世扩张君权遇到的主要障碍之一。在政治斗争的同时，两派也大张笔锋与口辩，为自己的行为做政治与道德上的辩护。

罗金厄姆和他朋友们所以能对抗国王，是因为他们都是家财万贯的人，不像诺斯等人那样，生活依赖于国王的俸禄，而国王培植势力的主要途径，当时主要是靠俸禄与收买；家财万贯的人，自然不受收买。其次，他和他的朋友们多出身于高门，年轻时即继承了爵位，荣誉感甚强，行事素不依附于他人；第三，他们在掌权之前，已颇孚民望，不像布特、诺斯等人那样，地位是随国王的拔擢而来、随国王的罢黜而去的；最后，他们与乔治三世多是同一代人，而乔治家族所以能取得英国的王位，可以说是他们的祖先功劳，这一点，也使他们不大把国王放在眼里。故1775年出任首相后，他自行其是的作风，很快便与乔治扩张君权的企图发生了冲突；一年后倒台。但由于罗金厄姆广孚众望，势力颇大，因此英国的政治陷入了分裂；一场原则性的争论不可避免地发生了：国王任命自己的大臣，是端凭一己的好恶呢，还是尊重公众的意见？这个问题在当时人的眼里，既是政体的，也是道德的。

平衡与制约，虽是英国宪制的大原则，但每一支权力之范围的小大，因英国没有成文的宪法，故须求之于先例与习惯；而先例的解释，可人见不同，习惯的延续，又可依时势而因革，而转移；对于如何找到权力的平衡点，人们的意见是模糊的。故国王一党的人说：国王选仆人、包括替他理国安民的仆人，是自有威权、他人不可以置喙的。这说法，罗金厄姆党自然不苟同；但英国人的性格，是偏好于解释旧原则，而不另树新义；这保守的精神，每能避免政体的危机。所以他们说，这一点，当然是君主的特权，就理论而言，是神圣不可侵犯的，而实际则颇不易行；王权的影响，目前是太大了，这打破了政体的平衡；而且王权的行使每出于私意，不出于公心，故公众对目前的政治是颇为反感的；这已严重影响了内政、外交和殖民事务。国王若想国泰民安，重新获取国民的好感，那么任命大臣，就必须出于明显的公益之动机，尊重公众的意见。用德文郡公爵对一位王权支持者的话说：

> "至于君权的内容，您自可以由乎一心；但您听我说，您最终会发现自己是错的。国王若以广得民望者为大臣，他将成为伟大的人；而假如他选大臣，仅仅出于一己的私好，则他绝成不了伟人，也不会幸福。"

1763 年柏克主编的《年鉴》中，也提到了国内的这一场争吵，"不管是真的，还是伪托的，但一段时间来，却不幸地分裂了国民"。

> "（国王的人说）陛下可挑选、留用他的大臣，这是绝无疑义的，也为法律所许……国王任命他的仆人，应是全权在握，其合法性，并无一人置疑；布特勋爵的朋友们，以及后他而起的内阁，恰是在为国王保持这一权利。而反对者亦不否认国王的这一宗权力；但他们申辩说：按宪法的精神，王权之行使这一公共的职守，须以公共的动机为依违；不能出于一己的好恶，或私人的友谊……他们以为，只有恪守这一原则，王权因

> 颁赐高官厚禄而获得的巨大势力，才可稍得以制衡。这特权只有用于公益，才足以使国民安于它的广狭。”①

简言之，罗金厄姆一党的人并不否认国王的特权，但实际中，却不允许王权尽其理论上的极限；而要受制于“公意”和“公共的动机”。这样一来，该问题的道德一面就出现了。

现代的政治，本无所用于道德（un-moral），制度完善的用意，是使贤者无所用其贤，不肖者亦无所见其不肖。但柏克时代的英国，行政几乎是政治的全部，执政者自行其是的余地也太大，行为的可与否，并无事先的程序可约束；故当时的政治中，道德仍是一件大事。道德的问题，当时亦有两面：一、什么是政治道德？二、谁适宜维持政治的道德？第一个问题是很简单的。用我们的话说，“心里装着大多数人民”，就是政治的道德。在这一点上，国王的人

① 在立宪制度慢慢形成之前，国王任命大臣，一直是自出己意、不受制于人的；所谓“国王的特权”，正是这一历史的遗物；其合法性源出历史，而非“自然的理性”。但随着立宪制出现与发展，国王的这一特权，势必有碍于立宪制的运行。不揭出新原则，以否认国王的特权，或解释旧原则，使之曲顺于新体制，问题是无由解决的。前者的结果是革命，后者则是保守中的“进化”。而英国人所以能“保守”，有可保守者是根本；在这里，柏克所推崇的“迷信”是不可以小觑的。迷信之为物，归根到底是一种感情，故可受国民的迷信者，是个人，无人格的集团断乎不能。“三代无贵族”；无神秘之血缘的暴发户，也不能取得国民的迷信。所幸的是，英国有一个有血有肉、有着神秘之血缘的国王，故保守的精神，终得以行其道。对王权的适度的迷信，对权利之稳健的追求，正是保守的真精神。我今欲“坚持某某的特权”，或“某某的领导”，则此“某某”既是无人格的集团，是必不能唤起国民之迷信的；既无迷信、或感情，则其合法性必受“理性”的质询；政体的危机是终不可免的。学者中，如今有好谈柏克、举英国以抑法国的人；其悲天悯人之情，固拳拳可感；然保其不可保，求所不能求，无所闻而来，终必是必无所见而去的。

与反对者之间并没有分歧;任命大臣、行使权力须出于公益,而不是一己的私好或利益,是双方都承认的。但此后,两派就分道扬镳了。因为何为公益,是颇不易确定的;国王任命大臣、或大臣们施政,有自以为是出于公益、而结果却有害于公益者,也有出于私利却以人民的利益为名者。做事是不是出于公益,察心见志是不可能的。解决这个问题,假如舍制度而任道德,如当时的人所做的那样,则下面的问题不可避免:哪一类人最适宜维护政治的道德?国王派的回答自然是国王:首先,他们说,舍公而行私的原因,无非是贪财而已,以国王的财产,他是必不受这样的诱惑的。其次、但却是最重要的:英国既是王家的"产业",人民的利益之外,他并无自己的利益,他当然"最代表人民",是"人民利益的天然代表"。所以由国王凭自己的好恶任命大臣,是最符合公益的——这一套逻辑,可见于当时的杂志《旁听者》中(1762 年 3 月 17 日)。

而《旁听者》的逻辑,罗金厄姆的辉格党也可以采用,比如说:国王固然富得不至于因贪婪而害公益,但罗金厄姆又何尝不如此?他也是富可敌国的。至于国王是不是人民利益的天然代表,反对者不置可否;因为历史不支持这样的说法;退一步说,即便如此,也还有如何去"代表"才能促进公益的问题;而"代表"的最好办法,应该是顺从公意。至于道德的邪恶,两派也各执一词:麦尔康姆勋爵在致布特的信中说,在乔治二世一朝,辉格党人"打着为全体人民负责的幌子,独霸了王室的好处和势力,并分给了自己的党徒。"国王党的人还说,结党就是为了营私,所以党派是祸国的源头,必须铲除之。被乔治三世罢黜的辉格党人(即罗金厄姆派)则说,结党是人的天性所趋;也是使自己的政治主张产生效力的必要手段;对维护政治的道德,政党是必要的工具;而且君权势力的扩张,已破坏了宪政的平衡,使得内政不理,外交紊乱;不结党,是不足以遏止乱局的。但大体上看,双方所着力的,多在于把政治的品德归于自己,而少在于把邪恶归于对方。

在这一场争论中,柏克发表了《论当前之不满情绪的根源》。他以自己的政治信仰为基础,把罗金厄姆派的论据做了严密的组织。出版当年(1770 年)即印刷了三版。这是一本用于宣传的小册子,容或有党派的偏见,但通体看来,它仍是柏克最富政治智慧的文字之一,也是最早为政党做道德辩护的文字。对后来的政治思想与实践,影响颇深远。

论课税于美洲的演讲

1774 年 4 月 19 日
英 国 下 院

1774 年 4 月 19 日，即上届议会最后一次会议期间，赖城的议员罗斯·福勒先生提出了如下动议：

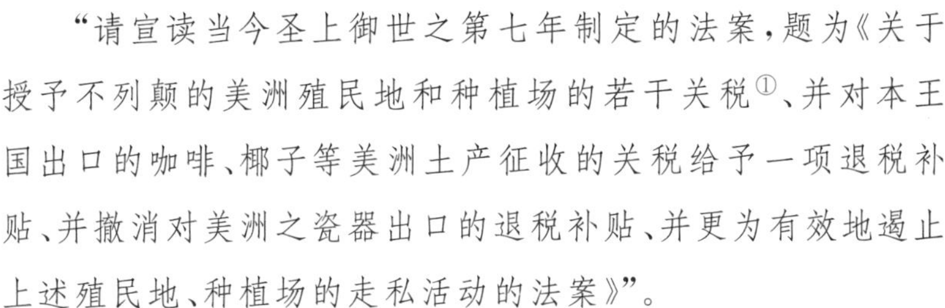

“请宣读当今圣上御世之第七年制定的法案，题为《关于授予不列颠的美洲殖民地和种植场的若干关税[①]、并对本王国出口的咖啡、椰子等美洲土产征收的关税给予一项退税补贴、并撤消对美洲之瓷器出口的退税补贴、并更为有效地遏止上述殖民地、种植场的走私活动的法案》”。

议会应他之请宣读过这一法案后，他提出动议说：

---

① 此处涉及英国岁入法案的特殊用语；依据英国的宪法原则，国王之取得管理国家的费用，是臣民通过下院而“授予”他的，不是他“征收”于臣民的；通俗地说，是臣民“给”的，不是他“拿”的；“拿”是违法。所以此处所谓的“授予”，意思是把殖民地关税“授予”国王。在法案中，用语是要讲究的，平常则可以说“征收”。（本书注释除标明原注者外均为译注。——编者）

> “这次会议，既已进行到第7日，本院应立即召开全体会议，以讨论该法案课加于陛下之美洲领地的每磅三便士的茶税；并讨论该税项的专用问题。”

这后一项动议，引起了热烈而有趣的辩论，在辩论中，柏克先生做了如下发言[①]：

阁下，我同意方才这位先生[②]的话，这[③]在本院确实不是新话题了。在所有的话题中，我们以它最熟悉；对本院来说，这不是愉快事，对国民、对全帝国的和平与昌盛来说，这则是不幸的。临时抓来的论据、一时的权宜，这种可悲的圈子，我们一场会议接着一场会议，绕过来，兜过去，足足有九年之多了。我敢说，我们一定转晕了头，搅翻了胃。它们[④]的每一种相貌，我们都见过，还四面打量过它们。心机用尽了，理性累垮了；经验做出了判决，顽梗却如初。

这位可敬的先生，今天又想为这讨厌的争论换一副新面孔。他抛出的讲话里，全部是质问之辞。质问可不是小事；此公为人的谨慎，既与他的果敢相当，则我敢说，在发出质问前，他一定掂过分量的轻重了。在下院中，我忝居这位先生的同侧[⑤]，在美洲问题上，我有幸与他持相同的主张，曾有多年之久。我的想法，他肯定

① 这一段文字，是该演讲第一次印刷时出版者所加的。

② 查尔斯·沃尔夫兰·康瓦尔老爷，新被任命的财政委员会委员。——此书第1版原注

③ 对美洲课税的话题。

④ “临时抓来的理由，一时的权宜”。

⑤ 在英国的下院中，支持政府与反对政府的议员，是分处于议长席的两侧的。

是了解的；我呢，本以为也熟悉他的主张。可我错了；虽然如此，但看在多年友谊的份上，他仍会允许我向他权威之下的议会提出申请，在他指定的各种范围里，把我对该问题的浅见，呈奉阁下钧裁；这个问题太重要了，我理当尽我的驽钝之力，以作最全面的探讨。

他为本院划定的讨论范围有两种：一个很狭小，很简单，仅限于您纸面上的问题；另一个则大而复杂，包括了议会前前后后在美洲问题上的所有做法，以及它们的起因和结果。关于后一种范围，他说是无用的，不但无用，在如此大的范围里做调查，更是危险的。主张立这样的限制，以他的权威，我自然不敢小觑，但令我吃惊的是，他话音甫落，却又以同样的权威，径直废除了这一限制，并宣称对历史的细节做原原本本的考察是绝对必要的。这就是热情作祟、稍失他惯有的严谨了。这样无定则，阁下，我们该怎么办？谁愿意听从他立的法呢？辩论的规矩，他立之于前，却破之于后，对后他而起的发言者，他插下藩篱，随后自己却溜将出去，尽着问题的范围，尽着他的八斗高才，信马由缰，不知所止。

他的规则，阁下，我虽不能悉数地遵守，但我会尽量遵守的。在他以身作范之处，我将尽量遵守他的规则，有的规则，虽与其他规则相矛盾，但因最合情理，我也将恪守之。他放开眼，兼及前后看这个问题，则谁云不宜？对他的行为，他自己可以指责，我却做不到与他同声一气。这样的讨论，是既非无用、也不危险的（他会允许我这么说）。他宣称，翻旧账是不聪明的；当问、且惟一当问的问题，“不是我们怎样落入了这困境，而是如何摆脱它”。也就是说，依他之见，我们该踢开我们的经验，只就教于我们的巧思。他推荐的这一种考虑问题的方式，与人类中所确立的每一理性的成法,每一情理的原则,都是背道而驰的。因为我常以为,依照理性与情理的律令,每当我们因推行某一政策而陷入困境时,我们必须回过头来,对它们严予审查,以便——假如还来得及的话——纠正我们的错误,至少可免于习成故套,错错不止,免于重蹈过去的覆辙,落一个无人可怜的下场。

阁下,这位可敬的先生,既讨论了以往的事,则我将欣然地步他的后尘;人与政策,在我看来凡不值一提者,我将尽量不触及。然而,凡使本院满意的事,我不想落下一桩,故做充分的讨论之前,我想先去那块狭小的地上走一遭,即这位先生在他的讲话里给我们插下篱笆的所在。

他想知道,若依从提出该动议的那位先生的主张,我们撤消了这一税种,美洲人对我们的妥协,会不会得寸进尺,转而瞄准其他的税种,以发动新的攻击呢?会不会嚷叫着撤消酒税,如今天之要求撤消茶税呢?这种事,阁下,我不能保证其必无。但我能做的保证,我会去做的,凡有正当的理由要求我保证的,我也尽量去做。对于经验,阁下,这位先生叛之于前,又归之于后,我呢,是绝不三心二意、首鼠两端的,我要坚定地求助于经验;今天闭会之前,本院无论做怎样的表决,愿上帝保佑我们仅仅以经验为准!

我首先要肯定的是,1766 年、即议会撤消《印花税法案》的时候,美洲人并没有得寸进尺,议会此前课加于这一地区的税收,他们并没有提出撤消的要求,甚至从未要求您废除任何一条税则。我还要肯定的是,当您背离了撤消这一税种所依据的原则、重新拾起课税的政策时,殖民地人的心里,便因此而充满了新的怨恨和各种各样的恐惧;正是这时候,他们才不分税的新老,一总地抱怨起来;也就在这时候、而绝不是这以前,他们对您的每一项立法权,才提出了严厉的质问;这一通质问的炮火,从最根本的基础上,动摇了本帝国坚固的大厦。

关于这两点,在我讲完之前 ,我会拿出令人信服的、无可置疑的证据来,足以使那些不顾情实、或在圈子里嘀咕、或在报纸上鸹噪的人,再也不敢强聒于本院了。我说这话,是颇有自信的,也是有理由的。大臣们是同意我的。他们至少相信《印花税法案》的撤消,以及任何税法的撤消,并不曾导致这位可敬的先生所惧怕的后果。假如他否认这一点,则请他看一看大臣的行为,最终的答案就有了。我要从内阁和议会中找出我的证据:这位先生内阁中的朋友们,对这一项新岁入本身的所作所为,恰是我证据的所在,它绝不是以间接的事情为基础,做笼统的推理而得来的。

课以茶税的 1767 年的法案,在它的序言中这样申明说,在美洲征税以维持当地的政府(civil government)和更为广泛的目的,是很相宜的。因此而派加的税项,总共计有六支。该法案通过约两年之后,当时的内阁(也是现如今的内阁)以为,撤消其中的五支,仅保留第六支(至于原因是什么,他们知道得最清楚),也同样是相宜的。假如撤消的当时,有人对那位大臣[①]说:“《印花税法案》的撤消,既然遭你的非难,你怎么还敢撤消玻璃税、纸张税和颜料税呢?不管你撤消的借口是什么,你难道不深以为,你的让步将不能使美洲人满意,只能让他们倨傲无礼吗?放弃了这些税种,则其余的所有税种,岂不也得统统放弃?”这样的理由,现在和当时一

① 当时的财政大臣诺斯;柏克发表这次演讲时的首相。

样，都是明摆着的，所以保留这前五支，与保留这第六支，有着同样的道理。此外，这位大臣总该记得，在他的撤消之前，是刚刚撤消《印花税法案》的；这一政策的“不当”（即使不如他们所称的那样，是彻底的“失策”）以及它所导致的“危害”，是殷鉴不远啊！那他怎么还不吸取教训？所以说，若依照这位先生[①]的原则，依照这位大臣自己的原则，他[②]是无言以对的。居百僚之先、以监护国家的财源[③]，却成了国家财源的破坏者，极尊显之荣[④]，却出卖了国家的尊严——是谁给他定的这些罪名呢？是他本人，和他所有的新老朋友。

谁对自己有好意，多数人并不清楚，这尤以大人物为甚。我今天来，就是要救这一位爵爷，救他于他称作“朋友”的人之手，救他于他自己之手。国内的人待他不公，我却要以公平待之。他清楚，令他尊贵的朋友惶恐不迭的危害[⑤]，一项税则的撤消，是绝不足以产生的。他的政策，原则本不坏，只是执行得不完满；他的计划，原本很妥帖，但由于某些不幸的、无可解释的错误，他未竟厥功；您手中的动议，只是敦促他完成而已。

方才发言的这位先生，现在心里该塌实了吧：由内阁就他们心爱的法案的所作所为来看，他对撤消的担心完全是杯弓蛇影。他心里假如还不塌实，那他的身边，既然坐着那位显赫的爵爷，两人

---

① 康瓦尔。

② 诺斯。

③ 1767年汤申死后，诺斯出任格拉夫顿内阁的财政大臣。柏克文中所称的五支税的撤消即发生在他任内。

④ 指诺斯出身于贵族家庭。

⑤ 即担心茶税撤消后，美洲人会得寸进尺。

可以好好地谋计谋计，以解决此事；因为，假如说美洲税法的撤消，捣毁了我们在美洲的所有统治——则他[①]就是抡锤子的人！——在撤消税法的人中，他是最坏的，因为他是最后的一个[②]。

但不论现在还是以前，我的耳朵里，总是有这样的嗡嗡声——“序言！你若撤消了这税种，那序言怎么办？”——迫于这种话，我不得不一遍遍地揭议会的疮疤，出议会的乖丑，这真让我难为情！该法案的条款部分——假如没有条款了，还称得上有“条款部分”——早已经戳穿这序言了[③]。这一件事，若不是昭昭在人的眼目，则本院里面，那壁厢是旧有的家丁[④]，这壁厢有新招安的游勇，军容赫赫、森然布列于我的眼前，我哪里敢说这样的话呢？我所以不觳觫，原因不为别的，只因有这事实而已；再高的功夫，也打不倒清清楚楚的事实，明明白白的证据。书记员倘若翻开那法案，读一读这心爱的序言，我将不胜感激之至。

（书记员朗读该法案的序言）：

“筹集岁入于陛下在美洲的各领地，为这些省份的司法与

① 诺斯。

② 因为美洲的骚乱是近来才有的。最近的一次撤消美洲的课税，是1770年，即诺斯内阁撤消的《汤申法案》的前五支税。

③ 法案一般包括序言与条款两部分，序言申明法案的依据和法案的用途等，条款则规定内容。所谓“没有条款”，指六款已被砍了五款。

④ 英国的下院中，支持与反对政府的两派是分处于议长席的两侧的；“那壁厢”是支持政府的一侧，“这壁厢”指反对政府的一侧。所谓“老家兵”和“新招安的游勇”，可参阅《论当前之不满情绪的根源》中关于宫廷的阴谋帮分裂反对派的部分。但“这里所谓的新招安的游勇”，则尤其指罗金厄姆倒台后抛弃他而加入新政府的人，如康威等。

行政，提供更可靠的、更充足的必要之经费，进而支付上述领地的防卫与安全费用，是甚为相宜的。”

这一通冠冕堂皇的话，你们都听到了吧。但是，做这些大事的费用，如今又在哪里？六项税，五项被撤消了——被砍了——沉没了——飞走了——永远消失了。难道形单影只的茶税，能独力支撑这序言的目的？难道这序言中所说的经费，不等同于被废弃了么？在覆巢之下，焉有茶税的完卵呢？议长先生，这真是个大活宝，大笑柄啊！有序言，却无法案——派赋税，是为了撤消它——而派税的理由，却还得精心地维护。我们就是这样征税于美洲的！我们就是这样保英国的面子的！假如您顺应动议的请求，撤消了这一税项，则我承认：您确实会丧失这一篇漂亮的序言。但请您算一算，您因此会丧失什么呢？该法案的目的，是早已失效了；您蒙受的损失，通通加起来，也不过是从法典之中，清除一段空洞的、荒唐的、虚假的文字而已，或者说，清除一块污秽而已。

人们至再至三地说，前五种税的撤消，是出于商业的原则①。我手里的这一份文件就是这样说的。这一份文件②，我总带在身

① 柏克认为，英国议会所以不能课税于美洲，一是美洲在议会中没有代表，二是（但却是最重要的）英国古老的殖民地政策，是排斥直接课税这种做法的；所以这五支税的撤消，根据的是这些原则，而不是商业上的权宜；依据这原则，茶税也应该在撤消之列。但内阁一派的人，却假称前五支税的撤消，是与原则无关的，只是因为它们的存在在商业上是不划算的。只要茶税是划算（或按法案的术语说，是得宜的），就可以保留。

② 殖民大臣希尔斯巴罗勋爵致各殖民地总督的信，通知他们1767年法案中的若干税项被撤消的问题。

边，并经常地引用它；今天我还要引用一次。靠“商业原则”这个小借口，我们得到了什么，我不清楚；因为，即使赋税的撤消，摧毁了您在美洲的统治，这对撤消所依据的观念，也丝毫不重要。假如您乐意，您也可以依据“商业的原则”去撤消这一税种[①]。这些原则，现在和从前一样，都可以援用。可是您清楚，您以那些假想的后果[②]为理由，反对撤消一项赋税，是根本站不住脚的；您也清楚这样的借口废除不了它。这一封信的本意是安抚美洲，欺骗英国，而所谓“商业动机”，无论在美洲还是英国，却都没有人信它。它也不可能让人信；因为每一个人，凡是对商业略知一二者，心里一定很清楚：你就是千挑百拣，最适宜课税的目标，也无过于头上的税被撤除的那几宗商品了——比起被留下的茶，它们不仅更适宜课税，也更不易被走私者逃税；这一点，其实根本不用比较。课加于红铅和白铅的税也如此。本王国的铅业，几乎是垄断天下。有时候，你所以胆敢对铅的出口课税，恰是由于你有这样的优势。上一次战争[③]结束不久，你就这样做过；当时，你所以胆敢对煤课税，也基于同样的理由。美洲人走私的所有商品中，可有谁听说过红、白铅的名字？也就是说，你本可以课税于这些商品，而丝毫无损于商业（假如这是我们惟一关心的问题），也无走私的危险。玻璃也如此。此外，有些被课税的商品，本区区不足挂齿，失去它们，或从美洲的贸易中清除之，损失是近于“无”的。但茶这种商品，难道不与红

① 茶税。

② 茶税变得不划算之后，内阁派的人又找出了保留的新借口，即撤消它会引得美洲人得寸进尺。

③ 七年战争。

铅、白铅和颜料一样，是深关英国的贸易之痛痒的？茶的重要，是不同于这些商品的。从与茶有必然之关联的事物去考虑，则我们庞大的贸易圈中，茶可谓是最重要的商品。赋税的撤消，如果真是出于商业的原则，或者说，对商业的原则，我们但凡还有一点关心，则我们在争论哪一种商品应保留下来、以用作课税的目标时，茶应是最后的一种①。

阁下，临大事，却只有斥鷃井蛙的胸怀，其祸国殃民的教训之深、之足为后人的镜鉴者，是以内阁对美洲事务的处理为甚的。这些国家的仆人们，对待我们复杂的利益之整体，从没有过前后一贯的立场。总是东一榔头，西一棒槌，一会儿找茬儿这么着，一遇到压力，却又那么着，浑不论前后的关联。他们做事无任何纲领，不管是对的，还是错的；只一味地见机而作，编可怜的故事，蒙一天算一天，只求从当初阔步而走入的泥潭里爬出来。他们知道这法案错了，不坦坦荡荡地砍掉它，却左一个花招，右一个诡计，想偷偷摸摸、零刀碎剐了它。由于这一套理政的手段，由于低智的议会的一往直前，一个环绕四海的商业帝国，就这样被撼动于财政家②不挂齿的三便士，哲学家③不屑意的俗物如"茶"了。

你忘记了去年吗？你当时到了彻底破产的悬崖边上。你真是大难临头了。东印度公司的事务，把你卷入了灾难；这个名头响亮的公司，力本足以囊括四海的，可当时遇到了什么困难呢，你心里

① 也就是说，最先砍掉的应该是茶。

② 或指汤申，他是从财政着眼征茶税的。

③ 或指诺斯，他是从学理上的主权角度主张保留茶税的。

很清楚。[1] 我站起来，不是要把这一场危机，原原本本地讲述给你；而当时呢，你却以为恰当的措施，是加剧这一场危机，拿轻率的、大话连篇的宣言，把危机展示给世人。垄断着最生财的贸易，拥有着帝国的财源，却险些沦于乞丐和覆亡的境地。这话是您自己的表述，部分也是实情。一项卤莽的税法的推行，阻塞了茶叶的销路，上千万磅的茶叶，因此烂在了公司的仓库里；否则，这一场灾难，是大可以避免的，为应对灾难、您以为不得不采取的那些慌不择路的政策，也是大可不必的。美洲本可以提供茶叶的销路；这样的销路，美洲是独此一家；因为在那里，茶几乎是生活的必需品了；而且需求与供应俱长。我们那所费不赀的东印度委员会，至少做过一件大好事，它让我们明白了：这一商品，若不能更广泛地销售，则我们东印度的财源和所获所得，就不可能与这个国家有牢固的关系。[2] 恰是由于美洲的茶叶贸易，征服印度的浩荡的开销，才没有压断您的脊梁。这花销，确实很沉重，它必须倚着这个辽阔的地区[3]，否则它将直落您的头顶。同是因为这一项愚蠢的政策，您一举丧失了东、西方[4]的所有利益。这愚蠢的政策，还为走私大开了方便之门；它将使每一个国家沾溉您殖民地贸易的利益，却独独您自己不能。国民受祸于虚文，是莫此为甚的。这序言必须放弃。因为它依据的原则，到底是什么？如今我们舌焦口弊，争的又是什

① 参看《引言》。

② 东印度公司的茶叶在英国过港后才可以运往美洲销售，过去英国是在这里收茶税的。故柏克有此说。

③ 美洲。

④ 当指东印度与西印度(群岛)。

么？是穷极财政的词汇、也断不能见之的税种：——一项序言税。这真是诡辩税，学究税，聚讼税，是战争与暴乱税；使课税者受益、承受者满意的税名之外，随你怎么叫它。

好了，无论它叫什么，那些大人先生们，总要强迫美洲人买茶的。是这样吗？七年的厮杀，可曾按下他们的头来去购买你的茶了？哦，但看起来"我们是对的。茶税是很小的呀——事实上，这与其说课税，毋宁说是免税的；以前出口到美洲的茶叶的关税，已削减了四分之三——只改变了征收的地点而已；不是从这里的退税中，扣留一先令了，而是在美洲征收三便士的关税。"这话倒是实情，阁下。但该法案的愚蠢、害处，却正在此。你手中，本来握有一宗大税，它牢固而太平，但您却成心扔掉了它，空怀希望于四分之三不足的税额，竟不惜各种危险、争讼、或还有战争；这一趋一舍，或许令人难以相信，但你心里是明白的。

同一法案对玻璃与纸张课税时，也采用了同样的行事作风。这两宗商品，若消费于英国，则税率是很重的。假如出口，税就退还了。扣留退税的款项，本来简单而易行，没有花销，也没有走私之弊；这一笔钱是到手的，你爱怎么花，就可以怎么花它；可你却不这样做，你随手扔掉了到手的钱，以此为起点来经营你的财政；您发还了出口退税的全部，然后去殖民地征收（这一笔钱，你本来是到手的，可你退还了）；即使你收得来税款，你用于征收的花费，也会吞掉它，骨头也剩不下一根。One spirit pervades and animates the whole mass[①]（一种精神弥漫开来，于是激励了整体）。

---

① 语出维吉尔《埃涅阿斯纪》德莱顿英译本，并略有改动。

您舍财政的康庄大道不走，放弃自己最牢固的税源、最珍贵的利益，目的，却只为了羞辱美洲；美洲人见到这样的事，难道不该惊慌？令美洲人惊恐万状的事，还能有甚于此？茶可承受三便士的税金，这没问题。可一旦200万人被激恼、决心不纳一文钱时，别说三便士，哪怕是一便士税金，也是任何商品承受不起的。殖民地人的感受，恰是从前汉普登先生①的感受。他被课以20先令。这区区20先令，能毁了汉普登先生的家业？不能！但这20先令税金所据的原则，却使他成了奴隶，即使征收的钱再少一半。美洲人不能、也不想承受的，不是税的沉重，而是该法案序言的重量。

所以说，阁下，我们的分歧不在于其他，只在于该政策所依据的原则。这一原则，就是政治的得宜。在1767年的法案中，你声明说：在美洲征税是得宜之举；你1769年的法案，则撤消了这一笔税，这与1767年的法案是相矛盾的，而且又以更强烈的语言声明说：此举②是不得宜的。一件事，你不为它制定任何的细则，却一味以庄严的议会之宣言，称此事为得宜，这一点，颇见你智慧的大小与有无。③ 有一件很重要的事，是阁下一定要想到的：我们希望撤消的这一法案的序言，并不像有些先生所主张的那样，是一个权利的宣言；它不是；它只是说，权利的某种行使是得宜之举，而这一权利，在我们看来是早已声明过的。但你现在为争取行使这一权

① 17世纪英国乡绅，因拒纳查理一世的20先令船税而被捕、并被割去了双耳，内战时期成为议会的证明人物。基佐的《英国革命史》对此事有较详细的叙述。可参看。

② 征这五种税。

③ 《汤申法案》中的前五支税撤消后，议会并没有为序言中申明的岁入目的补充新税的条款。若出于得宜的考虑，就应有能带来实际岁入的具体款项；如果仅出于申明权利的考虑，倒是不必这样的。

利所采取的各种办法，即使美洲人遵守，也不足用于它们的目的[①]；这一点你也承认。所以您眼下的处境，是异常尴尬的，你为之而战的，是鬼影——是遁词——是无实、也无名的东西，它既非抽象的权利，亦非可以享受的利益。

他们对您说，阁下，您的尊严，与之是相连属的。这序言，可干您的尊严底事？我不知道。我所知道的是：您的这一种尊严，已成了您的大累赘；因为最近以来，它与您的利益、您的公平、您的贤明之治术的每一原则，是处处为敌的。让我瞧瞧您为之而战的，是理性，是情理；让我看看您为之拼杀的，是有补于实益者，我才会欣然地承认：这是事关您心爱的尊严的。但冥顽不化，一味的荒唐，能得到什么样的尊严？我真是看不出来。这位可敬的先生说得好——他对局面的概括，我是很赞同的——他说：这个问题，已大不同于以前。哦，当然，那还用说！在这不良之地上，您每停留一小时，麻烦在您的身上，就会积厚一分；所以我的结论是：赶快离开这险地吧。每耽搁一小时，就要多丢一分脸，告软求饶的结局，也益发不可避免。

但是——这位先生说道——美洲在公然抵抗您的权威，您也刚刚恢复了课税的政策，在这样的关头，我们怎可以撤消这一法案呢？他以为这一问，我们就哑口无言了。但遭他这一逼，我却要欣然应战；因为我加入的队伍，是有我的老权威[②]、他的新朋友[③]、即大臣们本人做援军的。这位先生总该记得，约五年前，因那项新的

① 岁入的目的。

② 当指议会。

③ 或指康瓦尔新入阁、故大臣们可称他为新朋友。

税法[①]，美洲爆发了骚乱，其严重的程度，不下于目前的这一场。这一通骚乱，大臣当时是称之为“谋反”的，既是“谋反”，则本院觉得就应该拿出一篇请愿书来，请求国王恢复、并重新启用亨利八世时期的一项旧法案。在这一篇斟酌再三而形成的请愿书中，我们请求国王对叛乱予以调查，把被控的叛徒，从美洲押解来英国予以审判。陛下亦真可谓仁慈，他欣然答应按我们的要求去做。位居左侧[②]的先生们，虽竭力抵制这暴力的政策，并一力主张废除税法，而人们却视之为蔑如。刚才这位先生所担心的后果，当时也被援以为理由，关闭了更改政策的所有希望之门。拥护这些新税的情绪，当时是那样炽烈，故会议结束时，就有了下面的一篇铿锵有力的宣言。这一篇国王的讲话[③]，先是陈述了那些一直在推行的猛政，然后说道：

“诸公已向我保证说：你们将坚决支持这些政策的执行。依我看，我美洲臣民中的忠良之士，能不能阻止、挫败结党乱国者的阴谋，最取赖于立法机构之每一分支的一其耳目、齐其手足、群其心力地维护这些法律在我每一领地中的贯彻与执行。”

这以后，就再也无人梦想这税法的撤消，会发生于这一届内阁的统治之下了。这样的念头[④]，已被当时操纵着下院的人们捣捶为齑粉；这一点，那位可敬的先生和我一样清楚。这一篇讲话发表于1769年5月9日。讲话5天后，也就是当月的13日，希尔斯巴

① 《汤申法案》。

② 即反对党。

③ 不一定是国王亲自讲，(内阁)借国王的名义即可。

④ 撤消税法的念头。

罗勋爵、即负责殖民地事务的国务秘书,写了下面这一封信,以供四方的人传观。[①] 转述了国王讲话的大意之后,他写到:

"有乱臣贼子之心者,虽然枉顾情实,阴相煽惑,我却要向你们保证说:陛下现而今的内阁,是从不想为了筹措岁入之计,去议会提出申请,以进一步课税于美洲的;他们目前的打算,是等议会下一次开会时,提议撤消玻璃、纸张和颜料的关税,因为他们认为,课加这样的税种,是违背商业之正确的原则的。

"陛下现如今的仆人们的想法,是历来如此、现在亦如此,他们处理美洲的事务,向来以此为准绳。陛下深信:你们将以谨慎与忠诚为心,正确地理解他的政策。有些人,素与大不列颠及其殖民地的安宁与昌盛为敌,他们颠倒黑白,歪曲妄解,因而造成了很大的偏见;陛下深望你们能体会到,这些政策的用意,就是为了消除偏见,重建大英帝国之光荣与安全的基础:即相互间的信任与感情。"

阁下,这就是内阁的经文:致所有美洲人的使徒书[②]了。那位可敬的先生,对此可有话说吗?撤消是许诺了的——无条件许诺了的——您的权威[③],事实上也受到了蔑视。关于本院的撤消这些税种,一位贵族大老爷[④]当众做过什么样的许诺呢,我不想谈。筹款一事,本来是下院神圣的、专有的权利,但这一封信却动用了国王的名义——这一点,我也不欲置问。对美洲之叛乱的巨兽,议

---

① 致信给各殖民地的总督,再由他们转达给殖民地议会。这一封信,是迫于美洲骚乱的压力而放的软话。

② 这是反用《圣经》中的名目。

③ 议会的权威。

④ 诺斯。

会最初是加之以雷霆的。[①]但时不过五日，却又匍匐于它以前视之为无物的公民会议[②]的脚下——由我们的内阁从中作保——乞求它们接受我们的降书，并真诚地许诺说，以后我们会痛改前非[③]——堂堂的议会，前倨而后恭，竟一至于此，但这一通丑，我也不去揭了。落在以前，这些事，可是严重的事端啊；但现在呢，我们学得比父辈们乖多了。[④]所以说，还是撇开宪法的问题，[⑤]单看看政策吧：这一封信，难道不是暗示说，课税于美洲以筹取岁入的想法，是一件反常的事，内阁绝无此意，是那些“有乱臣贼子之心者”扣在他们头上的？这一封信，难道不是接受、认可了美洲人对此税是岁入税的看法吗？[⑥] 它难道不正式否认了将来依据该原则进一步课税的所有可能吗？它难道不是明明地宣称，内阁之不接受这样的课税原则，绝不是偶一为之，而是国王仆人们的一贯立场吗？它难道不是说，（我不管它前后是不是一致），它难道不是说：内阁处理美洲的事务，是向来以该政策为准绳的吗？这一封信，还走得更远呢。国王优秀而忠实的仆人们，大概是担心自己早失信于世人了

① 指议会要求国王重新启用《亨利八世法案》。

② 各殖民地议会。

③ 指内阁答应撤消除茶税外的其他五支税，以及希尔斯巴罗勋爵为此事通知美洲人时所做的保证。

④ 意思是说，属于下院的筹措政府之经费（其实就是课税）的权利，在以前，内阁是绝不敢动用国王的名义加以僭据的，这是事关宪法原则的大问题；查理一世当年被砍头，也是起因于此。柏克对议会的不满，可以参看《论当前之不满情绪的根源》。

⑤ 国王插手税收的问题是违反宪法的。

⑥ 税在英国当时可分为两种，一种是外部税，如关税，一种是内部税，是在内地征收的。美洲人向不接受内部税（如印花税便是），也不接受英国议会课加的专门为政府提供经费的税种，即所谓的岁入税（他们认为这种税应该由他们自己征收），而且所有的岁入税，他们一概视为内部税。

（担心得有理！），于是从神龛的最深处，端出他们最仁慈的君主的像牌，并典押之，以为他们许诺的保证：——“陛下深信：你们将以谨慎与忠诚为心，正确地理解他的政策。”大臣们的这些想法，和陛下的这些政策，是能只与“课税筹集岁入”的原则与实践相关联的；因此波特托尔特勋爵，在做这样的表述的时候，是完全按照对他的指示的精神——又是极端得体的——极力去消除弗吉尼亚议会的担心；因为他们生怕政局的变迁，日后倘有利于邪恶的“美洲税党”，则这些想法（哦，原来大臣们一直是这么想的，这以前可不为世人所知）、即大臣们处理美洲事务的一贯准绳，是有可能被打破的。因此他这样对他们说：

“或有人反对说：陛下现而今的政府，又岂是不死的呢？他们的后继者们，弃如今的内阁所力图推行者于不顾，一力要废除之，则也诚未可知！对这样的话，我只有下面的回答：我死心塌地地认为，刚才我通报给你们的计划，是一定要执行的，绝不有半点偏移；我之决计遵守它，是心如磐石，不可转也。我们仁慈的君主之堪托心腹的仆人们，既授权我今天对你们做许诺，以使你们满意，则不论何时，何地，何种场合，我现有的、或将有的权力，若不用于维护该计划在美洲大陆的推行，以取得、保持这令你们满意的结果，并鞠躬尽瘁，死而后已，则我甘愿承受任何骂名。我还有所深知的是，我们仁慈的陛下，是万分看重他的名誉的，甚而宁可失去王位，亦不愿欺饰观听、以为保存王位之计。”①

① 从英国宪法的角度来说，这一段话是极不得体甚至是违法的。国王的政府，本无权对税收做出任何决定或承诺。在柏克看来，这样的做法应受到议会的弹劾。

多么高尚、多么纯粹的品格啊！（既然我们允许他的大臣们不受惩罚地去负责他的课税计划，）[1]则我们的本分，就应该是让陛下保持这品格的所有光彩。让他有品格吧，因为我们的死了！让统治权的某一支受尊敬吧！[2]

这一使徒书，执笔者虽是希尔斯巴罗勋爵，但并非出自他一人之手。此信的授意者，是坐在本院的这位爵爷[3]，和国王当时、也是现今的（我想只有两个除外）所有大臣。既授予国王[4]的这些关税，将如何加以处置，大不列颠议会最早是从美洲议会投票结果的颁布令中得知的。政府的提案不待您的议决，就先颁布于美洲了。从他们那里，我们才一丝不多、一丝不少地知道，我们将去撤消的，是什么样的税种。我们不配知道自己行为的老底。美洲的议会，与陛下的堪托心腹的仆人之间，是自有秘道，互达隐曲的。我们只是工具而已。既如此，您无威无望于美洲，你还觉得奇怪吗？人们对议会的敬意，在一处处、一天天地丧失（这是我难为情，也难为言的），你还感到吃惊吗？这一权威机构的名字，是理当引人敬重的，如今却非刺刀不能使人服从；而作为自由之基础、自由之柱石的下院，也只好支撑于出卖它的衬柱，和专断权力之笨重的扶墙了。

这样的尊严，是将害情害理、并有伤于治国理民的公正之策的；但是，假如我们关心这一点[5]，则过去的时间里，我们还有机会

---

① 意思是说，大臣们违反宪法、篡夺了议会的课税权利，议会却不闻不问。下面的话也因之而来。

② 即王权。按柏克的想法，这是暴政的前奏。

③ 诺斯勋爵。

④ 其实是授予国王的政府的。

⑤ 即议会的尊严。

妥协,却不伤尊严,那样就可以保住它。假如在1768年的会议上,你不是瞎诈唬,虚恐吓,[①]而是接受人们不停的督促,去撤消这些税种,则万一美洲人以叛乱报答你的妥协,那你动用强硬的手段,会因“得道”而“多助”。可你却智不及此,开始就愚妄而失计地用强;而你的大臣们,又不等你的威胁产生效果(不管是好的,还是坏的),马上又告软了;他们拒绝了依头顺脑的不列颠议会的撤税请求,却将之许诺给了倔头犟脑的美洲人。美洲的议会[②]因抗命而被解散,是公开宣布过的,如今却又被召集起来,以接受你的降书。你的内阁长官们,在你这里,是咆哮、吼叫、宛如悲剧里的暴君,而到了美洲,却又像瘸腿的乞丐一样,流鼻涕,抹眼泪,哀声地哭诉,说植党乱国的人,莠言荧听,居然诬陷他们是“美洲税党”。这以后,我想本院里 ,就再也没有站在内阁一边、以维护课税政策的冒失鬼了。一旦你这样做,那我告诉你:用这代理人的信中的话说——它可是内阁的官文啊——就是“乱臣贼子”,是“与祖国和殖民地的安宁与昌盛为敌”,是在破坏“相互间的感情与信任、即大英帝国之光荣与安全的基础”。

这一封信之后,问题的症结,便不再是得体与尊严。因为哪还有什么得体、哪还有什么尊严?被奉为政治之原则的,是对你的君主的忠心;这一封信的全部内容,都可归之于此。所以,你要么放弃课税的方针,要么涂大臣们一身柏油、粘上羽毛[③]送他们去美

① 1768年11月,议会通过决议谴责麻省的骚乱,并要求国王启用《亨利八世法案》,以恐吓美洲人。

② 主要指麻省议会。

③ 美洲人从印第安人那里学来的私刑手段。

洲，因为他们胆敢以“忠君”为辞，废除为筹集岁入而征收的所有税种。[①] 你或惩罚他们，或保持这忠心，其间没有第三途。保持这忠心，比起已被撤消的红铅税、白铅税、烂玻璃税、普通缎子税、或22.5×17.5开的细纹纸、24×19开的青色纸、或杂种纸[②]、傻瓜纸[③]的关税，比起你保留下的三便士茶税，后果是更严重的。这信上，带着本王国之公共权威的印记。对殖民地政府的指示，再无其他的授权；[④]这一联系的通道，[⑤]假如你不奉为神圣的话，则美洲人是不会相信、也不会服从你的。你如今在惩罚美洲人，而美洲的人，只不过是遵照这有钱、有势、有宠的内阁所主张的区分[⑥]去做事的；现在你要求惩处他们的过犯，而他们的教唆者，却正是内阁。

阁下，这五种税的撤消，若仅仅为了您的商业，或者说，仅图您自己的方便，那么希尔斯巴罗勋爵，在以国王和内阁的名义、否认他们自来无心为岁入而课税时，何以又说这些税种的撤消，是“重建殖民地的信任与感情”的手段呢？向别人保证说，你将悉心地照顾你自己，这难道是安抚别人的办法？重得他们是感情与信任的手段——而且是惟一的手段，是你将解除压迫他们心灵的东西。

① 要么放弃议会的所有宪法权利，按内阁的要求撤消赋税，要么维护议会的宪法权利，惩罚越权的大臣们。因为加税还是撤税，是下院的权利，以对国王的忠心为辞，是不折不扣的僭越。

② 一种16×20英寸的书写纸。原文作bastard，原意是“杂种”，“杂种纸”作正式的译名显然不妥，但这种译法最能见柏克的不屑。

③ 几种不同开幅的纸的统称；16×13英寸作书写用，17×13作印刷用，18×14作包装用。

④ 意思或是说：理应有议会的授权的，但却没有。

⑤ 指议会在课税问题上与美洲的联系。

⑥ 我猜这里的意思，是指英国内阁认可了美洲人对内部税与外部税的区分。即他们也承认《汤申法案》里的税种是内部税。为岁入而征收的内部税，是美洲人不接受的。

阁下，这一封信是很强调这一点的；因为，尽管它以商业为原则，许诺了撤消了这些税种，但对于“有乱臣贼子之心者”的“阴相煽惑”，它回击的手段，却是否认有“课税以筹集岁入”之意，并称之为始终如一的态度和治理美洲的准则。

我记得这位在座的爵爷[①]曾兴冲冲地说过——肯定不是在前一回辩论中，好像我是在哪儿读到的，地方说不准了——这位爵爷说：像 1769 年的税种，人们居然也想得出来，真是匪夷所思。而我要说的是，这些违反商业的所有原则而课加于不列颠产品头上的税种，在议会投票的时候，赞成派加的，有这位爵爷，后来赞成废除的，也有这位爵爷；狐埋之而狐掘之，何其颠倒之甚也！

鉴于爵爷身担的职掌，我敢说，我们的所有岁入法（revenue laws）和由此归纳的大政方针，他肯定是烂熟于胸的。当他读完这项《美洲岁入法案》（American revenue act）[②]并惊魂甫定之后，我猜他会退回一步——不用多，只需要一步——看一看这前面的东西。《美洲岁入法案》在法典的第 45 章，我所指的另一法案，是同一次会议所通过的第 44 项。这两项法案，目的是相同的：两者都是岁入法案（revenue acts）；课税的地区，都是本王国之外；两者课税的目标都是英国对外出口的商品。第 45 项法案，是用于在美洲筹集岁入的；第 44 项则用于曼岛（Isle of Man）[③]。这两项法案，

① 诺斯。

② 即《汤申法案》。

③ 爱尔兰海中的一座岛屿，靠近英国西北海岸。该岛当初几乎是独立于英国的，在柏克的时代，这里是走私的大本营，使英国的岁入大受损失。1765 年英国议会靠赎买而取得了对该岛的主权。

除一点之外，是处处相同。这位爵爷会发现，课税于美洲的法案，仅仅涉及四、五种商品，曼岛的法案则不同，它几乎囊括了不列颠的所有产品，税率从2.5%至15%不等，有些商品（如酒）则更高。对你所有的工业品课税，你并不认为有悖于商业的原则；——哦，我还忘了你的农产品了；不列颠出产的谷物，在那里是被课以10%强的关税的，在曼岛，这走私业的大本营和老巢穴，农业制品的税率也如此。这位爵爷，可不可以屈尊告诉我：你为什么撤消出口美洲的工业品税，却不撤消出口曼岛的工业品关税呢？这原则完全是一样的呀；课税的目标，又更是林林总总；税率不用比较也知道是更高的。为什么呢？为什么，因为曼岛人一声不吭就认了头，而美洲人却要揭竿而起了；至于爵爷的借口，只能骗小孩罢了。你的理由是政治的，不是商业的。你所以撤消它们，希尔斯巴罗勋爵的信中已表述得很清楚，是为了重新获取“殖民地的信任与感情”，重建“大英帝国之光荣与安全的基础”。这动机，真是明智而正派啊！假如他们真有过这样的动机。可问题是，大臣们既称自己从不打算课税于美洲以筹集岁入，则美洲人对他们日后的行为，自有以期望者，但结果呢，他们的做法，却未达所望。这是有愧面目，贻害于国的。这些税种，是保留，还是撤消，大臣们的政策，始终是游移无定准，从不明明白白，堂堂正正，总不脱娘娘气，小家子气和骗子气。这一封信，是供美洲人传观的，茶却避而不谈，好像是不经意漏掉的；是决定保留它，还是撤消它，信里无一语道及。这买卖，没有一处做得光明正大。

你要是真心依你的动机、依你公开宣布的信仰行事，则请放弃这为筹集岁入而征课的茶税。它依据的原则，是以你的名义否认

过的，而且也带不给你好处——一便士也休想！假如你还引这一套可怜的借口、不依据坚实的理性做事，或者说，假如你还固守这一“商业”的鬼话，则你放弃这茶税，较之已宣布放弃的另五种关税，商业上的理由，是多一千倍不止的。

美洲人消费的茶，依最保守的计算，每一年的价值，我想有 30 万英镑。假如你把美洲的暴乱，引作你坚持强征茶税的理由，那么你知道，有一个简单的问题，你是无言以对的：——叛乱还未熄灭时，你为什么就撤消了该法案课加的另五种税呢？——但妥协以后，你却未见暴乱的停止。你当然见不到！因为这妥协，还远不能达到希尔斯巴罗勋爵昌言要放弃的原则之要求，甚至与另五种税的撤消所据的借口，也是不一致的。暴乱所以不止，还另有一个理由：为挫败美洲人抗税的决心，你竟允许东印度公司开茶叶店，[①] 即此可见你公开弃之于前的原则，你暗心里，还是亟亟以求之的。不管你选哪一条路，到了尽头，你都会撞到该动议所要求的结果。它矗在每一条林荫道的出口上。你的商业，你的方针，你的诺言，你的理由，你的借口，你的政策的一贯，你政策的不一贯——都齐声要求你废除它。

但它[②]还卡在我们的喉咙里，假如我们走得太远，美洲人会走得更远。——这是我们说不准的。我们应该遵照以往的经验，从反面设想一下。当美洲人有所请、我们却拒绝满足的时候，他们的行为，是日趋于激烈的；这一点，我们难道不深有体会？假如你放

① 参看《引言》。

② 当指茶税或法案的序言。

弃这一点，[①]他们会变本加厉吗？我不这样看；我以为这样的妥协，是如“投索以遏奔驹”、“抽木以阻坠石”的。为一群人作保，诚然不可能。但是我深信：统治者的诚意、宽宏与仁慈，自有良效于被统治者，那就是和平、秩序与敬戴。至于我，至少是愿意给这些公平的原则以一次公平试验的机会；从该法案[②]制定以来，一直到现在，它们从未有过这样的机会。

阁下，就该话题的较狭小的部分，这位可敬的先生，既说了他认为当说的话，我希望我刚才的回答能让他满意。他或汹汹诘问、或微文深诋，以逼迫我回答的第二个问题，是有关此事之历史的。既如此，阁下，那我就全面谈一谈这个重要而棘手的话题；我不想下言不自休，大谈这事情的原委（我明白，议长先生，您不喜欢这样），我所以谈它，是因为这一件事中，窃以为是大有教益的。我发言的长短，尽量以该问题的重要性为度。

既然如此，阁下，则请允许我把您的目光，引回到较远的时代——引回到《航海条例》、即我国之殖民方针的基石上。从一开始，阁下，这方针，即纯粹是商业性的；这一商业体制，又完全是限制性的。它是一套垄断的体制。任何一种贸易，都不得越出它的限制之外；殖民者可自由从事的，只是我们无法取得的贸易，他们可以处置的，是那些我们虽强加给他们、但若没有一定程度的自由、他们即无法购买的商品。所以您指名道姓地列举商品，详备无遗；所以有这些数不尽的限制与制约；所以有这些花样百出的纸链

① 放弃茶税。

② 《汤申法案》。

子，以约束这一复杂的殖民地体制。贸易垄断的原则，从1660年到不幸的1764年[①]，至少贯穿于29项议会的法案。

这一贸易体制，正是在这些法案中确立的；在过去，你打算让殖民地贡献于帝国的国力（我是指直接的，并经由您的立法权的控制），则完全依据这体制。我敢说，在这一百多年的时间里，以议会立法的方式、由美洲征集岁入，议会是想都没想过。因此，议会通过的所有殖民地的法案，事先都经过了推敲，以避免那些标明它们是岁入法案的词语。我并不是说，阁下，措辞的不同，就改变了法律的性质，或削夺了立法者的权力。这当然不会。但是，题目与官面的序言，也不总是虚文；立法者们论事，每每援之为依据。我举这些史实，不是证明你有什么权利，而是让你看一看：你的一贯的政策到底是怎样的。我们的岁入法案，往往有一个题目，题目的大意是说，它们是授予的岁入（grants）；“输将和授予”这两个词，一般是见于法案的条款之前的。查理二世国王的法案和威廉国王的法案，尽管是课关税于美洲的，但是，“授予国王补助金”[②]这样的题目，或岁入法案所常用的其他题目，是绝不见于1764年以前的任何一支法案的；在乔治二世之前，“输将和授予”之类的词，也不见于任何一项法案的序言中。然而，乔治二世的法案中，固然有这样的措辞，但由它的序言来看，它是仅仅以“贸易条例”自居的：“一

① 1764年，格伦维尔正式向下院提出在美洲课税以筹集岁入的申请，《岁入法案》（或译作《税收法案》，亦俗称为《糖税法》）和《印花税法案》就是在这时提出的，并在当年通过了《岁入法案》，翌年通过了《印花税法案》。这是英国与美洲冲突的开端，故柏克称之为不幸。

② 英国的岁入法案用语，其实就是“拨给国王政府的经费”。

项为更有效地保障陛下之美洲殖民地的糖业贸易的法案”。这一法案，是与所有殖民地互商、妥协的结果，也是应部分殖民地的明确要求而制定的。故某种程度上说，这法案，是经它们同意的；而它的题目，也明确表示它只是一款贸易条例，它的内容，实际也不出此，兼以双方之间当时尚无猜忌，做事情，都睁只眼闭只眼，故这两个词，美洲人也不计较。从印刷出来以供传观的伯纳德总督的第二封信看（日期是 1763 年），他甚至也认为，“这是一项禁令，而非岁入的法案”。明言以岁入为目的，冠以岁入法案的常见标题，又弁以岁入法案的序言，这样的法案，我们求诸法典，确实是不见我方才提到的这一年之前的；这一年，正是 1764 年。法典中此前的法案，都是管制商贸的条例。所以说，不列颠的权力机构，直接伸手来美洲筹集岁入，这样的政策，在美洲人的眼里，的确是祖制的大变更。伯纳德总督的第九封信里，也以强烈的措辞，阐述了这一看法：“由议会课税，是变更祖制，对美洲的人民来说，这政策完全是新的，它将伊于胡底，也是看不出来的；故我们一定得想到：它有可能在美洲的大多数地区，引发大的恐慌，遭遇大的抵抗。”在陈述了当地之统治的脆弱后，他写道：“像‘议会课税于美洲内地’这样一种全新的政策，现在引进来，恐怕不是时机吧？”不管你的权利是什么，像这样的行使方式，无论从方针、还是从实践来说，都是前所未有的新东西。

阁下，支持课税于美洲政策的人说，商业的限制，网也太密，法也太严，美洲生活于此下，是难堪其重的。没错，我也这么想。我认为，这样的法律，若不有所补偿的话，那么人所承受的奴役中，举天之下，是莫此为甚的。但是，这作为贸易体制之基础的

《航海条例》，美洲一直忍受到了1764年。为什么？因为生来的体质，虽有这样那样的缺点，却因无可逃避，人们终还是忍受的。美洲尚在襁褓时，《航海条例》即看护着它，并随着美洲的成长而生长，随美洲的强壮而加强。美洲无二心地服从于它，甚至不是迫于法律，而是出于习惯。他们不记得哪一天、哪一年，自己是不受约束于它的。此外，他们因此也得到了钱的补偿。他们的垄断商[①]，又刚好是天下最阔的人。借助于他的庞大的资本（它的使用，当初只为了他自己获益，并不是为了美洲人），他们得以从事自己的渔业，农业，造船业（以及他[②]所允许的贸易），进步之速，与有天助、却无人助的自然发展的迟缓，真不可以道里计。这资本是他们的温床。他们的发展之快，是前无古人的。至于我本人，则每看到他们那兴旺的商业，文雅而富裕的生活，我总是喟然而叹道：这哪像昨天的殖民地呢，哪像不几年前被遗弃的那一伙倒霉虫呢？当初他们来这荒凉的海岸上，与其说是被派来、毋宁说被扔下的，四周围是无人烟的荒野，与文明的世界，远隔着三千里风涛；这是他们吗？依我看，他们倒像是一个古老的民族啊，——千百年来，得天之佑护，勤苦又事事顺遂，故积累了大量的财富，攀到了盛世的巅峰。

在追求贸易、不谈岁入的年代里，英国所成就的一切，就是如此。你不仅获得了商业，实际上，你还创造了美洲贸易的目标[③]；由于这一点，本王国的贸易量，你提高了四倍不止。你的资本，固

① 指垄断美洲贸易的英国。

② 垄断商，即英国。

③ 即贸易的项目。

然使美洲受了奴役,但她也获得了补偿。她还获得了另一种补偿,那就是你现在正从她手中夺走的东西。除商业的受限制之外,美洲在其所有的内部事务中,有着自由政体的每一特征。她有着英国宪法的影子,有着英国宪政的实质。课她以税的,是她自己的代表。官员们,大多由她选择。薪俸也都由她支付。实际上,她是独享内部之统治权的。商业上,是彻底受奴役,政治上,则享有自由权,两者加一起,固然称不上完美的自由;但与人类之通常的状况相比,则也算得上幸福,算得上自由了。

我知道,阁下,无论是本院中,还是本院之外,都总有一帮人,为了激起我们的怒火而叫嚷说:美洲人不遵守、也从来没遵守过《航海条例》,这一套鬼话对人们是颇有影响的。但请听我说,你若是通观殖民地的话,则《贸易条例》的权威从来没有过争议——无论何时,它都没有受到过质疑——而且,就整体来看,美洲还是奉之唯谨的。在它逼人太甚的地方,规避它的个人,的确有很多。这没有什么。这些七零八落的人,从不抗拒、也不遵守它。每当贸易的法案或课税的法案在英国逼人太甚时,情况也如此;这时候,你所有的海岸上,就满是走私品了。你让东印度公司搞垄断,你课重税于法国的白兰地,这是你的权利,没有人争辩;你也不以此指控任何人。但你知道,从本特兰湾到维特岛,是没有一处小港不在偷运着大量的茶、东印度产品和白兰地。我想,在这一件事上,伯纳德总督[①]最有权威。美洲的这一省份[②],如今虽这样扰攘不靖,但

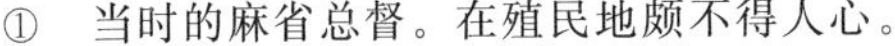

① 当时的麻省总督。在殖民地颇不得人心。

② 即马萨诸塞殖民地。

谈到这些法律在该省的执行时,伯纳德总督却说:“本省之拥护它们,是好于任何地方的。我不敢说这些条例,本省没有一点破犯;但我敢说,凡破犯一经发现,必受公正的惩罚。”请你告诉我,国民的守法还能有甚于此吗?这些法律,你是为保证自己(商业)的优势、由你自己一手制定的,人家遵守它,即表明是承认你的权威,这也是报答你当初的保护。

至于说,你当初建立殖民地时,取贸易垄断为原则、而不以岁入为原则,这是对还是错,则今天谈这样的问题,不过徒逞口舌而已。你是不能靠同一权威兼有这两者的。内外之垄断的全面限制,和内外①的全面课税,生来做不成一对儿——这是彻头彻尾的、没有补偿的奴役。这个问题,其实在很久以前,你已经为自己、也为他们做过判决了;在这一判决之下,你和他们,一直是欣欣向荣。

我们的国家,阁下,在过去,是自来不想背离这一选择的;但上一次战争刚结束,却风云突变了。另一套政权的体制,为当时所采用,它在许多个方面都堪称是“新的”。我还未能叨陪本院之末席、只在游廊上侧闻朝议时,就已看到了——或者说,自以为看到了这一场大变化的若干症候。②那时当轴者们认为有必要保持至少20个新团;20位陆军的上校,将据有本院的席位。在您征服了美洲③、那里的外国威胁已减少、或已彻底寂灭的当时,您两侧的议员们,却以共同的掌声,认可了这一计划。既已决定大幅

① 在海关征收的税,可称“外”税,在内地征收的税,可称“内”税。

② 可参阅《论当前之不满情绪的根源》。

③ 在七年战争中,英国占领了旧属于法国的许多美洲地区,如法属加拿大等。此处的“征服”指此。

度扩军，则必须找一笔岁入以支撑这沉重的负担。我们的乡绅们，本来最主张撙节、也最反对常备军；他们当时要是清楚，自己还得纳税去供养它，则为这一支庞大的、花费无算的军队表决时，他们是不会那样踊跃的。可当时，有人把另一种希望摆给了他们；我记得最清楚的，是汤申先生，他就这个问题，洒洒万言，舞词弄藻，他举着将征自于美洲的岁入的影子，在他们的眼前晃来晃去，眩惑人心。

这一新的殖民地体制，正是在这里，露出了它的第一抹“鱼肚白”。它后来变得更清晰，是衣钵传给另一个人[①]之后了；而在其他的事上，此人对我国却有大恩。我相信，他为益于公众的愿望，是发自于真心的。对细节，他用功倒是不小，但眼界似不能遍及问题的全部。他考虑自己的目标，一向是支离破碎。课岁入于美洲这一件事，不管是强加给他的，还是他私智穿凿的结果，或他本人的想法与他接受的指令，刚巧是一拍即合（这最有可能），——但总而言之，正是他，心怀着天下最好的动机，把这难逃一劫的计划，第一次撮弄成形，并以议会法案的形式，予以确立。[②]

说我想糟践这个伟人的遗芳，今天是没有人相信的；他的故逝，我们是一体同悲。我们党派间的小小的分歧[③]，很久之前就已弥合了；我做事与他戮力同心，多于和他的分乖驰骛，我与他共力一事，比起我反对它，也有更多的乐趣。格伦维尔先生无疑是我国

① 即制定《岁入法案》和《印花税法案》的首相格伦维尔。

② 即1764年通过的《印花税法案》。

③ 格伦维尔与柏克所在的罗金厄姆党的分歧，其实是从布特时期开始的。他最初是罗金厄姆的对手布特阵营的人，柏克在《论当前之不满情绪的根源》中所称的宫廷党之“执意垄断王权的影响”，其主要人物就有格伦维尔。柏克在同一文中所称的“对威尔克斯的迫害”，主使者也是他。

的俊杰。他察惠、富有识断，性格也果敢、刚直，每做一事，他总不知疲倦，从不泄泄沓沓。国家的事务，在他不是尽义务，而是引为乐事的；出了本院，他仿佛就凄然无欢，除非遇到的事情，是国事之有待于本院的处置者。如果说他有野心——我是这么看的，他的野心，自有高贵、大度的气象。他不是借势于宫廷之蝇营狗苟的权术、暴得大位、立登要路之津的，而是黾勉奉公、循资按阶而驯至于此的。他洞悉议会的体制，精于措置议会的事务，他在议会中的位望，是实至而名归。

阁下，这样的人，如果也犯错误，那肯定不是天性中有缺陷使然；错误的原因，必须去他个人的生活习惯中寻找；习惯虽改不了性格，却能熏染性格。他的素养，是职业中人的。他出身于法律一门，在人类的学问中，这可谓最好、最高贵的一种；合其他所有的学科，也不及法律更使人明事理，长精明；但是，除了性自天成的豪杰，法律中人的胸襟，是容易狭窄的，器宇是小的，他们精明多，眼界少。学业结束后，他[①]并没有周览世间的万事，而是一头扑进了事务中——即官衙的事务中，在这里，他养成了蹈常守故的方法与作风。官衙中，无疑有大量的知识可学；凡知识，也都莫不有价值。但过于精通官衙的事务、却还眼界开阔的人，却可以说少而又少。官衙养成的习惯每使他们认为，事务的内容，远不如处理事务的形式重要。这形式所适用的，是常规的事务；所以，国事倘不脱正常的秩序，出身于官衙的人，事功是斐然可观；而国事一旦失故道，水流涌泄出来，则国事蜩螗，政治翻开新的一局了，旧的典章，绝不足

① 格伦维尔。

为先例;它需要的人类的知识之伟大,见识的广博,是官衙不曾给的,也不能给的。已故的格伦维尔先生,正是高看了人类之立法的智慧与权威;他以为、许多人也以为,美洲商业的昌盛,得多归功于法律和制度,而自由,却仅有尺寸之功;以条规为商业,以税法为财源,这一号人,天下真是滔滔皆是。条规中最为人推重的,是他的偶像:那就是《航海条例》。他多次声言这一点。这条例所遵循的方针,就许多个方面来说,人们是有很好的理解的。但请听我说,我们若允许这一条例按照它的原则走到极致,不随着时代而推迁,视环境而更迭,它必将贻国以大患,甚至自噬其脐,自隳它本来的目的。

在战争后,和战争的后几年里,美洲贸易的增长,远远出乎最乐观者的想象。它如暴涨的江河,水四溢于外。它的每一支脉里,水都齐满了河沿。汹涌而下的河水鼓荡于两岸间,在不当有堤、或河岸有缺陷的地方,河里的水,还漫出了河槽。凡伟大的东西,是不可能合规中矩的;故庞大的贸易,往往伴随着巨大的弊恶。走私与公平的贸易,从某种程度上说,往往如影之随形。这弊恶,与我们昌盛的源头是相通的,我们万不可以文俗吏为心,去制定预防的措施,以为杜绝之计,——这一点,应奉作根本的原则才对。但我刚才提到的伟人,对合法之贸易的巨大的增长,仿佛不太留意。大处不着眼,对走私这样的小事,却察察为明。这一件事,一定是让他很焦虑,不光焦虑,甚至早在人们普遍嫉恨美洲人的走私之前,他即著一先鞭,开始行动了。还是做海军委员会首席专员(First Lord of Admiralty)的时候,他即写了一份措辞强烈的备忘录,移文于财政委员会的专员诸公(布特勋爵时为它的首席专员[①]），力斥美洲之非法贸易的猖獗；这种事，严格地说来，本不关他的职守，不干他的事。这过分躁急的热情，当时就已经为祸了[②]。后来，他执掌了财政部的大权，便"达则兼害天下"了。《航海条例》的束缚，在他的手里，是一紧再紧，把美洲箍死死的，不要说走私，合法的贸易也做不成了。于是他们感到，条例这样解释，这样执行，这哪里还是约束，这分明想勒死他们！与此而俱来的，是一批新的商品的胪列，一套意欲终止殖民地之间的航运往来的条例，一组在各种不当的情况下设立的海事法庭[③]和纸币的突然废除[④]，并强征给养、以供奉驻营的士兵——美洲的人民，一想到在最近的战争中，自己输捐输力，结果没有尺寸之赏，却被人以罪犯相待——至少被怀疑是罪犯，他们的愤恼，是可想而知的。这无数的条例中，单拿出任何一项来，或都不足以引起恐慌；有些条例想来还是有道理的；但凑到了一起，却使他们恐惧万状。

变乱旧章、以新制度管理殖民地的大方略，见于乔治三世法典第四卷中的第十五项法案[⑤]；它除包括了我方才提到的几件事，又树了一项新原则。我国的殖民政策的第二局，正是由它翻开的；由于该法案的通过，议会从殖民地课取正规岁入的计划，在理论上被

---

① 这一职位是首相一职的异名。

② 1763年，格伦维尔下令由英国海军执行《航海条例》，引起了美洲人的不满。

③ 将违反《航海条例》的人，交由该法庭、而不是美洲自己的普通法法庭审判。涉嫌者的权利，在海事法庭是无法保障的。

④ 由于殖民地在贸易中总处于入超状态，故造成英国金属货币的严重短缺，物物交换又很不方便，所以便发行了内部的纸币。

⑤ 即1764年通过的《美洲岁入法案》。

采纳，在实践中，亦被列为定制；这岁入，并不是取代垄断，它与垄断并辔而行；与此同时，垄断亦变本加厉，垄断政策的执行，则交到了军队的手里。[1]

这一法案，阁下，第一次使用了这样的标题："授予[2]美洲殖民地与种植场的关税"，也第一次在序言中这样申明："课取岁入于美洲，是合理合法的，也是必须的"；然后就是这一类法案的专门用语了："输将和授予"。一套首尾俱完、形式严整的美洲岁入法案，就这样出笼了：课税于美洲的权利、公平、政策、甚至必要性，都有完整的声明，缺的只是美洲的正式同意。该法案的序言中，还有这几个锋芒毕露的词：下院等机构"想在本次议会的会议中制定某些条规，以筹集上述的岁入"。在美洲人看来，这几个字眼不啻于宣布：该法案只是苦难的开端——日后每有会议，都将有同样的货色出笼——我们将日复一日、年复一年的从他们身上课取这样的税，只要我们高兴——以供养驻军——只要我们觉得该驻军。美洲人所以自命者、美洲人获见的自由之影像，是俱集于他们的议会的，但假如该计划得以推行，那么很显然，他们的省议会就名存而实亡。苦难的前景，是不见其极、不知所止的。阁下，他们果然没有猜错。当该法案通过之后，当内阁审查了《印花税法案》之后，他们自己估算说，这两项税，仍不足用于他们课税于美洲的目的的。这一政策，在这里赢得了雷鸣般的掌声。在英国，我们嚷叫着对美洲人课取新的税种；在美洲，他们则喊叫着说，由于战争和他们自愿的

① 该法案有两个目的，一是筹集岁入，一是加强《航海条例》的束缚，所以其中又列举了许多受限制的商品，如皮革等。

② "授予"指授予国王、或曰国王的政府。

输捐,他们几乎被压断了脊梁。

阁下,有人在辩论中曾这样说,第一项美洲岁入法案通过的时候(即课加港口税的1764年的法案),美洲人不曾反对它所依据的原则。的确如此;这原则,当时他们只是轻击而已;不曾正面去攻击它。他们还是新手呢,还不习惯于对议会的任何一种权利,去发动正面的攻击。这些关税是港口税,与他们惯于承受的那些颇为相似;其区别在于:标题不同,序言不同,精神也大不一样。但我说这些,与它的制定者们的主张,可有什么关系吗?这是为了彻底驳倒他们目前之残虐美洲所援引的借口;因为这是以他们自己的话表明:目前的这一场令人困恼的、毁灭帝国的争论,我们的殖民地,当初是望之而却步的[①]。

喧阗于四方的,还有另一种说法(散布者是怀有恶意的,但本院中持这一说法者,或许是例外吧):在当初,格伦维尔先生曾向代理人们提议说,他们的议会(若不接受英国的课税),那就自己课税于自己;但他们拒绝了。我发觉,有人至再至三地引述这一点,仿佛这是事实似的。但实际上,它既不合实情,也是不可能的。首先,在就课税问题进行的无数场辩论中,格伦维尔先生从来都没有以此为自己辩护过。他也许对殖民地的代理者们提议说:他们可提出自己所能接受课税的方式,以作为议会课税的基础。但事情绝不像今天有人所说的那样;他从不曾建议说,他们可以应英国的

---

① 格伦维尔内阁通过1764年的《岁入法案》时,美洲人确实有点感到手足无措。这虽然违反惯例,但议会有这样的权利是他们无法反对的。所以他们的反抗的确是很轻微;但也并非没有预见到它的后果,纽约议会的陈情书中就说,议会如果能对他们的贸易征税,也就能对他们的任何东西征税了。果然第二年就有了印花税。

要求，自己课税给自己。格伦维尔先生的确很清楚，殖民地的代理者们，并没有自行其是的权力，故同意与否，他们做不了主；而就商于他们的议会，以要求这样的授权，则他通过第一项岁入法案之前，是没有时间了。比较一下日期，你会发现这是不可能的。而代理者们，既深知殖民地当时的负担之沉重，也不会指望能得到这样的授权。他最得宠的总督[①]也认为，当时的美洲人，是不适宜做课税的对象的。

“现在课税，可谓最有害于**公平**。美洲有能力，就应该分担帝国的费用，这道理，我很清楚，并不想质疑它；时机若**合适**，美洲人也不会质疑它。但我们应想到的是：因为最近的那一场战争，美洲的各殖民地政府都背上了巨债，还清债务需要若干年，在这期间，单为还债而征的税，就已经很沉重了。以本政府[②]为例，为偿债而征收的税款，每年有 37500 英镑之巨，还清它，却至少需要四年的时间。”

这些话，出自于伯纳德总督致一位老内阁成员的信，后来他出版了它。格伦维尔先生对代理者们所以不做这样的提议，还另有原因在。他有一种看法，是昌言于本院一百遍不止的：从法律上说，殖民地对国王，是不能授予任何岁入的，若允许它有这样的权力，则必贻大祸于将来。[③] 当格仑维尔先生通过了第一项岁入法案，并在同一次会议中，督促本院决定课印花税于美洲时，也就是

① 伯纳德总督。

② 麻省政府。

③ 即用于筹集帝国岁入的课税权，不能留给殖民地，必须留在议会或英国政府的手里。

说，从那时到《印花税法案》通过的这一段时间里，他对一位本院的成员（很遗憾，他现在不在议席上）、一名最可敬的巨商、也是一个反对他的做法的人，曾经这样说道：印花税若遭人的反感，则他愿意换一种，只要能筹集同样多的岁入就行——但是，假如他[①]反对议会向美洲人课税，他[②]将省去这讨论的麻烦[③]，因为推行这样的方针，他已是“我心如石”，已“不可转也”。这就是事实的真相；假如您乐意，我可以举出最无可置疑的权威，以证明这事实。

这说法的不实，阁下，我已摘发于上。但不实之辞，莫不如四季不竭的毒泉。所以又有人说了：谁会想到美洲人反感这原则呢？此说之伪，是同于前者的。下院做出该决议[④]之后、并通过《印花税法案》之前，马萨诸塞湾和纽约的殖民地，曾递交过争谏书、以反对议会课税这一种形式。但结果如何呢？它们被压下了，被塞进了桌子底下；虽然委员会[⑤]有相反的命令，却也无济于事，因为下达该命令的委员会，已被内阁压服了；所以美洲的反对，下院并无正规的渠道可以了解，它是在这种情况下，继续其课税于美洲的事务的。但公平地说，下院也雅不欲开其耳目，去听美洲的争谏。1765年2月15日，即《印花税法案》议而未决时，他们竟以轻蔑的态度，拒绝接受来自于美洲的四份陈情书；而呈递者，却是那些品行一向端正的殖民地，如康涅狄格，罗德岛，弗吉尼亚，和卡莱罗

① 当指这位可敬的巨商。
② 指格伦维尔。
③ 意思是说，他将不再通过议会，而直接课税于美洲。
④ 即通过1764年的《岁入法案》。
⑤ 应指“贸易委员会”，负责《航海条例》的一个咨询机构。但译者不敢自信。

纳，最后的一份，则呈自于牙买加的商人们。这样的话，美洲即无他途可走了：要么不服从，要么掏钱，因为他们的争谏，内阁是不让议会听的，或者说，议会也自塞其聪，根本就不想听。

陛下决定撤换他的大臣[①]之前，美洲的局面就是如此。这不是我空口说的。议会的记录，是彰彰自明。但这位可敬的先生，居然要我们摸摸自己的良心，去回答他就问题的历史所发的质问，从他的眼神中，我感觉他是冲我来的。

阁下，我将尽我的驽钝，尽我的坦诚，给这位先生一个清楚的答复；我用不着隐瞒什么。1765 年，我还未忝居本院的末座，只是一介布衣，朝堂对此事的议论，尚无由侧闻。我无籍籍名，更无所知闻于当时的内阁，但幸运的是，由于一位下院的朋友的从中为介，我得交了一位贵人，即当时财政部的首脑[②]。我文质无所底，位卑而望浅，倒也得其所——但因我寄食于这位贵人的门下，故得以像他人那样，得悉此事的进展[③]。我从这位贵人的身上，看到了原则的通达，胸襟的开阔，头脑的精明和意志的坚定；四方之才骏，莫不延颈而归德，不才如下走，也和他们一道，从那时候起，便喁喁归附于他了。阁下，在那一年的春夏之交，许多英国的商人、工厂主、殖民地总督和军队的指挥官们，纷纷呈文于罗金厄姆勋爵，以示他们对美洲商业条例（几乎是所有的）的反对——他们反对最力

① 当指格伦维尔内阁倒台、罗金厄姆组阁一事，此事发生于《印花税法案》通过的当年，即 1765 年。

② 负责英国财政的一个委员会，其首脑就是首相。柏克这里说的是罗金厄姆。

③ 这一年柏克出任罗金厄姆的私人秘书。

的，是那些足以毁灭他们与西班牙贸易的条款[①]。如何处理这一件事，阁下，我想那位爵爷，是很快就有了办法的。但在当时，或还有人以为这些法案是深思熟虑的结果，故他没有卤莽地做出反对它们的决定。但是，他刚一着手这个问题，政府的老兵们[②]便烽烟示警了。所有人的嗓门都抬高了八度(除了那些了解、或感受到了灾难的人)，以反对改变既行的政策。一方面，他的尝试，是直接违反协定和公共之法律的；从另一面说，《航海条例》和所有的商业法规，也都拢集起来，以反对他的政策。

这位爵爷采取的第一步，是考虑解决法律上的难点，这是准照他已故的朋友、当时的检察总长、即杰出而博学的、其故逝为永世同悲的约克先生[③]的观点。实际的弊害，他若发现于前，则后来他一旦找到可援据的官文，就往往立即发出命令，以为救治之计。至于当时的这位大臣，也很想这么做；假如不是贸易法案的作梗，则我敢说，他既面临着约克先生所面临的同样的危机，自然也会发出同样的命令，并为了取得保障、而欣然请求议会之公正的裁可。[④]

西班牙贸易的处理刚一完结，[⑤]《印花税法案》引起骚乱的消息，即传入了英国。我们是10月底才收到报告的。当时的反对派

① 1764年的《岁入法案》中，有许多排斥西班牙(主要是指它的属地)商品的条款。

② 当指刚倒台的格伦维尔内阁的成员。

③ 不详。

④ 意思是说：他将把自己的计划，交由议会审议，并以法案的形式确定(亦即所谓的保障)。

⑤ 即处理完《岁入法案》引起的问题。

们，一听到这巨大的雷鸣声，不愧怍于自己政策的恶果，反倒喜气洋洋了起来，他们四下里聒噪说：内阁之准备撤消《印花税法案》，是出于对前任之光辉业绩的嫉妒。事情不过九年，这位可敬的先生，居然全不顾情实，竟要我摸着自己的心口说一说：内阁之决定撤消这一法案，可曾在议会闭会之后花过足够的时间去考虑？对这一桩事实，他如此汹汹地诘问，我若承认，或否认，他想从中引出什么样的结论呢？我不清楚，但我可以摸着我的心口告诉他：撤消的决定，绝非率然做出的。事体的重大与艰难，他们做过恰如其分的权衡。内阁的成员之间，自群策群议，有成熟之考量。此外，他们又就商于或有良图以匡国策、或有消息以开耳目的人。议会开幕前不久，他们还没有决定；决定的做出，计划之主旨的勾勒，是逼近议会的开幕了。由此产生了两个问题。（我不想讲事情的经过了，以免烦扰各位。）

［议席上有人喊道："说下去！"］

要考虑的问题有二。第一：撤消是全部好，还是部分好——凡沉重的、或可作税源的，概予砍除，空文以申权利、如纸牌或骰子上的符号者，则保留之。[①] 第二个问题是：法案的撤消，该依据什么原则。这个问题，可用的原则亦有二。一、本国对美洲的立法权，并非是无所不包的，而有一定的限制或界限。二、这种性质的课税，与商业的基本原则、与政治公平的每一观念，都是格格不入的；而殖民地的建立，却是出于商业的原则；政治的公平，则又是帝国

① 这是部分的撤消。所谓"纸牌或骰子上的符号"，未详所指，大概是说纸牌上的王、后、或骑士，或骰子的数字，只是个符号而已，并不代表实质的东西。

的基石，正是出于此，我们才尽量把英国宪法的精神与恩惠，扩展到帝国的每一属地。这两套方案、两种原则之间的取与舍，开会前便确定了；撤消的主旨与《权利申明法案》，已充分地勾勒于国王的开幕致辞中，谁要是看不到这一点，那真可谓盲瞽，真可谓匪夷所思。

阁下，部分的撤消，或如当时宫廷的时髦语所称的修改，或可满足一个胆法的、无纲领的、泄泄沓沓的内阁之要求；这样的政策，这样的内阁，向来是一对般配的活宝。修改是庸弱寡断者惯用的手段。在序言里否定课税的权利（这一点，也是博访周咨过的），却可谓豪杰之举，它将一刀斫开这哥顿的乱结[①]。两个方案，各不过一天的讨论，就大事可毕。但下院基于明智、公平和商业的原则，接受了全盘的撤消方针之后，则为推行方针之计，就必须着手制定大量的、艰巨的政策。这样一来，则有必要斩荆断莽，以辟开“证据”的平旷之地，使那些辽远的目标，得入人们的视野内。这样做是有意义、有价值的。它打开了许多人的眼，因而看到了美洲的真相；它开阔了他们的胸襟；它消除了偏见；它调和了人们的观点与主张。为了把证据出示给下院，领导内阁的爵爷，和我下面的那位可敬的朋友[②]，还有一位体面的绅士[③]（假如他不是有功不居的话，

---

① 用亚历山大大帝的典故。快刀斩乱麻的意思。

② 窦德斯维尔；当时任罗金厄姆内阁的财政大臣。所谓“我下面”，当不是“手下”的意思（他的地位高于柏克），当指柏克发表这次演讲时他的坐席处在柏克的前面（前面的坐席低）。译者不敢自信。

③ 即康威将军，当时的一名有议会席位的高级军官，因在 1764 年投票反对格仑维尔的政府被乔治三世免除军职。1765 年加入罗金厄姆的内阁，罗金厄姆倒台后，他留任于皮特的内阁，此举大为柏克所诟病。

则这一件事务中,他是出力颇大的),真可谓殚精竭虑啊;本院得见的证据中,以这一批最完备、最公正、最不偷梁换柱。下院的质询,我记得进行了6个礼拜之久,当结束时,本院的大多数成员,以独立的、高贵的和昂扬的精神,(这一人数,是足以废除议会之多数所通过的任何法案的),面对所有的政治之辩客、卜师,面对着兴兵奉甲的、坐领津贴的老兵团,面对宫廷之久经试练的爪牙们,竟不为所动,居然从老政治雇佣军的牙缝中,夺出了这一法案[1],并彻底地予以废除。若得尽其能的话,他们是大可以赐帝国以永久之安宁的。

阁下,我所以数陈这些细节,是因为院外面,近来谣诼四起,即便本院里,也有甘冒天下之大不韪者,口口称说这一勇敢的、刚毅的法案,是怯懦所致。阁下,内阁的人,若顾忌一身的穷达,故心存畏缩,怯懦地提出了撤消的申请,那自然该受重重的谴责。怯懦以徇私情,在内阁,亦如战场上的士兵一样,都是天大的耻辱。但为国家的祸福、安危而怯懦,却是英雄的品格。执掌当日之国务的那位爵爷,和他梗正的同事们,预见了你后来引至于身上的火,虽不胜觳觫之至,但同时,为杜此灾害之萌,却不惧于挺身而出,去直面那使人目盲的、鹰眼亦不敢对视的"影响"[2]之光。他面对的反对派,或是本院有史以来最强大的,也绝非最少忌惮的;但那又怎么样?内阁常获得的支持,他一项未得到,[3]他不也一柱擎天,孤身顶住了它么?阁下,这就是他撤消《印花税法案》时的所作所为。

① 《印花税法案》。

② 关于"影响",可参阅《论当前之不满情绪的根源》。

③ 主要指国王的支持。

有一个人，是他素所敬重的，而当时，却偏偏缺少他的支持；他对之亦无惧色。我这里指的是查塔姆勋爵[①]。在通过《权利申明法案》的时候，他是支持过的。

出于惯有的目的，宫廷又派出它惯使的密探们，四下里放风说，罗金厄姆勋爵本不同意撤消这一法案，但后来，慑于查塔姆勋爵的威吓，才不得不如此；这话到了传声筒们的嘴里，就更是没谱了，见有人群处，他们便言之凿凿地说：坐在游廊下的那位体面的绅士[②]，当初去美洲委员会中提出撤消的动议时，口袋里，是揣有另一份决议的，内容与他做的动议大相径庭。为了这无望的目的[③]，他们如今仆仆于四方，蹿遍京城的每个旮旯，一见有人群——不论是最高贵的，还是最低贱的——便处心积虑地散布这一套阴谋；仿佛这谣言的荒谬，可因拼命的传播而减杀似的。

阁下，以这位爵爷的性格，他会震慑于查塔姆勋爵或什么别人？这还得让了解他的人去说。说心里话，阁下，我每想起那一段往事，就未尝不感到爵爷当时的处境，可谓是最见劲草的疾风了。贵族院的内阁成员们，除埃格蒙特勋爵之外（以我所知，他以高尚、果敢的精神，尽了自己的本分），其中与这位爵爷有私交者，很少不是别有心肠，另谋将来之安排的；[④]这安排，后来扭曲了他的政策。上下两院中，都出现了狠歹的新面孔，一位大臣，倘不有最果敢的

① 即老皮特。

② 即康威。

③ 造谣的"目的"。

④ 罗金厄姆上台后不久，即与乔治三世发生了冲突，故倒台是不可免的。所谓"指望将来有另一种安排"，大概是指准备抛弃罗金厄姆，以便在此后的内阁任职。

性格，百折不回，孤行己意，则此情此景，一定被吓得扔下自己的政策，弃阵地而逃了。他的家兵们，公开地造反了。[①] 内阁的盟友们（即拥护内阁的某些政策、却拒绝为任何政策担责任的人），本该支持内阁的事业的，却处处与之为敌，以害厥功；并拼命地贬损内阁的声望。人人都知道，在撤消的问题提出于本院之委员会的同时，宫廷与反对派的头头们，正暗地里商谈，[②]且不止一次。敌友双方之间，无一事不满是陷阱，不满是雷坑。脚下的地动，头上的天摇；事关内阁安全的每一件事，都冰消瓦解了。那边是阴谋，这边是反阴谋，那边是公开的反对，私下的卖友，这边是前挡后拒，左拼右杀，人情波骇，事事乱做了一团，正是在这样的处境中，阁下，显出了爵爷坚定的本色。他坚守立场不退却，哪怕是半步。他不动摇自己的原则、政策与行为。他不耍手腕。他不营退身之窟。他不求辩解。

至于当时在本院中领导我们的那位体面的绅士[③]，我也该讲几句公道话。他尽自己的本分，当时是欣然而坚定的；居心叵测者称他阴一套，阳一套，完全是不实之辞。他树立的榜样，鼓舞了我们所有人，这一阵营中最庸劣、最不堪者如我，也因之而奋发。事情的真相，当时我看得很清楚（这真相，是有眼就能看到的），但我到下院来，平生以这一次的情绪最昂扬。这是大丈夫有作为的时刻。我们有强大的敌人；但也有忠诚而坚定的朋友，有一个光荣的事业。我们有一场恶战要打；但我们有作战的手段；不像今天这样

① 参看《论当前之不满情绪的根源》。

② 搞倒罗金厄姆，以组织新的内阁。

③ 康威。

手被反缚于背后了。那天我们打了;我们赢了。

这位提出撤消动议的绅士[①],阁下,我回想他当时的位望,心里是有喜,也有悲。在那一场危机中,帝国之商业利益的代表们,蜂拥挤入您的会客室里,恐惧而焦灼地等候他们的命运,等候您的判决。当您做出有利于他们决定之后,当这一场正义之大捷中的英雄、救他们于危亡者的身影,出现在您洞开的大门里,这平素古板而严肃的人们[②],不由得感激涕零,爆发出了狂喜的欢呼声。他们载笑载言,雀跃着奔向他,如孩子迎接远归的父亲。他们把他围在中间,如俘虏之于解救他们的人。整个英国,整个美洲,一同为他欢呼着。他当时,似乎亦并非不陶然于这人间最好的奖赏,这同胞公民的赞美与爱慕。他头上的冠毛由希望而高扬,由快乐而发光。[③] 我当时就在他身边,用经书里第一位殉道者的话说,"他的脸宛如天使"。别人有什么样的感觉,我不知道;但我要能有这样的位望,则天下的帝王们,哪怕是给我人间所有的荣华富贵,我也不换。[④] 当时,我满指望这一天的危险与荣誉,能把我们永远地扭在一起。但这希望,和另一些幸福的前景,久已烟消云散了。说起来,真堪发一浩叹!

阁下,这一法案,不可谓不高明弘远,而邪说诬世的人,对此却有别解,说这是内阁缝缀的百衲衣,说他们向无自己的纲领,只是依违于两可间,东扯一缕,西偷一片,杂凑而成之。阁下,它不曾依

① 康威。

② 商人多严肃而古板。

③ 弥尔顿:《失乐园》,ix,633。

④ 这无疑是责备康威不保其节,为了官位而背叛了罗金厄姆党。

违于两可的。他们的纲领，根本不同于左右两党；但他们保全了两派的目标。他们保全了大不列颠的权威；他们保全了大不列颠的公正。他们制定了《申明权利的法案》；他们撤消了《印花税法案》。这两者，他们做得都很彻底：《申明权利的法案》，是无所限制的；《印花税法案》的撤消，又全部而无余。在我上述的逆境中他们所做的事，就是如此。

阁下，反对者们对这两项法案，如今又何以为言呢？《权利法案》的原则①，假如说不好，则我们今天为之而争斗的原则，就是妖魔鬼怪②。撤消的原则③，如果是坏的，那我们今天又何不开战，去夺取真正的、有裨于实益的岁入呢？假如两者都不好，则这一届内阁，又何以总是蒙受这两者以及所有政策的不便呢？立了法又撤消，执行了又放弃，如今却又想推行，这颠颠倒倒的，到底又为什么？

有一件事实，阁下，与您眼下审议的问题，亦非不相关，故也不妨在这里说一说。我们是冒着一句妖言所激起的矢雨，在苦苦地劝您恢复本王国的旧章；这一句短短的妖言，是宫廷的头领们阴授给党徒，复由他们传之于四方的；其目的，是毁谤旧的内阁，泯灭他们的功劳，因为您目前将加诸殖民地头上的这狂悖的战争，他们是阻止过的。这一句妖言是："美洲所有的骚乱，均起于《印花税法案》的撤消。"这无耻之极的话，其悖谬、诈伪和下作，真让我怒发冲冠，但我先忍一忍。散布者的动机与人品，我且不谈，我要清清楚

① 原则是对美洲享有全面的主权。

② 今天所争夺的正是主权之一、即课税权。

③ 原则是行使权利要得宜、要谨慎。

楚地让您看一看，美洲的局面，在撤消前、撤消后以及课税的政策恢复以来，有怎样的不同。

有人说，法案撤消之前，就算是有骚乱，则也很轻微，弹指之间即可以剪除之。关于这个问题，我请您就教于《印花税法案》的主要的制定者和保护人[①]；他对我国的权威，居心自然是好的，对美洲的局势也知之甚详，你的记录里有他的一份动议。还是不劳书记员了，我亲自读给您听。这一份动议，是建议修改1765年12月17日的答辞：

"……为表达我们对肆虐于美洲的暴动与叛乱的仇恨和叛匪们之公然抗法的愤慨；并向陛下表达我们的决心：他忠实的下院成员们，深为自己的职守和对陛下本人及其政府的忠心所激励，……将坚定而有效地支持陛下采取一切必要的措施，以维护、并保证各殖民地对祖国之法定的依附关系。"等等，等等。

由此可知，法案撤消之前，美洲就有骚乱了——格伦维尔先生既认为有必要称之为叛乱，并冠之以叛匪的称呼，即可知骚乱的严重；当时支持其动议的人，在描述后来的骚乱时，也不曾用过这样严厉的称呼。他和他的朋友们既然觉得，在许诺给政府以支持时，应使用对强敌宣战的口吻，则骚乱的大小，即不待而言。公众出于狂热，对美洲的骚乱，虽一直凭想象而张皇其辞，但美洲总督们的报告传来下院后，人们才恍然大悟到，骚乱的严重，看来都甚于他们的想象了；假如我说，后来的骚乱，即六种宫廷新税中的五种据以撤消的理由、亦即他现在之拒绝撤消第六种所援引的借口，同远

① 格伦维尔。

在“印花税”撤消之前肆虐于美洲的暴乱相比——我何必要比呢？——称之为一分比十分，是犹嫌其多。您桌上的文件能证明我的话。

美洲驻军的总司令盖奇将军的话，是颇有权威的，这一点，现如今的内阁也不能否认。11月4日[①]他发自纽约的信中，曾这样描述当地的局面：

“要说谁没有附逆，的确很难；无论最有地位者，还是最寒贱的人，都以签名、或共约，或他们乐意称之为‘合法抵抗’的所有形式，在抗拒这一法案。如何有效地阻止、或扑灭这暴乱，尚未知计之所出。别的省份，亦骚然如纽约；它们都断然拒领印花票，并威胁要抢劫、或杀死领票的人。这种事，是每个省都有的。看起来，法案自身的力量，若不足推行之，剩下的手段，则只有庞大的武力一途。”

可怪的是，阁下，对于公民大会[②]之决议的暴烈，叛乱的四起，印花票的抢夺与焚烧，以绞架之威胁票务官的辞职，官员住宅的被抢劫、被推倒和胆敢为议会的权力做一言之辩护者的受迫害、被驱逐，等等，这些人，以前是不惜吹破了喇叭，大肆夸张的；现在呢，却脑袋一摇，这种种的骚乱，又轻描淡写成了“小菜一碟”，还把骚乱的日期，推至于《印花税法案》的撤消之后。真是谎话连篇，不知天下有羞耻事！还是听听您海外的官员怎么说吧，让他们去驳斥这谎言吧。在他们的信件中，骚乱的起因，都莫不归咎于它的真祸

① 1765年11月4日；《印花税法案》是自1765年11月1日开始执行的。

② 各殖民地议会。

首，那就是人民对印花税的不满。你从自己的档案[①]中，即可以找见这证据；你要不是昏了头、竟不知议会的信息为何物、故而相信这一天一变的谎言、却不相信本院的记录，就一定会找到最终的答案。

宫廷的喉舌，阁下，也真像是臭老鼠啊！你这里赶它，它一准钻进另一眼洞子。但所有的洞子，我通通要掘掉，我看它往哪儿藏！

前有骚乱，却归咎于后有的政策，此论之不通，他们肯定是想到了，于是便端出了另一套说辞；它的荒谬与邪恶，固同于前者，手法则是近来的“时样妆”，那就是：把失策之举的恶果，归咎于别人事先的规劝。他们说，《印花税法案》通过时，议会是有人抵制的，美洲人所以抗税，正是受了它的怂恿。这一通昏话，居然由宫廷帮的吹鼓手、一个叫“塔克尔博士”的家伙，堂而皇之地搬到了定期出版的杂志上。这个塔克尔博士，已经是一名教长了，在这小小的葡萄园里，他既如此的卖命，则挣一个主教区，我想是指日可待。但这一说法，也和其他的一样，仍然是一派谎言。您桌上摞着的文件，曾申诉于您的院门之外的那一大群证人，和本院之两派的无分彼此的证据，都毫不曾显示说，议会中的反对是美洲骚乱的原因之一。至于对《印花税法案》的“强有力抵制”，实情又如何呢？该法案审议的时候，我作为局外人，正坐在下院的旁听席上。可以说，这是我听过的最死气沉沉、最无精打采的下院辩论；又何谈什么激烈？发言反对这一法案的，我记得不超过两三人，话都很克制，没一点肝火气。在议案整个的审议过程中，仅有过一次分歧；少数派

① 议会的档案。

不超过39或40个人。上院中，我也不记得有任何分歧或辩论。抗议是绝对没有的。法案的通过，其实是悄无声息，所以你究竟在做什么，京城的人几无所知。国内对该议案的反对，是绝不可能酿此大祸于海外的，因为，对一项关系重大的法案之抵制，历史上以这一次为最轻微。

阁下，谎言的制造者与散布者们，还以他们惯有的辛苦，传布着另一套性质同于前者的弥天大谎。它是这样说的：美洲人所以骚乱，是因得知了内阁的更迭。老辣的统治者[①]，如今既已去位，那他们还怕谁？继之起的内阁，我们的诽谤者是称之为“孱头”的，无怪他们觉得有一拼。从某种意义上说，他们确实是孱头，因为他们用尽了手段，想尽了办法，也招架不住你那疯子的蛮力，邪魔的迅捷，只能眼睁睁地看着你一头扑进深渊里。但日期和记录，是无法更改的，它们可证明这流言的不实。

美洲对于内阁的变动，是一无所知的，故你的总督们，在骚乱闹到了极致很久以后，写信报告美洲的政局时，还一直是致老内阁的，并主要写给哈里法克斯伯爵、即负责与殖民地通信的国务秘书[②]；从这些报告中，丝毫看不出他们已猜到了国内内阁的更迭。在英国，内阁的更换是1765年7月10日以后了。而此前的6月4日，弗吉尼亚总督佛基尔在信中这样写道——当然是写给哈里法克斯伯爵的——“政府受到了蔑视，但手中却没有足够的力量可强迫人们服从社会的法律。人人都有的小不幸，加剧了对印花税的

① 格伦维尔一向主张在美洲推行猛政。

② 即殖民大臣。

普遍不满，凡遇到小事端，这不满都借机而发作。”这普遍的不满情绪，不久前就已经出现了：一些措辞强烈的公共决议，已见于当年的5月29日；伯纳德总督在8月15日的信中，称这些决议是麻省叛乱的根源，这一封信，仍是写给哈里法克斯伯爵的，直到当年的9月7日，他寄回国内的叛乱报告都是写给老内阁的。别的总督也如此：晚至9月，类似的报告仍在写给哈里法克斯伯爵。这些信中，没有一封能看出他们已嗅出、或已得知了内阁的更迭。

这样一来，我就赶跑了宫廷谎言的臭苍蝇们！为邪恶的事业而奔走的虫豸们，虽然嗡嗡地乱飞，钻头觅缝地寻找国内的每一个腐臭的角落，徒然地寄望于他们下出的蛆虫，一旦生出了翅膀，则不绝于耳的嗡嗡声，听来会像人民的声音，但这些可怜的货色，已被我通通地捏死了！

阁下，印花税撤消之前美洲的局面如何，我已上渎清听；现在，我要转对这位尊贵的先生了，因为他汹汹地质问我们说：撤消后，美洲是不是平静了。他算是问到了筋节。我用不着旁征博引，马上就能痛痛快快地答复他：他们平静了。他既然说，由于您的妥协，其他的贸易条例被破犯，甚至其他的岁入法案也受到了攻击，那么我倒也问一问：你所说的破犯与攻击，发生于何时、何地，犯科者是何人，数目有多少，程度有多大，你举给我看！不过，且让我从这居高而临下的高地上走下来，免得我由此抛下的证据会砸他个半死。我且来这开阔的平地上，好让他看一看：他们不仅平静了，还颇有感恩戴德之意。交锋前，我愿宽让他十分，故我选择人所厌恶的麻省做战场，因为眼下的麻省，是议会传唤的重犯，尽管它的申诉我们是拒而不听的。伯纳德总督的做法稍失于卤莽，因为在撤消的宽政中，他掺加了药性相克的猛剂，犯民之怒不可谓小；但即使如此，麻省又是怎样做的？阁下，这宽政中固然杂以猛剂，但效果您却看到了——这刚烈的人民，是这样表达他们对妥协政策的感情的：

“假如现在，我们不能尽符人之所期，力不足以表达我们对祖国的感戴之情，或以忠心、以热爱，回报国王与议会的恩宠，那将不是我们的过错；因为我们是怀有此心的，并希望我们的心愿能完满地实现。”（麻省致伯纳德总督的答辞）

说句良心话，这情绪，已被培养、播散[①]、并见诸行动了！除了我们感受到的之外，其他的效果，本来也将因之而出现。您要求它赔偿因暴民的骚乱而受损害的人，它在同一篇致辞中答复说，——“国务秘书康威先生，既写信责成（总督）向我们提出要求，我们会在适当的时机，优先考虑并处理此事。”他们考虑了，他们处理了。他们听命于要求了。处理的方式上，我承认是耍了手腕；但命令的实际内容他们是遵守了的；而本次议会会议的要求，尽管是疾言厉色，背后又有军队的支撑，但我恐怕他们的服从，将不如前者。总之，麻省的议会，曾认真而彻底地赔偿了暴乱中的损失。美洲的其他地区也各以不同的方式，表达了对妥协的感谢。这样大的风暴，忽然就停止了，揆之于史册，是唯此惟一的。假如说自撤消以后，即使另有致乱的根源，也绝不会再有骚乱，这当然是蠢话。但以当时的局面而言，我们却可以说：您牺牲这一项法律是明智的，因为它取得了美洲人对其余法律的认可。有了这样的经验以后，谁也

① 应指“培养、播散于麻省的人民中间”。

别对我谈虚弄玄了,说什么"事关人民之全体时,宽政不是和解之道啦"等等的鬼话,我不信!

我希望这位先生对于他刚才的问题,已得到了公正而满意的答复。

美洲政策的第三局——即撤消法案,恢复旧章,重现古老的安宁与和谐,我已具陈于上。阁下,这一段日子是幸福的,惟可惜太短。另一场戏,不久就开演了,出现在舞台上的是另一些演员。① 国家的政柄,递到了查塔姆勋爵的手中,他的大名,是驰声于人间的——我国的名称,所以受敬重于世人,也有赖于他的名字②。它真称得上:

> Clarum et venerabile nomen Gentibus, et multum nostrae quod proderat urbi
>
> (为人民所敬重的光辉的名字,一个配得上我们的城市的伟大的名字)

阁下,这位伟人的年高德重,位望之尊显,辩才之雄奇,品德之纯粹,事功之斐然,和他的为万人所宗仰,是不容我责备他的任何行为的,而最重要的是,他的失位宛如死亡一样,已加封他为圣人。这是不是奉承他,我不好说;我敢说的是:我是无意指责他的。当初那些拍他的马屁、以此而出卖他的人,现在尽可以施加他们的怨

① 罗金厄姆执政不足几个月,即因国王的反对而倒台,同一年皮特组阁。

② 皮特是英法七年战争的主要指挥者。可参看《论当前之不满情绪的根源》的相关注释。

毒、以此而羞辱他。但他所做的事情，我虽不便于指责，却颇让我扼腕而叹息。他当时的举措，依我看，是太为泛泛的原则所制了；作为智者，这本不应该。其中的一两项原则所源出的观念，对我们不幸的人类来说，并不是最有益的，而且也太虚、太瓠落无当；[①]所以他据此而采取的政策，终于祸及于他自己，也因此而给他的国家造成了致命的伤害（当然还有别的原因）——这政策的恶果，只怕是永远救治不了了。他组成的内阁，真可谓七彩斑斓，他宛如精木工一样，或以‘龙凤榫’，或以‘走马销’，不同的材料拼凑一起，状如‘百宝嵌’；[②]这一内阁，又如花哨的马赛克，亦如不用水泥而砌成的甬路，这儿一块黑石，那儿一块白砾，有爱国者，有朝臣，有国王的朋友，亦有共和派，有托利党，还有辉格党，无信义的朋友，公开的敌人，都错见于其中了；样子不可谓不别致，但摸不得，更踩不得。他揽来的同僚们，一见面，便大眼瞪着小眼，不得不相互问道——：‘阁下贵姓’？——‘哦，恕我眼拙，阁下是……？’——‘那个那个……那个什么先生’——‘原来是阁下呀，我真是有眼不识泰山。’这些平生未交一言、却赶来共居一官的人，是怎样屁股顶着脑袋，拱到这同一张矮脚床的，[③]我敢说，连他们自己也说不清楚。

阁下，把这么多的冤家对头揽到权力中来，这样的人事安排，后果的混乱，是大可以想见的，以至于他本人的原则，竟无从影响

① 指“看人不看党派”这样的高调。可参看《论当前之不满情绪的根源》关于结党的一节。

② 原文使用的是英国精木工的术语；我用中国古代精木工的术语作了替换。

③ 这可能是在骂首相诺斯；所谓“共居一官”，当指1766年夏诺斯与乔治·库克共同出任财政部主计长一职的事。“拱”显然是句骂人的话，意思是他们是猪。矮脚凳是一种放在床下的脚凳，坐“床”上的是皮特。

国事的处理。一旦他犯了痛风症，或因他事而无法用心于公众的事务，则与之相对抗的原则，就一定要占上风的。若执行自己的计划，则他的脚下，几无寸土可以立足；[①]若贯彻内阁的方针，则又疲庸尸位，无复大臣之理矣。[②]

只要他一不露面，他的整个机构，就成了汪洋中一艘没有海图、没有罗盘的船。他的好友名为内阁各部的首脑，在外人看来，也是他手下的方面之吏，但以他的大才，谁不自愧弗如、谁又不仰之如北斗呢？故对于任何事，他们都不敢擅出己见；一旦失去了这舵手，他们就成了飘摇的孤舟，任凭每一股风湍的击打，戏弄，见港口就进。和他们一起登船的人，与他的观点、方针与性格，是最不相能的，但船上的水手中，却以他们最狡猾，最有力量，故略施小计便控制了船，俘虏了他的头脑空空的、浑浑噩噩的朋友，然后，立即掉转过船头，弃他政策的航程而去。甚至远在他的第一次行政会议结束之前，当事情还公开地、堂而皇之地处理的时候，他们仿佛就为了羞辱他、也为了出卖他，即曾以他的名义制定了一项法案，公开地宣称从美洲筹集岁入，是大大的合理，大大的得宜。这一颗灿烂的星体，阁下，当时还未彻底陨落，西方的地平线上还燃烧着他的残辉，但这时候，另一颗星体却已升起于东方，并随着黄道的转动，很快成了首座星[③]。

但这一颗星体也早已划过了天空，永远坠落了。[④] 您一定清

① 大臣们不协助。

② 内阁的计划并非自己的方针。

③ 即查尔斯·汤申。

④ 汤申去世于1767年，即柏克这次演讲的7年前。

楚我是指查尔斯·汤申，重新拾起这祸及国家的方针的[①]，正是此人，今天想起他，我还戚戚有动于怀呢。平心而论，阁下，他可谓本院的明星，是光耀本院门楣者，私人的雅集，也每因他的到场而生色。他的才气之纵横，见识之深微与敏锐（若他冷静的话），不仅我国、也是天下所未睹的。他的知识，丰富固不及某些前人，但在短短的时间里，搜集必要的论据，以确立、阐发、并修饰他的观点，以我的交往而言，并世者无第二人。他论事巧妙，亦颇能服人。他阐述、解释自己的问题，总明白而晓畅，为常人所不及。他辩论的风格，是既不陈腐，也不玄奥。他总能击中本院的要害。任何事情，他都不持之过坚，对听众，总先意而承旨，未命而唯唯，未使而诺诺，点到即止，不多说一句话，不多掏一份热心。他与本院，总是一辞而同轨。他以本院的去就为去就，所以表面上看来，他总是指导着本院。

请原谅，阁下，我说起大人物，总要谈一谈他们的性格，看起来是跑题了，实际则不然。当此美洲天翻地覆之际，执柄者的性格如何，是关系匪轻的。居庙堂之高者，是国家的路标与灯塔。他们在宫廷或国人中的威信如何，是所有公共政策的惟一凭据。这些有大名的人，既以他们的权威，把国家拖入了错误的轨道，则我数落他们的错误，却闭口不谈为他们挣来这权威的好品德，那是招入反感的，以我的性情，也必不出此策。想踵武前贤以安身立志的人，从这个话题中，也可以获得教益。本院的少年新锐们，是从未见过这个才子、即查尔斯·汤申的，每遇到事情，他总能把自己的品德

① 课税的方针。所谓“重新拾起”，是因为1766年罗金厄姆已废除了这方针。

与劣点搅和到一起，捏成一团发性很强的酵母，从而耸动人们的心，这本领，年轻的议员们素不曾领教。他当然有劣点——这我们许多人都记得；我们今天所讨论的，也正是它们的后果。但他的劣点，却莫不归于高尚的动机，即强烈的、或有失节制的好名之心（所有伟大的人，都有这好名的本能）。这女神出现在哪里，他头就磕到哪里；但他敬神最虔的地方，却是她心爱的住宅，她亲选的庙宇——即下院。组成下院的人们，自有不同的性格，而下院本身，阁下，也有它集体的性格。如所有伟大公共团体一样，您也是爱品德，恨罪恶，这一点是彰彰易见的。而所有的罪恶中，最遭下院忌恨的，却是顽梗。顽硬，阁下，自然天大的恶习；在政事一日千里的变化中，它往往是灾难的根源。但说来不幸的是，凡品德之大、之刚猛者，如忠实，持重，宽宏，刚毅，坚定和执一不二等等，与您所厌恶的坏品格，都是蔓牵而波连；倘不节制，则它们流于顽梗，便是覆手之间的事。故曲意而承您的欢心者，自然是慎言慎止，以免流于顽梗而拂恼您了。

他最担心的事情，是拂恼他最应该取悦的人，故有时候，他心劳日拙，不免跌入另一个极端。在 1765 年，他是投票支持、并拥护《印花税法案》的。但政局和人心，是一日一变。总之，该法案开始不得本院的欢心了。于是他参加了一次私人的聚会，会议的决定，后经一位体面的先生纳入动议里，从而导致了该法案的撤消。在聚会的第二日，他为撤消投了赞成票，要不是卧病的话，他肯定要发言以示支持的（他所以没发言，并不如当时所传言的那样，是出于政治的考虑，以我所知，他的确生病了）。

到下一次开会时，当年的“时样妆”却变得不时髦了；撤消之不得本院的欢心,一如上一次会议时的《印花税法案》。为投合这行将取得上风、并在最有权势的人中蔓延开来的情绪,早在那年的冬天,他即忙不迭地宣布说:美洲必须得付一笔岁入。他话音刚落,就马上有人抓住他的话头,不由他不兑现自己的话;因为这些人,是不反对课税的尝试的,因为这伤不伤美洲人,完全与他们无关。于是廷臣们倾巢而出,纷纷来逼迫他。他们的言谈,仿佛是国王受着多大的委屈[1],不做点这样的事,就不能出国王于耻辱。

于是这个非同寻常的人,这位当时的财政大臣,便进也不是,退也不是,处处为难了。此人毕生的职志,固然是面面讨好;但课税于人,却又想讨好于人,正如坠入情网、却又想聪明一样,这样的能耐,上帝是不曾给人的。可他偏要逞身手。为讨得'美洲税党'的欢心,他抛出了一篇序言,阐述这一税收的必要。为弥缝与美洲的分歧,这一税种,则成了外部税、或港口税;而为了使另一派听来顺耳,它又成了筹集岁入的税。为取悦殖民地的人,则税是课于英国产品的;为了讨好英国的商人,税率又是很小的,且绝不涉及主要的商品(茶除外,这仅与忠诚的东印度公司有关)。为打击美洲的走私,茶税一先令降至三便士;但为了迎合想课税于美洲的人,他又改变了征收地,和其余的税种一样,它是在美洲征收的。还需要我多说吗?这计划,编织得既如此精巧,则所有精巧之政策的常有命运,也便临于它的头顶。[2] 但话说回来,这一税收的计划以及推行它的方式,本意原不为了其他,而只为博得我们的喝彩罢了。

① 大概是国王缺钱,可参考《论当前之不满情绪的根源》。不敢自信。

② “精巧的政策,一向是混乱的根源,世界只要还存在,情况会一直如此。”(《论与美洲的和解》)

汤申真是下院的乖儿子；他总是先意承旨，不听下院之言，不观下院之色，他是任事不想，任话不说的。他的言与行，天天以你们的情绪为转移，宛如照镜子整容一般。

他看到——他岂能看不到呢？——以前有些人，本事虽处处不如他大，但靠着梧鼠一技，居然成了本院的要人。这一类货色（愿上帝灭了这个种吧），一旦从席位上站起身，则任何一个大活人，根据他们惯常依附的党派，平素所持的观点、原则，或其主张的逻辑关系、前后之关联，以推测他们在辩论中将加入哪一方的阵营，是未尝不有爽失的。这种游移无定见，使各党派的人都不敢小觑他们；尤以危急的关头为甚。所有的眼睛都盯着他们，所有的耳朵都听着他们；每一个党派，都圆睁着双眼，大气不敢出，看着他们一会儿把票投给这儿，一会儿把票投给那儿，直到辩论结束后，心里的石头才敢落地。当下院在这忽东忽西的旋风里作团团转时，就听得左边一声“听他说”，右边一句“听我讲”；等他们终于停止了颠三倒四、落籍于某一党之后，该党则以雷鸣般的掌声，欢呼他的从良。[①] 一个人的身边，有无数虔诚的膜拜者，香气整天缭绕于头顶上，他不以为得，但别人有一炷香没有烧到，便感到极大的痛苦；对这样的人来说，这帮朝秦暮楚者的发迹，自然是不可抵挡的诱惑了。他亟亟以求的，是那些各相背谲的荣誉；他平生的职志，是让那些事事分乖的人，都一体同心地欣赏他。

于是就有了这一不幸的法案[②]，和今天所辩论的话题；于是就

① 可参阅《论当前之不满情绪的根源》。

② 1767 年的《汤申法案》。

制定了课税于美洲的政策，以讨好张三，于是又取消它，以取悦李四，然后又恢复它，以期王五的欢心，并希望处处得一点好处。

1767年的岁入法案，构成了美洲政策的第四局。瞧瞧我们那以来的处境吧：政令朝出而夕改；一会儿是执行，一会儿是撤消；忽而是恐吓，忽而是告软；做了，又废除；操之而烦，纵之则弛；议会抗命，好，解散了它，议会还不服从，怎么着？照样召集！今天派军队去镇压抵抗，明天真遇到了抵抗，又马上召回；国内的事，也措置乖方，内阁的用人如弈棋转烛，一日三变，连起码的官体都不讲了，还谈什么国策的秩序、条贯和力量？这些事，说起来是冗长而烦人啊。出于职守，我或许在别的场合详谈一谈；前一回，我已拿其中的一部分试练过您的耐心了；故眼下我且忍一忍。

经过所有这些变化与纷乱之后，您文件中的问题使您眼下面临的处境，最终又使你回到了这一法案。您现在有一项议会的法案，它声称“在美洲筹集岁入是得宜的”。但序言中所称的如此“得宜的”岁入，已因您部分的撤消而丧失殆尽。您也未替代以其他的税项。国务秘书又以国王的名义，否认有将来替代它的想法。这位否认者的原则，是既适用于已撤消的税种，也适用于被保留的税种的。这一项滞留于同伴身后的孤税[1]（它滞留于后面的惟一目的，是为了支撑这序言的空理论），与政府对殖民地的保证发生了冲突，于是流衍为猜忌与仇恨的不竭之源头。基于这种形势——我自以为对形势的陈述是准确的——我看再坚持这一法案、或这一序言，就没有任何理由了，不论是面子的、利益的、安宁的、或权

① 即茶税。

力的，所以我将投票支持这撤消此二者的动议。

您若不赞成这动议，就得保证有什么东西在理论上是连贯的，实际中是有价值的，故值得我们为之而战。假如您必须动武，则请以武力维护您体面的正确[①]，或有利可图的错误。假如您担心，人们建议您做的让步，应该固然应该，但有可能使您一退再退（这说法，自然是荒唐的），——那请您先退一步再说，假如做了合理的让步后，美洲人提出了无理的要求，您再动武不迟；那时候动武，是更大度，更有效果的，所有温和而讲理的美洲人，也更有可能拥护您；他们与那些凶暴的人，性情虽然不投，却因共同的利益，如今结合在一起，并受着他们的裹挟。假如您担心，一旦您做出了让步，则抽象的推理，会把您推到逻辑的极限，一通口辩，就将剥夺您的所有权威，则我的建议是：等您收复了那坚固的老阵地之后，就转过头，——停下来，——什么也别做，——别理论，——只以帝国的老方针和惯例为堡垒，去阻击革新者的抽象理论发动于两侧的攻击；这样，您将立足于伟大、坚牢、刚强的阵地上。以此为基础建立您的政策，是将天下归服的。

你的大臣们，已经以他们和陛下的名义，接受了美洲人对“内部税”与“外部税”的区分了。这一区分，不论好坏如何，是最先由美洲人提出的；我想他们会默认它，你若不大讲逻辑、罔顾情理而逼他们太甚，他们会默认它的所有结论：也就是说，假如把外部税、如他们与你（高兴时）所理解的那样，看作是政策、而非地理上的区分；或者说，当作一项管制贸易的、而不是征收岁入的权力。这一

① 如权利。

区分，是无关于权利的，[①]而是实践中的最重要的问题。回到您的老立场吧，恢复您旧有的安宁吧；试试看；我敢说，美洲人会与您妥协的。信任一恢复，那可恶的、产生猜疑的 summum jus（峻法），自然就无影无踪了。有务实的、克制的、与互行方便的精神，争端即可友好地解决，根本用不着请精确的几何来仲裁。就教、并跟随您的经验吧。为了您的利益，我说了这样长的故事，千万不要白费了您的耐心！

至于我本人，则雅不欲撤消的计划之去美洲、是陪伴以惩罚性的措施的。[②] 单纯的撤消，我可必保其成功。但它的身边，若有这个坏伙伴，美洲人是不是接受它，就很难说了。薰莸同器，最清白的人，也会失去清白之效果。虽然您将派去这和平的天使，但您也将派去一个毁灭的天使；这一对冤家争斗的结果如何，谁终将战胜谁，是我不敢说的。是宽厚的政策将平复美洲人的激情，还是猛政将加剧它的怒火——则只有问上帝了。但即使现在，这宽和的政策，尽管是运行于黑暗中，运行于混沌中，[③]运行于所有这些反自然的、浊暗的混杂物中，我仍相信它的效力，相信它终会奏功。我希望，它最终会将产生秩序与美。

阁下，结束这一次会议之前，还是让我们定下一套方针吧，不管是这种，还是那种。你想课税于美洲、因此获得广盛的岁入吗？

---

① 就学理来说，内部税的课税权，应属于美洲人，外部税才属于英国议会。但柏克认为做这样的区分是不好的，是危险的：也不利于应付将来的变故。所有的权利，都应属于议会，行使的时候谨慎、并加以最大程度的克制就是了。这也是英国人典型的“糊涂过关”的办法。

② 参看《引言》。

③ 这里显然是在套用《圣经・创世记》中的言辞。

假如是，请你大声地说出来；请你指出这岁入在哪里，叫什么名目；请你确定它的数额，划定它的目标；指明征收的方式；然后就去拼杀吧，既然你有了为之而拼杀的目标。图财，你可以害命；劫货，你可以杀人；但像疯子一样，血腥、狂暴、狠毒地行凶却没有目的，这种事千万别干。还让智慧、谨慎来指引你吧。

再一次，再一次回到您的老原则吧——寻求和平、并以和平为职志吧——请您饶了美洲；它若有可征税的目标，那让它自己去征。我不讨论权利的区别，也不想圈划它们的范围。学理上的划分，我是不管的。[①] 我讨厌这样的声音。让美洲人待在老地方吧，这从我们不幸的冲突中所诞生的区别，将因此而泯灭。在这一体制下，他们和我们，他们的祖先与我们的祖先，曾一直生活得幸福而美满。让我们双方记忆中所有违逆祖制的行为，都永远消失吧。要安于以贸易条例去约束美洲：您一直是这么做的。别把税压在它身上；打开始您就不是这样做的。[②] 以此作为你不课税的理由吧。[③] 这些，才是为国谋事者、执王国之政柄者该说的话。[④] 至于其他的，请留给学界好了；只有在那里，讨论它们才是安全的。但万一你愚蠢而卤莽，从无限制的、亦不可限制的[⑤]无上主权的本性中，演绎出一套虽巧妙、却为你统治的人民所厌恶的推论、结果，那你搅浑了、毒化了你统治的清源，你就是以身做则，教他们以同样

① 所谓划分、区别等，当指“内部税”与“外部税”的分别。

② 至 1765 年。

③ 即以惯例、而不以理论为理由。

④ 即惯例是怎样的，而不是理论是怎样的。

⑤ 关于议会对美洲的主权不可以限制这一点，见下文。柏克在关于美洲的三篇文字中对此都有详略不同的论述。

的推理，去质疑你主权本身的合法性。野猪被逼急了，会掉头冲向猎人。假如你要的主权，与他们的自由不相容，他们将何去何从呢？他们会把你的主权甩在你脸上。劝人受奴役，是必不能成功的！我请另一侧的先生们[①]拿出你们全部的本领，请你们中最善辩的人站起来告诉我：假如美洲的人民，其财产与实业，均受制于你想象到的每一种贸易之限制，同时，他们还得做你的毛驴子，你想加什么税，他们愿不愿意都得驮，那美洲人享有的自由，可算是哪一种呢？美洲人所摆脱的奴役，又叫什么牌子？无限制的垄断还不够，你们又想加之于无限制的课税吗？美洲的英国人，会感到这是奴役；一种定为成法的（*legal*）、既无补偿于其感情、也无补偿于其心智的奴役。

不久前发言的那位勋爵[②]，真可谓是年少气盛；我想，等他更事既多、有阅历以节制他丰沛的想象之后，不论在上院还是下院中，他都会成为国家的光彩。他说，美洲人是我们的孩子，怎么能违抗父母呢？他又说，假如这样还不算自由，那英国也称不上自由了；因为曼彻斯特市和国内的许多地方，议会中都没有代表。也就是说——照他的逻辑——英国的某些市镇，议会中既没有代表，美洲就更不该有代表了。“他们是我们的孩子”，这没错；既然如此，则孩子要面包，我们就不该给石头。当我们这个有诚孝之心的孩子，一心想效法他的父母，眉目之间，欲传达英国之自由的神采时，我们转给他看的，却是英国政体之可耻的一面。我们拿自己的缺

① 内阁成员、或支持内阁的议员们。

② 卡尔马森勋爵，一位年轻的议员（本文第一次出版时的著作）。

陷，送给他作力量，拿我们的臭名，给他作光荣，拿我们自己也无法摆脱的奴役之轭，用作给他的自由，套在他身上。这也是父母该做的事？

你要真这么做的话，则请问问你自己：他们会不会安于奴役的境地？假如不安于，那就走着瞧吧。一地的人民，既认为自己应该自由、却没有自由，那如何统治他们，你真得细想一想。你的计划，并没有带来岁入，只引来了不满、混乱与不服从；美洲人既执意要抗拒你，则我敢说，你就是血流成河、趟着过眼深的鲜血走到最后，也只能回到你起步的老地方；也就是说，去无税处征税了。——我嗓子哑了；我也不忍往下说了；因为过此以往，就是一片混乱了。

好了，阁下，我嗓子稍好了些；在落座之前，对那位先生所诘问的另一个问题，我必须略谈一谈。也就是说，《申明权利的法案》，既宣称英国的立法权威是无所不包的，则我们放弃课税的做法，又置该法案于何地？

至于我本人，则该法案中所申明的权利，在法案刚提出时我是怎么看的，我现在仍怎么看；我的看法，已多次坦率而谦逊地对您表述过了。我认为，大不列颠的帝国之权利，与殖民地人在此权利下应享有的特权，是天下最相浃洽的两件事。大不列颠议会是以两种身份，位居于辽阔的帝国之首的。作为本岛的地方立法机构，它仅仅借助于行政权力这一工具，而直接为国内的事务制定政策。它的另一种身份，窃以为高贵于上者，我称之为帝国的身份；在这一身份下，她宛如天上的主神那样，监督着所有次一级的立法机构，指导它们，控制它们，却不吞灭它们。所有省级的立法机构，由于地位是同等的，相互间并无高低之分，故都应该从属于它；否则相互之间，即无法保持和平，无法指望以公平相待，亦无法有效地提供援助。她必须有至高的统治权，去制服玩忽为心者，约束性格暴烈者，扶持贫弱者。只要它们能胜任制度的共同目的，她就不应该侵占它们的地盘。这一监督的权力，是惠及全体、以备将来之需的；但是，为了使议会适应于这监督权的目的，它的权力必不能加以限制。认为议会的权力是有限制的先生们，或乐于谈论申请状。但请设想一下：你发出了申请状[①]，它们却不听你的，你怎么办呢？帝国不该保留一支专用的权利，以强征她所缺的款项，而任由自己变得弱不可支，进而分裂、瓦解吗？假如我们卷入了战争，国务秘书发出了申请状，要求各殖民地输捐献力——有一些遵命了，我想多数的殖民地，会欣然按要求输捐的——但有那么一两个，却抠抠唆唆不愿给，为图自己的舒坦，把所需的负担压在别人的身上，这时候，则应该有一支权威，依成法去对它们说："你们得征税以分担共同的费用，否则的话，议会就要亲自下手。"我听说，上次战争开始前不久，宾夕法尼亚因某些内部的分歧，即不太情愿输捐。而不管实情如何，由于有一支强有力的最高权力，它最终还是出了。但这一支权力不该纳入常制；也不能上来先用它。类似的话，我在不同的场合也谈过；就是说：我把议会的课税权，看作是帝国的工具，

① 英国有对外的战争时，除了征税于国内之外，还往往由国务秘书向属地发出"申请状"(requisitions)，要求他们输捐献力。从官面上说，申请状只是一项请求，并没有强制性，但从惯例上说，属地却是不能不理睬的。柏克所称的"先生们"以"申请状"为辞，是想证明议会对美洲的主权，并不是无所不包的，如课税权就不包括，否则它在战争中就会直接课税、而不会发申请状了。但柏克则坚持这主权必须是无所不包的，理由见于下文，也见于《致布里斯托城长官书》，但拥有每一支主权与行使每一支主权，则完全是两回事。有些权利，不到万不得已，是根本不能行使的。

而非筹款的手段。

我对于大英帝国之政体的看法，阁下，就是如此；这一政体，是有别于不列颠的政体的；我所以认为服从与自由，可以在整体中充分地协调，正是基于这些理由——至于说，这是不是玄思入妙的空想家的胡言，或植党以乱国的蛊惑家的借口，我不知道；但我有所深知的是，这样的政体，是大有益于人类的安宁与幸福。

阁下，我们过去靠这一办法取之于美洲的钱，远远超过了这无能的暴政[①]所榨取来的。在上次战争中，我们靠这一政策，获取了美洲的大量输捐；美洲的人，也向不曾拒绝过这样的政策。那我们到底有什么理由认为，你若不走上前、制止美洲的输捐、截断他们那慷慨而充沛的输捐之流——或者说，我们到底有什么理由认为：假如你安于接受而不强取，则美洲的人民，就断不再慷慨地输捐以维持你的政府呢？威廉·坦普尔爵士[②]说过，西班牙强征于荷兰的赋税，[③]较之荷兰加诸自己的，少十倍不止，荷兰却不接受，而要反抗。他说得没错。专制的政权，是一个无能的筹款者。怎样积蓄，怎样榨取，它都一窍不通。

所以，这一倒霉的新体制，不仅使我们丧失了和平，团结与商业，岁入的支持者们所争夺的岁入，也丧之而无遗；所有这些灾难，我要通通记在它的账上。自和平以来，我们丧失的自愿之输将，肯定有一百万不止。我们的损失，我想是远甚于它；尽管如此，从殖

① 对美洲强征赋税。

② 17世纪英国政治家，作家，促成亲荷兰之外交政策的人。此语大概出自他政治名著《论荷兰联省》。

③ 荷兰独立前，曾经是西班牙王国的一个省。

民地寻找岁入的人，却还变本加厉，推行的政策之有悖于他们的目的者，更无有甚于今天的。

好了，阁下，那位可敬的先生对我的诘问，我自信已做出了满意的答复。首先，我在他圈划的狭窄的范围里，已证明您采纳这一动议，将不会有任何损失，除去已损失者。其次我又证明，在您遵行祖制的当年，和平时您的商业繁荣，战争时您的输捐丰沛；您制定了《印花税法案》之后，事事即乱作一团了；而您废除了该法案后，又事事恢复了和平与秩序。我还证明，课税方针的恢复，已产生了最坏的恶果；部分的撤消，并未带来部分的善果，只带来了满地的罪恶。这些看法，阁下，是有事实为基础的，任何一个都不可否认；让它们领我们沿着经验之路，回到我们的理性吧。

宽猛混杂的政策有怎样的后果，我不敢保证，这我前面已说过了；但就整体而言，宽政将更有成功的机会，却可以肯定。一旦您重新获得了美洲人的信任，前路自然就开了。到那时候，您可以加强《航海条例》的执行，假如应该加强。在应该进一步扩大之处，您尽可以扩大。但无论做什么事，你都要出于精明、谨慎的政策之考虑，不要为了怄气，或仇怨。让我们做个男子汉吧。让我们以政治家的气度做事。让我们的行为保持前后的一贯吧。美洲征不出岁入，是我们都同意的。利益都丢了，为什么不洗去这骂名？

在美洲一事上，说心里话，我确实是很认真，甚至认真得过头了。自我入本院以来，和入本院之前，我对美洲的事务，就只有一个看法。那位爵爷[①]也许如往常一样，以为我和我的朋友们，所以

① 首相诺斯。

在此事中担当这样的角色，只是觊觎他的宝座而已。这想法真有心裁，但随他飘飘然地想去吧。我要是剥夺了他这想法，那岂不是连窝端掉了他的智慧、他的论据么？然而，他的智慧的剑击，重固然很重，但我宁可忍受它，也绝不拥护他的体制，以毁灭上帝的最美好的作品，免得我日后对上帝做不出交代。我之熟悉英国的地图，丝毫不逊于这位爵爷，哪一条路是通往要津的，我清楚得很。议席中，有我的一位杰出而可敬的朋友①，在这一条路上，他辛苦登陟了二十年，却还没有抵达爵爷的位置。但是，我愿跟随我正派的朋友，走他选择的路，因为这是荣誉之路。我们一起走的路，长固然长，然不管有没有人同我们结伴，②或谁在笑话我们，我们都要走！我真诚而庄严地告诉你们：我之始终坚持1766年的方针，③原因不为别的，只因为你们的真利益，我认为是深埋于此，只因为它在最坚固的基础上，树起了议会之真正的、连贯的和使人信服的权威。除非你回到这一方针，英国断没有和平。

① 窦德斯维尔。

② 在责备那些抛弃罗金厄姆党的议员们。

③ 即1766年罗金厄姆内阁的美洲方针：一方面放弃在美洲的课税政策，另一方面申明议会对美洲的无上权威。

论与美洲和解的演讲

1775 年 3 月 22 日
英 国 下 院

阁下，您因职事所关，固应当以严峻为怀；[①]但出于您天性的仁厚，对人的弱点略示优容，也是我切望于阁下的。倘有急迫的事在人的眼前，逗起人的希望，引发人的恐惧，那么此人容易产生迷信的心，阁下明通，是必不以为怪的。我刚来议会时，尚满怀焦虑于我动议的结果，但（走进议会后），则看到这一项大的惩罚性法案[②]——我们就美洲的贸易、生计通过的判决，已遭上院的封还。[③]坦白地说，不以此为福兆，在我真不可得也。窃以为，这是天恩的

① 此语是对下院的议长而发。议长的职责是维持秩序，故态度应严峻。

② 诺斯的和解动议所附加的条件，以报复美洲对英国商品的抵制。这法案的目的，是限制北美诸殖民地的商业与贸易，只允许它们与不列颠、爱尔兰和西印度英属诸岛之间进行贸易，并规定，除非接受某些限制，则殖民地的人不得在纽芬兰地区从事渔业活动。而摧毁美洲的贸易，就是剥夺了他们的生计。“大的惩罚性法案”之“大”，原文是 grand，未知其确指，英国下院中审议法律、贸易法案的两个常设委员会，人称之为 grand committee，不知柏克所谓的“大”是否因此而来。可参阅“三书”的《引言》。

③ 按英国当时的制度，下院的议案须交上院通过，倘上院以为议案不妥，则将封还给下院，要求它重议。但这一次上院之封还议案，却是要求它将议案中的条款，推及到其他的殖民地。

一种,借此,我们能再启远虑与深谋,对一桩其性质大可一议、其结果诚乎难言的事,重新作出计议。这议案,曾如黄鹤一去,杳不可返,如今却又飞回来,故我们眼下将如开会的第一天那样,可从容地为我们美洲的统治择定一方案。阁下,高压与限制是不相容的,[①]若二者交下,我们必跋乎前,踬乎后,但我们若倾心于和解一途,则这样的窘境,又完全可以避免。故上苍有声音传来,意含着警告,呼唤我们再一次关注美洲,全面地考虑它,并以非同寻常的细心与冷静,重新审核这个问题。

此问题之严重,人间绝没有第二个。我第一次有幸取得议会的一席时,[②]该大陆的事务即排闼而来,议会里关注的事,以它们最重要,最棘手。在这重大的审议中,我几乎是无从置喙,故心里很沉痛。我自知介入了一桩崇高的委托;[③]而恰当地履行它,以我固有的才力,窃以为是不能奏功的,不得以,我才以常人所不能的辛苦,去了解与我们殖民地相关的每件事。[④] 我这样做,也是迫于就帝国的整体政策形成某些固定的观念之必须。激情与主张,浩如汪洋,忽起忽落;有这一类固定的观念,对专意于我的想法、固树

① 高压是指英国议会试图打破美洲居民对茶税的抵抗,限制则指对美洲贸易的限制。这二者虽不相同,但很难说是“不相容”的。柏克所以说“不相容”,是以英国传统的、也是他认为理想的美洲政策为标准的:即英国取利于美洲,应依靠对美洲贸易的管制,而不是课税。

② 时间是1765年,柏克作为温多弗自治市的议员进入英国议会。

③ 柏克曾多次坚持说,政府的权力不是绝对的,仅是为人民与帝国的利益被授予的。国家的利益交给它监管,如受监护的财产之交给受委托者。这是辉格党人最根本的立场;后来洛克又着重地把这个观点提出来,并把政府的起源,追溯到人民在有条件地将自然权利让渡给政府时与政府达成的契约(可参看洛克《政府论下篇》)。

④ 柏克是当时最精通美洲事务的人,此点为人们所公认。

我的行为、不随每一股时髦理论的风而摇动,[①]当是必不可少的。美洲每有新的信[②]来,就新树一套理论,据以披索它,研究它,窃以为这既不安全,也有失大丈夫的风操。

在那个时期[③],我和议会里的大多数成员,有幸是心同一理的。[④] 我恭顺于那一崇高的权威,深感于最初之印象的鲜明和有力,故从那时候以来,我一直坚守我本来的意见,不稍有动摇。这是顽梗于谬误,还是忠贞于我眼中的真理和理性?阁下明通,自可以判断。

阁下,议会对事务有开阔的眼界,个人所获的信息毕竟是有限的,故这一段时间里,议会的意见、行为之屡有变更,较之于个人意见、行为的更张,自有更多的理由。然而,对前几届议会的动机和因之而来的所有变化[⑤],我虽不敢提出近乎谴责的话,但有件事,则是无可置疑的:在这些(政策的)变化下,美洲的局面一直是扰攘不安。疗治公共之弊病的每一付药剂,即使不是产生了、至少也伴随着混乱的加剧;频试医方的结果是:这一重要的地区,如今被拖进了一种我虽不至于误称之,却不敢名之、也想不出该用什么样的术语形容之的境地。

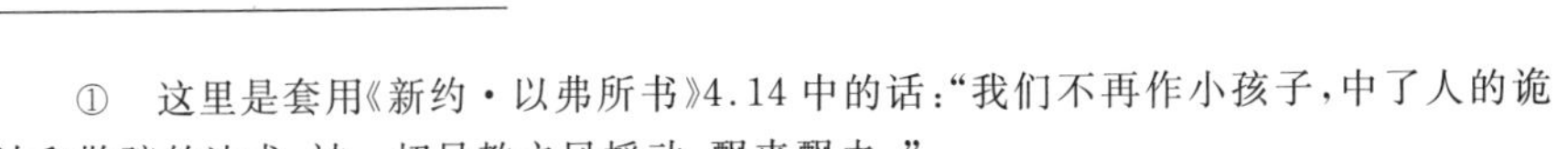

① 这里是套用《新约·以弗所书》4.14 中的话:“我们不再作小孩子,中了人的诡计和欺骗的法术,被一切异教之风摇动,飘来飘去。”

② 各殖民地总督的报告。

③ 1766 年罗金厄姆当政时《印花税法案》被撤消的时期。柏克本人即撤消政策的策划者、拥护者。

④ 指在撤消《印花税法案》的表决中,柏克是站在多数票的一方(赞同撤消与反对撤消的投票结果是 175 对 161 票)。

⑤ 指政策的不稳定,总是更改。

阁下，会议开始时，局面就是如此。约此时，一位可敬的、富有议会经验的议员[①]（他在1766年，曾以非凡的才具出任过美洲委员会主席[②]一职）把我拉到一旁说，事情已到了这种关口，我们以前在下院议事的办法[③]，再也不被容忍了。又说这个公共的论坛，如今要异常严酷地审查我们的行为。还说行政措施的朝出夕改，并没有使制定者承认他们的佻挞无恒、缺少体系，反被借以攻击我们预先就怀有怨愤，故不满于任何措施；措施得力，我们责之为残酷，主张宽大，我们斥之为软弱、无定见。公众，他说，将不耐于看着我们和对手玩这样的游戏了：我们得打出自己的牌。他们所期望的是：多年来活跃于这场事务中的人，要让人们看到他们对殖民地统治的原则，是有某些清晰而确定的看法的，并拿出本事，画出一套基本政纲之类的东西，以作为未来之永久安宁的基础。

这位朋友的话，我觉得很在理；但我也意识到了我的地位。他的请求，若施之于别的绅士，会更得其所。说实话，没有人比我更乐于从事这样的事业，也没有人比我不具有资格。[④] 当时，尽管我顺从他的建议，立即将我的想法加以条贯，以具备议会（法案）所需的形式，但我绝不想发表它。不在其位，却贸然提出政府的计划，多是心智低下、或不通世故的表现。当人们无心接受你的建议时，提建议不仅没效果，还伤及你的体面。就我来说，受嘲笑，非我愿

① 此文第一次出版时的原注：罗斯·富勒。（此人是柏克的同党，1774年柏克《论课税于美洲》的演讲，就是响应他的撤消茶税的动议。——译者）

② 审议美洲事务的下院全体会议。

③ 即一味地批评政府的政策，却不提出解决的办法。

④ 因为柏克只是个议员，不在政府内，所以即使有计划，也没有将计划付诸实施的权力。

也，蒙羞耻，我非其选也。

此外，说心里话，阁下，我对纸上政府的效能，向来就看得不高，对计划与执行彻底分离的政治，也怀有此见[①]。但愤怒与暴力，[②]时常上升，[③]殖民地与我们的疏远，在急速地滑向不治之局，看到这些，说心里话阁下，我就把谨慎置之于脑后了。在危难的关头，礼数须让位于更高的义务，而依我看，现在恰是少有的危难关头之一。公共的灾难，最能泯贵贱，等差别；当事有孔棘，为善的机会纵然再小，为善的人纵卑不足道，这机会也必须要抓住。[④]

像我们这样一个庞大而分散的帝国，若恢复它的秩序与安宁，单单是尝试而为之，上智者的才华，就可以获尊荣，下愚者的努力，也可以得宽宥。我长时间地考较过这些想法以后，心里才渐渐地塌实了。最后，我从其他的情况下每叫我胆怯的事里，得到了某些信心。一项主张，纵出于身微言贱如我的口，我也不太挂虑了。因为依我看，阁下是不忝厥职、不丧所守的；拒绝一项合理的主张，仅是因为它合道理之外、就更无其他的理由以邀阁下的垂注，我自信

① 柏克认为：政府的计划，必须由计划的制订者去执行；因为他对问题有具体的了解，知道什么行得通，什么行不通；更重要的是他有责任感。但这里的纸上政府，也许是暗示卡莱罗纳殖民地的政府，它不是习惯中形成的，而是靠一部宪法建立的，起草其成文宪法的人中即有洛克。

② 大概是指议会中的情绪与主张动用暴力的看法。

③ 《圣经·诗篇》74.23："那起来敌你之人的喧哗时常上升。"

④ 柏克认为，国家大事，本不该由私人插手，而一旦国事紧急，就不该守这样的礼法了。人人都有义务去舒解国难。同样的意思，他在《法国革命论》中也有表述："在某些事中，克制与礼貌要求我们谨慎，故要缄口不言，在另一些事中，出于更高等级的谨慎，我们却理该说出我们的想法。"在《论当前之不满情绪的根源》中他又说："一旦国事扰扰、百弊丛生，我们的法律，即把治国者的某种权威，赋予了每个人。"

这样的事，阁下必不为也。从另一方面说，天不曾赋我以才，人不曾授我以位，我真可以说是全无影响，纵然我的主张是无用的，或危险的，纵然它设计得很差，或不合时宜，它也绝没有外来的权势能压服、迷惑或欺骗您。您论断它，端可以据其本身，您处理它，全可以凭它的优劣。

这主张，就是和平。

不是经由战争的途径赢来的和平；不是在复杂的、无尽休的谈判的迷宫里找到的和平；不是出于治术的考虑、挑动帝国的各部分之间产生普遍的不和，[①]以此而得到和平；不是对纷乱的问题做法律的判决、为一混合政府之模糊的界限做精确的标示、[②]赖此而树立的和平。[③] 它是简单的和平；经由它自然的途径、在它的常驻之地找到的和平；依据纯粹的和平原则取得的和平。我的主张是：要消除不和的原因，恢复殖民地以前对祖国[④]的**不加猜疑**

① 罗马帝国的治术就是如此（即分而治之）。柏克认为首相诺思让各殖民地自动认捐的用意也在于此。

② 柏克这里指的是“议会之主权的范围到底有多大”一类的争论。

③ 即在促进这一和平时，绝不考虑法学家们提出的“主权包括什么”之类的问题。

④ 这个词的原文作 mother country、即我们中国说的“祖国母亲”的意思。在当时的英国，这个词不仅是个比喻，政治家们多认为美洲就是英国的孩子（柏克此处说的“不加猜疑的信任”，也是就孩子对母亲而言的），两个政体之间比喻为母与子，现在看来当然是荒唐的。前首相罗金厄姆的话虽可笑、但当时看来却“入情入理”：他在1767年3月致麻省议会议长的信中说：“我每以为，这个国家（英国——译者）作为父母，应该慈爱而公正；殖民地作为孩子，则应该尽子职。英国这一方面，我对殖民地将不采用专横的统治办法，但另一方面，如果殖民地试图摆脱对我们应有的依附关系，我除顽强地抵制外，是别无他法的。”（见《格伦维尔文稿》）此外，为周作人所推崇的《塞耳彭自然史》的作者吉尔伯特·怀特（柏克的同代人），在这个问题上则更村气，更狭隘，书中收入的一封写于1772年的信中，曾借动物对主人感恩的话题，暗示性地指责美洲对“母亲”的忘恩负义。

的信赖[①]，给你的人民永久的满足，（绝不要有分化而治之的图谋）以同一套法案，以同一利益的纽带，使他们相互取得和解[②]，使他们与英国的政府和解。

我的计划仅此而已。精巧的政策，一向是混乱的根源，世界只要还存在，情况会一直如此。骗局被戳穿，无疑要等到最后，而明明白白的好意，一眼就容易看出来，因此在人类的政治中，它的力量信不在小处。真正的心地单纯之为原则，是疗病的药，是粘和的泥。我这计划的基础之简单，可以说是极想象之最，故有的人听来难免要失望。对热衷于奇谈的人来说，它是无可称述的。其中绝没有新奇的、让人神魂颠倒的内容。最近那位佩蓝绶带的爵爷[③]放在您桌上的方案[④]所具的光彩，它一点也没有。它不主张让殖

① 这个用语，是费城会议、即第一次大陆会议在描述《印花税法案》被撤消后美洲人之感受的。柏克在关于美洲问题的几篇文字中，曾多次引用它。

② 即不要为不同的殖民地划定不同的税额，以引起他们相互间的嫉妒。

③ 指诺斯勋爵，1770 年至 1782 间的英国首相。他出身于贵族家庭，本应袭封爵位的，但出于政治上的目的，他从了平民身份（据英国的宪法，贵族不得入下院，故也就成不了首相）。但在礼仪上，这样的人仍可以他们的贵族头衔相称。所谓“蓝绶带”即“嘉德勋位”的标志。英国的下院中，一般没有贵族，除了来自于爱尔兰和苏格兰的；因为被允许进入上院的，苏格兰只能有 16 名贵族，爱尔兰 28 名（进入上院的苏格兰贵族，须每届议会一选，爱尔兰的贵族则是终身的）。所以带有这样的标志者，下院中是很少见的。前首相温斯顿·丘吉尔也是这少见的例子中的一个。

④ 即史称的《诺斯和解决议》，由诺斯勋爵提出，1775 年 2 月下院表决通过。其内容是：如果任何一个殖民地能够自行解决为它的政府征集经费，并附带征集一个适当的定额的帝国防务费（其数额由英国决定），议会就答应不再向该殖民地征税，并把在该殖民地境内征收的关税移交给殖民地金库。这一妥协，却附加着一个惩罚美洲贸易的限制性规定，从而便抵消了这妥协的结果；用美国著名历史学家查尔斯·比尔德的话说：“他（诺斯勋爵）甚至还给这一‘橄榄枝’补充了一项决议和 1775 年 3 月 30 日的限制法，前者向国王保证在镇压（美洲）叛乱时给予合作，而后者实际上是企图摧毁整个新英格兰海上贸易。”（《美国文明的兴起》第一卷，商务印书馆许亚芬译本 234 页）

民地的代理者们呶呶嚷嚷，塞满您的前厅[1]，每一时，每一刻，都需要您的钉头锤[2]的介入，以保证他们不要打起来。它不设立一座堂皇的财政拍卖场，以使那些被俘的省份，为了赎身竞相地出价，直到您的锤子落下来，敲定一个穷数学之力也无法均衡、无法确定的税额。

然而，我擅敢提出的计划，是大大地得益于那位爵爷方案中的主张和被您登录在案的内容。[3] 和解的想法是可以采纳的。首先，在接受那位爵爷提出的动议时，下院曾经承认：我们开幕的答辞，[4]尽管是疾言厉色，[5]处罚美洲的法案尽管也很重，[6]但我们绝不以为宽厚与仁慈的想法，已绝迹于我们的心中。

下院的话还不仅此；它又宣称，美洲方面在做出任何的屈服之前，和解的动议仍是可以采纳的。它还进一步承认，美洲对我们以前行使课税权的方式所做的抱怨，并非全没有根由。这样来行使课税的权利，兴许有可谴责的地方；或是不明智，或是很恶劣；因为我们当时过于激昂，过于愤怒，便提出了一项重大的（政策之）更张；由于局面看起来太不合常例，我们才制定了全新的方式，以求摆脱

---

① 指下院的休息室。只有议员才可以进入议会，来求情的美洲代理人们只能去休息室。

② 指议会的卫兵。钉头锤是中世纪的一种武器。

③ 因为诺斯法案的动机是和解。

④ 这里的“答辞”(address)是一个英国议会的术语；议会开会时，先是由国王讲话，或由内阁宣布其政策，议会致以答辞；答辞标志着议会的开幕。致答辞者，一般是政府一党的人，随即由同党的另一人附和之。随后再由反对政府的一派提出责难、或修正的动议。这一次会议的答辞，是督促政府采取强硬政策的，故称“疾言厉色”。

⑤ 因为下院曾许诺要帮助国王去镇压麻省的叛乱。

⑥ 指勒令封锁波士顿港和暂止殖民地议会运行的若干“强制法案”。

这局面。这个方式，与议会之古老的规矩和形式，实在是完全背离。

这种措施的原则，相对于我眼下的议题来说，是一个过大的话题。我以为，爵爷为施行他的主张而提出的办法，很不投切于其目的；这一点，在我坐下来之前，我将尽力地向您说明白。但眼下我要根据那公认的原则确立我的立场。我指的是给予和平。和平意味着和解；凡有重大的争端，和解总意味着某种让步，或是甲方，或是乙方。在眼下的局面下，我不难证明（让步的）主张应出自于我们。力量强大，为举世所公认，只因不愿意动用它，就会削弱它的力量，损伤它的形象——天下必无此理。力量强大的一方提出和平，是既体面、又安全的。这样的提议、出自于这样的力量，人将归之于高尚与宽宏的心。而弱者的让步，则是胆怯的让步。弱者一旦被解除了武装，他就完全受制于强者了；虽说是风水轮流转，但对所有的弱势者来说是力量、是资源的时间与机会①，他将一失而不可得。

有两个根本性的问题，须要您今天予以决断；第一个问题是：您是否应该让步；第二个问题是：您应该做怎样的让步。关于第一个问题，（如我刚才冒昧地向您说明的）我们已经找到了某些理由。但是我觉得，我们还需要找出更多的理由。我认为，只有明晰地考虑过我们眼前之目标②的真正性质和特殊的情势，我们才能以坚定而准确的判断力，去决定这两个重要的问题。因为经过了所有这些争吵之后，不管我们愿不愿意，我们还是得根据这性质、根据这些情势去治理美洲；而绝不能根据我们自己的想象，根据抽象的

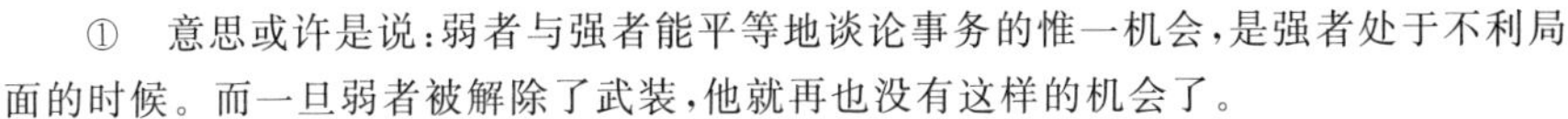

① 意思或许是说：弱者与强者能平等地谈论事务的惟一机会，是强者处于不利局面的时候。而一旦弱者被解除了武装，他就再也没有这样的机会了。

② 指美洲。

权利观念;也绝不能单纯地凭借关于统治的一般理论;在目前的处境下采用这一套办法,纯粹是瞎胡来。所以,倘蒙您允许的话,我将尽力把这些情势中最重要的内容,竭我所能地做出完整而清晰的陈述,以求阁下的垂听。

关于这目标[①]的性质,我们第一要考虑的,是殖民地人口的数目[②]。在这一点上,年来我用力颇勤。不需要细算,我即可以有根据地说,源出于我们欧洲人之血统的居民数目,在200万以内[③];此外,其他血统与肤色的居民,尚不少于50万,作为整体之力量与富饶的组成部分,他们也不可以小觑。我相信,阁下,这个数目是近乎准确的。平实的真相,即已如此重大、有分量,再去夸大其辞,就完全没有必要了。但是,不管这数字我算得过高还是过低,在此都没有意义。在世界的那一部分中,人口如树木的新枝,无时无刻不在增长,我们纵然把这数目夸大得再高,随着我们争论的进行,夸大也就不成其为夸大了。当我们对某一假设的大数目做讨论时,他们已增长到了此数。我们在花时间商议如何去治理这200万人,却发现需要我们管理的人口,竟是200多万了。您的孩子由摇篮而成人,较之于他们由家庭扩展为村社、复由村社扩展

① 指美洲。

② 在对待美洲的问题上,当时著名的文人约翰逊博士可谓是很狭隘的,他在《征税非暴政》一文中暗暗地讽刺柏克说:“有人很快告诉我们说:美洲人虽富裕,税却征不得;他们是热爱自由的人的后裔;他们总是保持着祖先的原则和倔强;他们太顽固,不可以劝服;他们太有力,不可以用强;讲道理,他们笑话你,动武力,你赢不了;北美大陆的人口有300万,他们不仅是人,更是辉格党,执着于自由的辉格党,他们是最蔑视别人统治的;他们和遍布于那里的响尾蛇一道,不停地繁衍,故每过25年,他们的数目就翻一番。”

③ 英国国内当时的人口为750万。

为国家，[①]是仍嫌太慢。

我把目前的和增长中的人口数目，作为我们第一个考虑的话题，原因是，阁下，只有考虑到这一点，才可以让识断力比您迟钝的人明白：任何拘于一曲、目光短浅、心胸狭窄、浅陋和临时抱佛脚式的方针，都不适于这样的对象[②]。它将向您表明，美洲不是小菜一碟，不可以小视，不可不予以法律的重视。它不是我国的赘疣，无足挂齿；它不是我们的从属，身份卑下；不能以小小的伤害去狎弄它，不能以轻微的怨隙去激恼它。对美洲人口的考虑将向您证明，处理这样一个对象[③]，某种程度的小心与谨慎是必要的；它还将表明，面对如此庞大的人类利益与感情的集合，您不该以轻玩为心。无论何时，您做这样的事，都不可能不犯下罪孽，而且，您也绝不能长时期地做这种事而不受惩罚。

然而，在考虑该国巨大的人口数目及其增幅时，若不一并考虑其他的情势，则此问题的重要性，无疑就失其大半了。殖民地的贸易量之大，与它们的人口数目是颇不成比例的。不几天前，有位出色的人[④]在您的衡木[⑤]之外，曾以非凡的能力，在这片贸易之地上

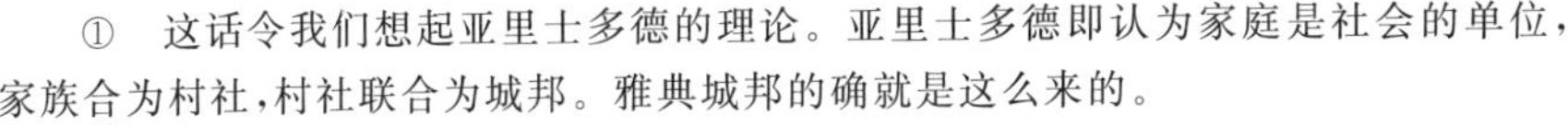

① 这话令我们想起亚里士多德的理论。亚里士多德即认为家庭是社会的单位，家族合为村社，村社联合为城邦。雅典城邦的确就是这么来的。

② 指美洲。

③ 指美洲。

④ 即下文说的“出色的绅士”，名叫格洛弗(Glover)，他曾作为西印度群岛的种植园主代表之一来伦敦向议会陈情，陈情的内容是要求议会与美洲殖民地和解，因为假如冲突发生，美洲殖民地将不再从英国的本土及属地进口任何东西，而西印度群岛将蒙受重大损失。

⑤ 英国议会的大厅口横拦着的一根杆子，只有议员才可以通过它进入议会。到下院来作证的人，必须站在这杆子后面。

踩过了一遭。正是这位绅士,35 年前曾来这里,为大不列颠的贸易而陈情[①],35 年后,他又回到这里,为同一件事而恳求您,如此漫长的岁月,居然没带来任何的变化,可称变化的,只是他从自己开通而明辨的漫长经历中,获得了对自己国家之贸易利益的完满知识,为当年挣给他"文坛第一流人物"之名声的博学和想象之火,增加了新的内容。

阁下,当年这绅士出现在您的衡木之外时,如今坐在下院的大多数成员,倘不是没有幸运在场的话,则我细说这样一个人,那真是不可以原谅。此外,我提议把这问题,放在比他的到来略早和略晚的时间里加以考察。假如我没有搞错的话,则其中有一个视点;您若从这个视点上去看当前的问题,就不可能不产生深刻的印象。

我手边现在有两份账目;一张是英国对其殖民地之出口额的对比,被拿来对比的年份,是 1704 年和 1772 年。另一张,则是 1772 年英国对其殖民地的出口额和 1704 年英国对全世界(包括殖民地)之贸易总额的比较。这两张账目是很有凭据的;1772 年的数字,出自您桌上的报表,1704 年的数字则采自于达维南特[②]的手稿原件,最初设立总税务司办公室(the Inspector-general's office)的,正是此人,从他的时代以来,该署一直是议会获取信息的丰富来源。

对殖民地的出口贸易,由三大支组成。即:对非洲的贸易(它

① 由此上推 35 年,正是西班牙试图将英国排挤于西班牙美洲的贸易之外的年月(后来导致了 1739 年的英西战争)。他那次的陈情或与此有关。

② 此人曾写有一系列关于殖民地贸易的文字。

几乎是悉数结束于殖民地的，故要归入殖民地贸易的账上[①]）；对西印度群岛的贸易；和对北美的贸易。所有这些都交织在一起，要想把它们分开，会把整体的组织撕成碎片的；而不毁掉整体，又会大大地低估每一部分的价值。所以，我把三个贸易分支，作为一项贸易加以考虑（实际也是如此的）。

对殖民地的贸易，若从出口的一方加以计算，则本世纪初（即1704年）的数额为：

对北美、西印度群岛的出口额：	483265 英镑
对非洲的贸易额：	86665 英镑
	合计：569930 英镑

从您桌上的最高额和最低额里，我取其中，故选定了1772年，这一年的贸易额为：

对北美和西印度群岛的贸易：	4791734 英镑
对非洲的贸易：	866398 英镑
设加入苏格兰向殖民地的出口额（1704年还没有这项贸易）	364000 英镑

① 意思是说：英国与非洲的贸易，必须算作对美洲贸易的一部分；因为我们对非洲出口的收入，全部被用于购买当地的奴隶，而买来的奴隶，又全部卖给了美洲。所以英国的对非贸易，实际是与美洲进行的奴隶贸易。

合计:6022132 英镑

即由 50 多万这样一个戋戋小数,猛增到了 600 万英镑之巨。增长的幅度不少于 12 倍。本世纪两个时期里殖民地贸易对比的结果,就是如此——这真是一件发人深思的事啊!但这还不是全部。请考察一下我的第二份账目。我们换一个视点,来看一看单是 1772 年对殖民地的出口额,较之于 1704 年英国的贸易总额有多么大的增长吧:

1704 年英国的出口总额(含对殖民地的出口额):
6509000 英镑
1772 年单对殖民地的出口额: 6024000 英镑

差为:485000 英镑

单是与美洲的贸易这一项,现在已接近 50 万英镑之巨,这恰好等于英国——这个巨大的贸易国——在本世纪初与全世界进行的贸易之总额!假如取您桌上的贸易额最大的一年,则又远远超过这数目。但也许有人说,难道美洲的贸易不正是一颗反常的病瘿,吸走了身体其他部分的津液吗?不;正相反。它是滋养的食物,恰是由于它,它之外的每部分肢体如今才强大起来。我们的整体贸易大大地扩张了,在它扩展到的每一个地方,我们在那里的贸易额,也都或多或少地增加了;在本世纪初我们那 600 万出口贸易总额中,殖民地贸易仅占其中的 1/12,这差距,是不可谓不小的;

但现在，它（作为我们1600万出口总额的组成部分）已占到了总额的1/3强！在这两个时期里，殖民地重要程度的大小，即由此可见；我们探讨对待他们的方式，必须以此为基础，否则的话，探讨就是愚蠢的、混账的，是玩嘴皮子功夫。

议长先生，我无法劝服自己匆匆讲完这个话题。我们在这里真好①。我们站的这地方，视野很大，能看到现在与过去。未来则笼罩着乌云和暗影。然而，从这崇峻的高地上下来之前，我们且回味一下，我国的繁荣之树，竟在短短一代人的时间里就长大了。68年便成就了它。活着的人中，记忆能勾连起这强弱之两极的，犹有人在。如巴瑟斯特勋爵②，或可回想起发展的每一历程。1704年，他至少到了能理解这一类事情的年纪。他当时心智已开，足可acta parentum jamlegere，et quae sit potuit cognoscere virtus（习先人之懿行，求德操之真义）③了。阁下，假如这幸运少年的护卫天使④，预见到了他日后的德操之盛（他能成为同代人中最幸福、最可亲的人，正是以此），故而在梦中使他看到：到了布仑斯威克家族的第四代⑤，也就是说，该家族第三位君主当朝的第12年⑥，他

① 语出《新约·马可福音》9.2—9："过了六天，耶稣带着彼得、雅各、约翰暗暗上了高山，就在他们面前变了形象，……忽然有以利亚同摩西向他们显现，并且和耶稣说话。彼得对耶稣说：'拉比，我们在这里真好'。"

② 英国巴瑟斯特家族的某个人物。该家族出过多名托利党的政治家。其中巴瑟斯特勋爵的孙子亨利·巴瑟斯特在18、19世纪之交，曾经是英国政坛最显赫的人物之一，而亨利的父亲则在柏克时代做过英国的法相（即大法官，兼上院议长）。

③ 语出古罗马诗人维吉尔的《牧歌》，iv.26。

④ 护卫天使一说，主要见于天主教的教义。新教也偶尔一用。

⑤ 即汉诺威家族。后文的"第三位君主"即英王乔治三世。

⑥ 1772年，即柏克用以比较贸易量的最后一年。

看到自己的儿子、英国的法相[1],会把世袭的显爵之流,推回到它的源头去,[2]擢他于更高的爵位上,以一个新的爵位,光大他家的门楣——在这些家族荣华的美景中,天使若揭开帘子,露出他的国家——那行将成为“大不列颠”的国家(作为那些稳健而治国有方的枢密官们的幸福后裔)[3]——如旭日之初升的繁荣景色,他一定目眩神移于英国当时的贸易[4]之强盛的;这时,天使若把一个微粒指给他看——在国家利益的巨堆中,它小得微不足察,不过是一粒种子,远不是参天大树——并告诉他说:“年轻人,那是美洲,现在,它只有野蛮人的故事和古怪的风俗逗你玩儿,但尝到死味[5]之前你会看到:它与如今让全世界羡慕的贸易总量,将在伯仲之间;各式各样的人,历时1700年,经由不断的文而化之的征服,文而化之的定居,渐积渐累,改良,进步,英国才发展到今天,而在你短短的一生中,美洲贡献于英国的,将与此同样多,这一点,你会看到的!”假如国家的这一远景,预先告诉给他,岂不要穷竭少年人乐观的轻信、罄尽他热情的狂焰,他才会相信这样的话么?幸运的人啊,在他的有生之年,他看到了!假如他看不到乌云笼罩他的残年,看不

① 1771年被任命为法相,并被授予阿普斯利男爵。

② 君主是荣誉的源头。在正常的情况下,爵位应从父亲传到儿子。但巴瑟斯特家族的情况却正相反。巴瑟斯特勋爵的儿子在父亲在世时被授予男爵,随后他本人又升为伯爵。所以柏克将之比喻为水倒流回源头。

③ 1707年,英国通过史称的《联合法案》,英国与苏格兰合并,从而诞生了“大不列颠帝国”。柏克认为这是当时的枢密官们的明智政策的产物。

④ 1704年、即巴瑟斯特还是个孩子时的英国的贸易量。

⑤ 《新约·马太福音》16.28:“我实在告诉你们:站在这里的人,有人在没尝死味之前,必看见人子降临在他的国里。”

到这美景变恶，那他真是幸福的人。[①]

假如离开这话头之后，我再一次回到贸易对比的问题上，则请阁下原谅我。这个问题，方才您已经见其大端，现在且看其小处。我举出宾夕法尼亚一省的特例，以求阁下的垂注。在1704年，该省从您这里[②]需要的货物量(有本国产的，也有输自于外国的[③])，价值11459英镑。全部就这么多。而到了1772年，它的需求量竟接近于此数的50倍；在这一年，我们向宾夕法尼亚省的出口额是507909英镑，几乎等于第一个时期我们对所有殖民地的出口总额。

我之讨论这些细小的、个别的细节，是因为，阁下，在其他的情况下，概括每可以突出、澄清问题，而在这里，却容易使问题变得暗昧不明。每当我们谈及与殖民地的贸易时，想象总是落后于实情。虚构是无结果的，空想是冰凉而不孕的。

美洲在贸易方面对英国出口的重要性，我话尽于此。假如对它的出口做一番详细的说明，那么您自会明白：它们带来的乐事是

① 约翰逊博士惑于他的政治偏见，对柏克的这一节讲话曾大加嘲讽。他虚拟了一段议会辩论的情景："请设想一下，议长先生，这个天使若同意出现在华顿、马尔伯罗、或上一个时代的任何一位著名的辉格党人的眼前，他也许会这样开始他的谈话的：

阁下既称明智，自会担心这种事：当你在国内颠覆忠君的基础、在这里散布对抗(政府的)理论时，美洲由于地处辽远，它的居民，或不至于受惑于你的阴谋；但我要把未来之幸福的远景，铺展在您的面前。美洲的人民，现在虽如此纯洁、如此无害，将来会以剑对抗它的祖国母亲，它的剑端将沾满恩人的鲜血；那里的人民，眼下的欲望自然不高，而将来他们自以为不能失去的东西，将一分不让；这些人，现在虽然诚实，心存着感激，将来或容许邪恶的代理人们(柏克正是纽约殖民地的代理人。——译者)在议会中播下暴乱的种子，煽起混乱和痛苦，以此来回报和平与(我们的)保护。他们现在的状态固然很幸福，但不要高兴得太早；我敢对您说，在我的关照下，混乱、贫困和死亡，甚至会越过辽阔的大西洋，并生根于美洲；这就是我们热爱的辉格党原则的必然结果。"(皮奥齐夫人《约翰逊博士逸事》，引自鲍斯威尔《约翰逊传》的注释)。

② 指从英国的进口额。

③ 依照《航海条例》的原则，美洲必须从英国进口商品，不管是不是英国产的。

那样多，我们生活的重担，因此不无小减，由之而来的物资是那样的丰富，我们的产业之泉，因此而愈加沛然；[①]我们国内与国外贸易的每一分支，都因它而扩展、而生气勃勃——这的确是个奇妙的话题，只是太大了，太复杂了，我必须收束自己。

所以我转一个角度来谈美洲，我要说它的农业。美洲人从事农业的热情是那样高，故他们不断增长的巨大人口，得以丰衣足食，还不仅此，他们谷物的年出口量（含稻米），几年前即超过了100万英镑的价值。根据最近的收获，我相信他们的出口额还要增加。在本世纪初，有些殖民地是从祖国进口粮食的。而到了最近，旧世界却由新世界来赡养了。您晚年生的这个孩子[②]，若没有纯孝的心，没有那个罗马人的女儿的仁慈[③]，不把她年轻而丰满的双乳，送进她气息淹微的父母的嘴里，则您（最近）经受的荒年[④]，一定会演成一场死人无算的大饥荒。

至于殖民地靠渔业从海里获取财富的事，则在您的衡木之外，已有人对您道之无遗；这样获得的财富，您确实是很看重的；因为看起来，它甚至激起了您的嫉妒之心[⑤]；可是依我看，这一冒险事

---

① 因为英国从美洲获取了原材料，加工成产品后，销往国内和世界各地。柏克故有此说。

② 因为英国在存在千百年后才获得了美洲，所以说是“晚年生的孩子”。

③ 许多古罗马作家都讲述过的一个故事：一个名叫西蒙（Cimon）的人，被判在监狱里饿死之刑，他的女儿赞提普伊（Xanthippe，与苏格拉底的妻子同名）被准许去监狱里探视他，她便用自己的乳汁喂她的父亲。但据老普林尼《自然史》的记述，被判饿死之刑的是赞提普伊的母亲而非父亲；这样伦理上就更“通”了。

④ 柏克作此演讲之前的10年中，英国多雨水，粮食每每歉收；1773年至1774年，国内还因粮荒而起过很大的骚乱。《塞耳彭自然史》中“致巴云顿书札”第19通有叙述。

⑤ 在以前，捕鲸业中互相竞争的两“巨头”是英国与荷兰，但1764年格伦维尔执政时，废除了对美洲殖民地的捕鲸限制，美洲的捕鲸业因此而领先。“嫉妒”即指此事。

业赖以进行的精神，理当唤起您的尊敬和赞美。请问，阁下，人间可有与它抗衡的事？别的且不说，我们来看一看新英格兰人最近在捕鲸业中的壮行吧。当我们在滚动的冰山之间追随着他们，当我们看到他们深入赫德逊湾[1]和戴维斯海峡[2]之冰冻水凅的最深处，当我们在北极圈里找寻着他们，这时，我们却听说他们杀入了相反的一极，听说他们在北极的对蹠地[3]里、在南天的冰蛇[4]下，正和鲸鱼苦苦地拼杀。对国民的雄心来说，福克兰岛[5]太远了，似是海外的瀛洲，杳不可即；而在他们无往不胜的事业的推进中，它只是驿所，是歇脚的小店。赤道的炎热之挫伤他们的勇气，并不甚于南北两极亘古以来的冬天。当我们得知他们中的一些人，正在非洲的海岸边拉线、投下他们的鱼叉时，另一些人，则循着经线，沿着巴西的海岸边，在从事这巨人的游戏。没有哪处的海，不曾因他们的渔业而汹涌，没有哪个地带，不曾目睹他们的辛劳。纵是荷兰人的刚毅，法国人的活跃，英国人机敏、坚定、精明的进取之心，也不曾把这冒险事业中最险恶的一种，推进到这个新民族所达到的高度。而这个新的民族，骨头似乎还软，远没有像成人那样长硬。当我细细地想这些事，当我明白殖民地的事业，能归功于我们之关心的，大体上说来是很少，甚至没有一桩，他们并不是在防民如防贼的治术

① 位于现在的加拿大东海岸的中部。

② 大西洋北部加拿大与格陵兰岛之间的海峡。

③ 即南极。

④ 指巨蛇座，位于南极上空的一个星座。

⑤ 位于南美阿根廷附近。当时的英国人是视为畏途的；《格伦维尔文稿》中说："那里荒无一物，除了海狮与海豹。那里棍子的长度，没有甚于我写字的这杆笔的。"约翰逊博士有一篇文章是专写福克兰群岛的，也说起这里的荒凉，"谁想称王于这一片风吹雨打的荒野，是没人和他争的"。

的约束下，被挤迫进了这幸福的状态；相反，这高贵的性格，恰是因为一种明智的、有益的疏忽[①]，才得以取自己的路径，到达了圆满。每当我反复地思量这些结果、每当我看到它们给予我们的教益之深时，我因权力而感到的骄气，便一落千丈，对人类计划之智慧所抱的自大之情，在我心里烟消云散了。我那严峻的心变得随和起来。即使（自由会带来）些许的恶果，我也原谅自由的精神。[②]

我明白，阁下，人们对我刚才逐一陈述的事，大体是接受的，但

① “有益的疏忽”（salutary neglect）是柏克最有影响的思想之一，它体现了对自由的坚定信仰。1838年，达雷姆公爵师法柏克的思想，对英国议会报告说：“经过不列颠多年的仁慈的疏忽（benign neglect），加拿大已经成为一个比英国自身还繁荣的国家。”从此“仁慈的疏忽”一词，便进入了政治词汇，到目前为止，仍是自由主义者最喜欢的词汇之一。美国当代著名的参议员丹尼尔·帕特里克·莫尼罕，当年在担任尼克松总统的城市事务顾问时，曾有一份写给总统的备忘录，主张不去管城市中的种族问题，其中说：“也许现在该有益地疏忽一段时间，以使种族问题获益。”此报告泄露后，莫尼罕参议员遭到了黑人的强烈指责（其实这位参议员并非种族主义者，而是一位正直的、有建树的政治家）。

② 柏克不以经济学家著称，但他的思想触及了经济问题的核心，即自由是经济繁荣的根本所在。这一段话中的思想，也见于他的《论经济改革》一篇议会演讲；在这一演讲中，他动议取消对经济的无理的管制；他说如果让贸易自由发展，则贸易一定会繁荣。“利益之为贸易的引路人，眼是不瞎的。它能找见自己的路；它的需要，就是它最好的法规。即使少年可以指导长者，不更事者可教导明事理的人——即使国家的一个委员会，可以做账房最好的导师——即使铁砧应受桌子的教导，笔应该僭取梭子的位置——但在管理贸易的问题上，委员会的管理，仍然是没有什么权威，没有多少好办法的，这一点我们都知道。对于这个目标（贸易），王权（the prerogative of the crown）是彻底不适应的；因为所有的管制，就其本质来说，莫不是对自由的某种限制。在查理一世统治时期，枢密院、或枢密委员会，真是无时无刻不忙于贸易的问题。但即使他们的动机不坏，贸易和制造业因他们卤莽的插手，也是损失无算的。……我们不需要贸易委员会的指导，我们不需要任何委员会的指导；上帝呀，我们可不该理睬他们的报告啊！”他后面又说，贸易与殖民地委员会建立并管制的佐治亚殖民地，“耗费了国民无数的钱财；而没有该委员会做其教父之幸运的其他殖民地，则没有花费国家的一先令。……佐治亚殖民地过去是并一直是一个由英国公众负担的机构，目的只在于保持王权的影响而已。”

他们由此所得结论却恰恰相反。美洲，先生们会说，是一件崇高的东西。它值得我们为之而战斗。这当然是对的，假如和一个民族作战是赢得他们的最好办法。在此，先生们选择的好手段，自是出于他们的性格与熏习。懂兵法的人，当然喜欢用兵法。握有国家之霹雳的人，对武器之效力的信心则更大。但是我承认，或是我缺少对武力的知识吧，我主张小心谨慎地处理此事，绝不要动武；这并不是说我认为武力是可憎的，而只是说，这样一个蒸蒸日上的民族，有如此的生气、如此的精神、如此的人口，欲以一种有益的、主属的方式，保持住他们与我们的关系，则我认为武力是一种无力的办法。

首先，请允许我说明，阁下，单靠动武只是一时的办法。它也许能镇压于一时；却不能铲除再一次镇压的必要；一个国家，若需要不停地被征服，那是不可能统治的。

我反对动武的第二个理由，是它的不可靠。恐惧往往不是武力的结果；一支军队不是一场胜利。你若一击不中，你就没了手段；因为和解不成，武力还在，而武力若失败，就不再有和解的希望了。权力和威信，有时是用善意买来的；但无论如何，它们不是施舍品，一支破落的、被击溃的力量，若想要饭似的去乞讨权力与权威，人家是不给的。

我反对动武还有个理由，那就是：你虽然在试图保全它，却因此损害了它。你收复的东西，不再是你为之而战的东西；在这一场争斗中，它贬值了，衰落了，荒芜了，枯萎了。而只有完整的美洲，才可以使我满足。我不想消耗它的力量，并连同消耗我们自己的力量，因为从整体来看，我消耗的恰是大不列颠的力量。我不想这一场耗尽体力的冲突结束时，我被外来的敌人[①]抓个正着，更不想在冲突之中被他们抓住。我也许能逃走；但对这样的结果，我并没有信心。[②] 我来补充一句：我绝不想打垮美洲人的精神；因为正是这一精神，才成就了这个国家。

临了我要说的是：赞成以武力作为统治殖民地的手段之一，我们过去从没有这样的经验。殖民地的发展与用益，靠的是与此全然不同的办法。我们古来即采用的放任策略，据说是一个错失。也许是这样吧。但我们知道，假如感觉可作为证据，则我们的错失，较之于纠正错失的尝试，却更可以忍受；我们的罪过，较之于我们的悔罪之举，又是更有益的。

阁下，对不曾尝试过的武力政策，我所以不甚佩服，原因就是这些。但颇有些在别的问题上每有看法令我尊敬的先生，对武力之道却很着迷。在处理美洲问题时应执行什么样的政策，决定我看法的，还有后面的第三个理由，它比美洲的人口和贸易更重要，这就是它的气质和性格。

在美洲人的性格中，对自由的热爱是压倒一切的特征，它是美洲人之整体性格的标志和有别于其他人的要素；热爱每每多疑，故你殖民地的人，一旦看到有人企图——哪怕最小的企图——靠武力夺走、或暗度陈仓地偷走、在他们看来是生命之惟一价值的好处，他们会起疑心、会骚动、会暴怒的。自由的精神在英国的殖民地中，比在地球上的任何其他民族那里，或许都强大而猛烈。事情

① 指法国。

② 柏克真是不幸而言中；这篇演讲三年之后、即1778年独立战争爆发后，美洲殖民地正是与法国结盟以反对“祖国”的。

所以如此，有许多重大的原因；为理解他们心灵的脾性和这一自由精神的趋向，对这些原因稍做一点剖析，并非是不切题的。

首先，殖民地的人民是英国人的后裔。而英国，阁下，曾经是、但愿现在仍是一个珍视其自由的民族。[①] 当殖民者离开您移居美洲的时候，您的这一部分性格，正君临着一切，大行其道。[②] 他们与您分手的那一刻，即带走了这嗜好、这倾向。因此，他们不仅深爱自由，更以英国的观念、英国的原则深爱着自由。[③] 抽象的自由，如其他纯抽象的东西一样，天下是找不见的。自由是内在于某一具体事物的；每个民族，莫不形成自己所钟爱的观点，后来它脱颖而出，变成了衡量他们之幸福与否的标准。您知道，阁下，从最早的时代起，我国为自由而进行的伟大斗争，针对的主要是课税问题。在古代的共和国里[④]，大多数斗争，从根本上讲，为的是选举行政官的权利、或国家之不同等级间的平衡。对他们来说，钱的问题并不如此紧要。可是在英国，情况却正相反。在赋税问题上，最有才情的笔、最雄辩的舌头，都曾试练过，最伟大的精神，也曾为之而行动、而受难。对于在争论中力陈英国宪法之优越的人来说，为

① 柏克对当时英国人之懈于维护自己的自由权，是非常不满的，在许多场合都有过指责。在《论课税于美洲》的演说中，他曾指责当时的英国人在保护自由时，不如他们的祖先警觉。在《论当前不满情绪之根源》一文中，他还指责英国人坐视宫廷将下院变成一个专制的工具。而镇压美洲的呼声，则正是对自由权的蔑视。

② 当时的英国正为了自由同斯图亚特王朝搏斗，这时、也是最早迁居美洲的，是清教徒，清教在英国是受迫害的宗教，他们迁居美洲，正是想开辟一块可以自由信仰的土地。

③ 所谓“英国人的自由观念和原则”是指英国人认为：处置自己财产的自由，是一切自由的基础；一个可被夺去财产的人，绝不是自由人。

④ 指古希腊的城邦共和国与罗马共和国。在古希腊，寡头们与民主派的斗争，在古罗马，元老与平民的斗争，多是围绕执政权进行的。

了彻底说明这一点的重要性，不仅有必要把让渡金钱的特权，作为一桩不折不扣的事实加以坚持，不仅有必要去证明：在古代的羊皮纸上[①]、在无道理好讲的惯例中，(课税的)权利之属于某一名叫"平民院"的团体，是明明白白地予以承认过的；他们走得更远；他们又试图、并成功地证明，从理论上说也是应该如此，因为平民院的特殊性质，恰在于它是人民的直接代表，至于那份古老的记录里，是否发出过这样的神谕，则无关紧要。在所有的君主国中，人民必须真正握有(无论直接还是间接)让渡自己金钱的权力，否则就谈不上自由的影子——这一点，他们当作根本性的原则，用尽了辛苦，不厌其详地去申说。殖民地从您的身上带走血脉的同时，也带走了这些观念、这些原则。他们对自由的爱，牢牢地胶附于赋税这个具体的问题。在许多别的事情上，自由之安全，不足使他们高兴，自由处于危险，也不足使他们惊恐。但在这个问题上，他们感受到了自由的脉搏；他们之认为自己是有病的、还是健康的，向来是依据它的跳动。他们把您的一般论点，套用于自己的情况，其对错，我不欲置言。垄断公理和它的推论，真是大不易也。眼下的事实是，他们果然在套用这些一般的论点了；而您治理他们的方式——不管是由于宽大还是放任、是智慧还是错误——也使他们在想象中确信：在这些普遍的原则中，他们也有股份。

他们地方立法会议的形式，还进一步使他们相信了这个令他们愉快的错误。他们的政府，民主的色彩很强[②]，有一些则是完全

① 即过去的英国贵族同国王签订的宪章。

② 并不完全如此，如宾夕法尼亚和马里兰政府就是领主制的政府；卡罗莱纳、佐治亚、弗吉尼亚和新泽西则是皇室领地。

民主的；在所有的立法会议中，民选的代表最有势力；人民对日常治理的这种参与，总会激起他们骄傲的感情，任何要剥夺他们重要地位的做法，必激起他们的强烈反感[①]。

这样的政府形式，若要不可避免地运转起来，假如说还有所欠缺，则自有宗教补充这个缺项，使之归于圆满。宗教每每是活力之源，在这个新的民族身上，宗教是毫不见破弊、毫不见损伤的；他们申明信仰的方式，也是这一自由精神的主要根源。这里的人民是清教徒；这个教派，最反感于对心灵与思想的暗中压服。其信条不仅是赞同自由的，更是建立于自由的基础上的。任何有专制政府气味的东西，"异见派"的教会都很反感，若求其缘由，我认为，阁下，则得之于他们宗教之教条的，不如得之于他们历史的为多。[②]每个人都知道，罗马的天主教，至少与其足迹所至处的政府一样古老；人们也知道，它通常是与它们联手而行，并从官方得到了很大的恩惠和各种各样的支持。英国的国教，也是在政府的悉心养育下，从摇篮而长大成人。但"异见派"的事业之喷薄而起，却是逆着

① 当时的殖民地都有自己的议会，但形式很不一致。有一些是"混合制"的，即民选的代表和国王指定的代表都有一定的比例。但新英格兰各殖民地的议会则是完全"民主"的。如麻省，其"上议会(the Upper Chamber)"并不像大多数省份那样由国王指定，而是每年一度由它的"下议会(the Lower Chamber)"推举。每一市镇的官员也是一年一选；牧师也由教务会议推举。除了某些海关官员，英王在殖民地的官员也由各殖民地支付薪水。殖民地总督虽由国王任命，但他的权力其实是很有限的；因为他及其属员的薪水完全依赖于殖民地议会的表决。罗德岛和康涅狄格则更甚，所有的官员，从最高的到最低的，都一律是民选产生；而且它们地方立法机构通过的法案，也不必上呈给国王。

② 他们厌恶专制政府，是因为他们的祖先曾受过专制政府的迫害。

人间的一切固有权力；它们只有强烈地主张自然自由权[①]，才能为这一背逆之举做辩护。它们的存在，有赖于坚决地、不屈不挠地申明这权利。所有的清教派，即使是最冷静、最消极的，也是一种异见者(dissent)[②]。而最盛行于我们北方殖民地的宗教，又是反抗教义中的提纯物[③]：它是“异见派”中的“异见者”，是清教中的清教派。北方诸省所盛行的，大多是这一宗教，它们支派各异，其共同处，惟在于自由的精神；那里的国教，固有其法定的权利，但实际不过是私下的一支，其信众在人口中的比例，很可能不足一成。殖民者离开英国之际，正是这精神高炽之时，[④]而见之于移民者身上的，又最为高炽；外国的移民之流，固然不停地汇入这些殖民地里，但其中的大部分，却是持异见于各自国家之权威的人；他们随身而来的气质、性格和与他们融合在一起的人民的气质和性格，几无不同。

阁下，从某些先生的神态中，我看出他们对这描述的(适用)范围，是有不同之见的；因为在南方的殖民地中，国教堪称一大教派，且已坐地为王。这诚然不假。但依我之见，那里的殖民地有一种情势，彻底抵消了这一不同，并使得自由的精神，较之于北方人身上的更高扬、更傲慢。那就是：在弗吉尼亚和南北卡莱罗纳，他们

① 即先于政府的、既非由政府创设、政府也无权取消的自由；如信仰的自由权。

② 清教徒(Protestant)原意是“抗议者”，即抗议既有的宗教权威者；由此可知他们性情是不大可能“冷静、消极”的。

③ 即反抗教派的极端形式。16世纪，英国人开始抗议罗马天主教的腐败，并要求恢复基督教的原始信仰，其结果之一就是亨利八世的宗教改革，建立了英国国教；而清教则继续“抗议”，不服从国教的信仰。清教之外，则又有“异见派”。柏克故有此说。

④ 英国人正同斯图亚特王朝争斗。

拥有为数巨大的奴隶。人间凡有奴隶的地方，则自由的人，莫不万分骄傲于自己的自由，珍视自己的自由。自由之于他们，不仅是一种享受，更是一种地位和特权。在自由(freedom)是普遍的福祉、如空气一样广大而遍及一切人的国家[①]，自由之中，每每夹杂着牛马般的苦役、巨大的不幸和奴隶生活的所有外观，由于他们[②]看不到这一点，故自由之为权利(liberty)，在他们中就显得更加崇高，远不是"自由"一词所可以底尽。阁下，我无意称赞这一感情中气势凌人的派头，在其中，傲慢与品德至少参半的；但我无法改变人的本性。事实已如此；较之于北方的殖民地，南方人对自由的依恋之情，往往更强烈，更旺盛、更执着。古代的共和国如此[③]；我们的哥特祖先[④]如此；当今的波兰人如此[⑤]；所有不是奴隶、而是奴隶之主人的人，也都将如此。在这样的人民身上，因居于支配地位而产生的傲慢，往往与自由的精神结合在一起，从而使他们更坚定，更不易打败。

阁下，请允许我补述殖民地的另一件事实，它对这一桀骜不驯的精神之成长与效用，贡献不可谓小。我是指他们的教育。法律

① 语出莎士比亚《麦克白》第三幕第四场。朱生豪译文作"像空气一样广大自由"。

② 奴隶制国家的自由人。这句话的意思是说：在没有奴隶制的国家，许多穷苦的人粗衣劣食，生活并不比奴隶生活好多少，所以自由对他们并不很珍贵，而在奴隶制的国家，自由人不仅在地位上、在生活上也往往比奴隶好，所以他们把自己看得很重。

③ 指古希腊的城邦共和国和罗马共和国。

④ 柏克此处用"哥特"是一个泛称，其实是指日耳曼。他在《英国史纲目》中有专门的一章论及他的"日耳曼祖先"。

⑤ 波兰当时实行的是农奴制度。其实在1772年波兰被俄罗斯、普鲁士、奥地利瓜分后，农民的处境已得到了很大改善。

研究的普遍,也许世界上没有一个国家是如此之甚的。这一职业[①]人数很多,且势力颇大[②];在多数的省中,它都是执牛耳者。派往会议[③]的代表们,曾有很多是律师。而所有识字的人、大多数读书的人,莫不努力从这一门科学里,获取一星半点的知识。一位出色的书商曾告诉我说,过去出口到种植园的书籍里,除流行的宗教册子,没有哪个门类能超过法律书籍。而现在,殖民者已掌握了印刷它们的办法,以供自己使用。我还听说,布莱克斯通[④]的《英国法释要》在美洲的售量,几乎与英国的售量同样多。在您桌子上那封信里,盖奇将军[⑤]曾把这一爱好特意标举出来。他说道,在他的政府中,所有的人都是律师,或粗通法律的人;又说在波士顿,他们成功地借助于诡计,彻底规避了您的一部重要刑事法规[⑥]中的许多条款。精于辩论的人会说,法律的知识,理应教他们明白立法机关的权利、他们服从的义务和对叛乱的惩罚。说得轻巧。议员席

① 指律师职业。

② 在《法国革命论》中,柏克也谈到了律师职业的可怕,并把法国革命的原因之一,归之于国民议会中有大量的律师。

③ 即第一次大陆会议,柏克做此演讲的前一年、即 1774 年召开于费城,以商讨波士顿茶案后殖民地与母国间危如累卵的紧张关系。

④ 威廉·布莱克斯通(William Blackstone,1723—1780),英国法学家和法官。他的《英国法释要》是一部四卷本的阐释英格兰法律与宪法的经典著作。

⑤ 托马斯·盖奇(Thomas Gage,1721—1787),英国将军,从 1763 年至 1774 年指挥英国在美洲殖民地的军队达 10 年之久,1774 年至 1775 年,受命担任处于骚乱状态的麻省总督。波士顿封港及其他的一系列对美洲的镇压行为,就是在他的指挥下进行的。所谓"美洲独立的第一枪",即 1775 年 4 月英国军队与麻省民兵在列克星顿的遭遇战,也是他挑起的。

⑥ 依照盖奇的禁令,1774 年 8 月 1 日之后,是不得召集市镇会议的;但有个镇子却开了会,借口是这会议不是召集的,只是一次休会的续会。

上的那位尊贵而博学的朋友，即正在纡尊屈贵地摘出我的话以便于攻蹈的[①]，会瞧不起这说法。他和我都曾经听说过，假如法律知识不被高官厚禄赢取来服务于国家，那就是政府的可怕对头。假如不以这些巧妙的手段，去驯服、打垮这精神，则它就是不可驾御的，好讼成性的。Abeunt studia in mores（所习之业，是影响性格的）[②]，法律的研究，每使人敏锐、善察、机巧，每使人果于杀伐，巧于防御，富于智谋[③]。他国的人，头脑较他们单纯，性格比他们迟钝，只依既成的苦难，论断政治中的病因；而在美洲，他们则依据原则的不良，预见弊端、判断苦难的轻重。他们卜见秕政于千里之外；从每一缕腐臭的微风里，嗅知暴政的来临。

殖民地之不驯顺作风的最后原因，与其他的原因相比，力量仍不在小处。因为它全不干人的精神，而是深嵌于事物的自然组织

① 指当时的总检查长瑟娄。下院中的座位，是由前到后由低到高排列的，最前排、即最低的座位，处于议长右侧的，由政府一党的议员占据，其左侧的座位，由反对派的主要成员占据。每一派都有记录对方演讲之要点的成员，以便本党答复或反驳，瑟娄即担任这样的工作。

② 语出古罗马诗人奥维德的《女英雄书简》（Heroides），XV. 83. 培根在他的"论说文"中也引过这一句话："史鉴使人明智；诗歌使人巧慧；书使人精细；博物使人深沉；伦理之学使人庄重；逻辑与修辞使人善辩。'学问变化气质'（Abeunt studia mores）。"（《培根论说文集》第50篇，商务印书馆水天同译本180页）。在《学术的推进》第一卷中，培根又说："精熟某一学问者，性格将受此学问的影响，这样说是并无大差的。"亦即孟子所谓的"矢人惟恐不伤人，函人惟恐伤人。巫匠亦然，故术不可不慎"的意思。章太炎也谈到过职业对民初革命党人之品行的影响，但多是就其反面说的（见《太炎文录》初编卷一《革命道德说》）。柏克在《论课说于美洲》中，对法律职业的坏处也有看法，可参看。

③ 柏克的父亲是一位律师，他本人也曾经学习法律。柏克对法律业人士精神固然是赞扬的，但这赞扬亦并非没有保留。他的文字中曾多次谈到，律师的眼界较狭窄，总是拘泥于技术性的问题，政治家的眼界则要宽广。

里。您与他们之间，横隔着三千里汪洋。它对统治的削弱力，是无策可以消除。命令与执行之间，海浪翻涌，间以数月；哪怕一支条款得不到迅速的解释，都足以摧毁整个制度。的确，您有生翼的复仇的仆役，它们的利爪可以把你的雷霆，带去大海最遥远的边缘①。但总会有力量介入进来，限制您的骄狂、您的怒火，它会对您说："你到头了，止步吧。"②你是什么人，也敢怀着焦急与愤怒、大咬自然的马嚼子？——您的遭遇之坏，并不甚于幅员辽阔之帝国的所有民族；无论以哪种形式组成的帝国，都要发生这样的事情。在庞大的肌体中，权力运行到末端，力量势必减弱③。这是自然说过的话。土耳其人之统治埃及、阿拉伯和库尔德斯坦，不及他统治色雷斯有力；他在克里米亚④和阿尔及尔⑤的主权，也不如他加之于布鲁萨和士麦纳的⑥。专制的政体，必须粜贵籴贱、讨价还价。苏丹只在他力所能及的范围里，买取人的顺服。他纡缰信马，才得以统治整个帝国；他统治中心的权威之强大而有力，完全得自于对边远地区之统治的稳健、松弛。西班牙人之得不到各省⑦良

① 意思是说：你的军舰能把你的军队运到地球上最偏远的角落。这里显然是暗用了罗马神话；在罗马神话中，鹰是朱庇特的仆役，它的利爪掌握着朱庇特的雷霆。

② 柏克的意思是说：在美洲大陆上作战，英国是不太可能取胜的。

③ 这是由血液循环而取的比喻。意思是说，在幅员广大的国家里，中央政府的权威到了边远的省份，力量一定会减弱。但事情并不尽然。可为反证的，是英国当年对印度的牢固统治；再如现在，美国联邦政府的权威，在边远的州里也没有减弱的迹象。所以中央政府权威的有力与否，是较少地取决于距离，较多地取决于政府的统治形式。

④ 即现在位于俄罗斯黑海沿岸的克里米亚半岛，1783 年后并入沙皇俄国。

⑤ 阿尔及尔（即现在北非阿尔及利亚的首都）1529 年落入土耳其奥斯曼帝国的统治，直到 1830 年归入法国，土耳其的统治才告结束。

⑥ 布鲁萨和士麦纳都是土耳其在亚洲的城市，距土耳其的统治中心很近。

⑦ 在南美的各省。

好的服从，或许和您一样。她也同意了；她屈服了，她等待着时机。对广阔而分散的帝国来说，情况永远如此。这是铁律。

阁下，正是从这六个重要的源头中，产生了一股强烈的自由精神；那就是血统；政权的形式；北方各省的信仰；南部的民情；教育；政权之第一推动者的遥隔万里。这精神，与殖民地的人口而俱长，随其财富而并增；这精神，不幸与来自英国的权力运转相碰撞（它虽然合法，但不符合任何自由的观念，更不投美洲人的自由观念），于是燃起了一片行将毁灭我们的大火。

我无意称赞这一过当的精神，或产生这一精神的道德根源。自由精神之柔和、取悦于人者，或许更投我们的意；自由观念之顺从于霸道、无限制的权威者，或许更中我们的下怀。也许我们希望美洲人在劝说下，能相信这一点：自由权委之于我们（作为他们这个永远长不大的孩子的监护人），比自由权的任何一部分留在他们自己手里，要更加可靠。但问题不在于这精神是值得称赞、还是该受谴责，而在于——天地良心！——我们该如何去对待它？您面对的，已是生就的骨头长就的肉，带着满头的光辉和满头未清未净的红尘[①]。您看到了这分量；这重要性；这性格；这习惯；这乱局。所有这些须考虑的事实，都强烈地催迫我们对美洲的事务做一场决断。我们被召集来，就是给我们未来的行动立方针、定原则，使我们的政治稍得以稳定，以免重开这种不幸的审议。每一次重开

① 莎士比亚《哈姆雷特》第1幕第5场故王的鬼魂所说的话（卞之琳译本）：我就这样是睡梦中由一个兄弟/一下子夺去了生命，王冠和王后！/就在罪孽深重里一命归天，/来不及举行圣餐礼，忏悔，涂膏，/来不及结一结清楚，就叫我算了账，/不管我是满头未清未净的红尘。

审议,问题都变得更棘手。什么样的令人吃惊的、令人难以置信的事,我们没见过?什么样的怪物,不曾落生于这有悖伦常的冲突[①]?权威和抗拒所据的每一原则[②],从各自的一方推进,互不相让,这样走下来,无论在理论还是实践中,都没有什么牢固的东西不被动摇了。直到最近,美洲的所有权威,好像只是您权威的辐射。即便美洲政体中的民选分支,也是以国王的意志,做其所有行动的根据和运行的首要源头。我们曾认为,阁下,这些心怀不满的殖民者,纵其所能,也不过扰乱权威而已;我们都知道,建立一全新的政府,殊非易事,故做梦也想不到他们自己能补立一权威;但是,当我们(出于我们这一场争斗的目的而)决定凡殖民地议会之不服从者、概不得开会时,那里的人民,因看到合法的途径统统被堵死了,他们的脾气,便从另一渠道猛烈地爆发了。有些省像我们一样,进行了他们的试验;但他们成功了。不经革命的喧腾,没有选举的烦恼手续,他们便建立了政府,并颇为切用。形势之明显的必要、人民之默中的赞同,瞬间即成就了此事。他们做得是那样好,故邓睦尔勋爵[③]告诉我们说,即使这古老的政府[④]在它最幸运的时代,其得臣民的服从,也远不及这一新制度。造就政府的,不是政

① 柏克将英国与美洲的关系,看成是父母与子女的关系,故有此说。

② 英国的一方的主权的原则,美洲的一方是自由权的原则。

③ 邓睦尔(John Muray Dunmore,1730—1809),英国贵族,多年在美洲担任殖民地总督。美洲革命前夕,他正在弗吉尼亚总督任上。他的卤莽和自负,促使该殖民地加快了革命的进程。柏克上文提到的"解放黑奴以对抗殖民地"的计划,果然被他在镇压革命时使用了。

④ 大概指英国政府。

府的名称，不是（如过去）总督的大号，也不是（如现在）委员会[①]的牌子，而是服从。这一新的政府，是直接源出于人民的；不是经由成文法（positive constitution）之常用的人为中介[②]，被遗留下来的；也不是在英国做成成品后、照原样送去的。殖民地的人，一旦发觉在为自由权而抗争的过程中，竟还有可能享受秩序的好处，则人类中最稳健、最冷静者，当面临这样的考验时，就再也不会觉得抗争有什么可怕了——这就是美洲事态产生的恶劣的先例。

禁止政府运行、以为惩罚的手段，这一套做法，在麻省行得更绝：我们彻底废除了当地的古老政府。当时我们坚信，即使他们预见不到无政府的后果，乍受这一惊，他们也会立即彻底地屈服。于是我们尝试了这办法。哪知一种新的、奇怪的、出人意料的局面出现了。人们发现无政府是可以忍受的。一个大省，没有总督，没有公民会议，没有法官，没有行政官员，历经12个月之久，居然活到了现在，活得尚称健康、有生气。这种状态能持续多久，或者说，从这闻所未闻的状态里，将出现什么样的事，即使我们中最智慧的人，又将如何去推断？近来的经验使我们明白，许多基本的原则[③]，以前我们信以为千真万确的，实不如我们想象的之甚；另有些更重要、更有力的原则，以前我们从不措意的，现在却彻底推翻了那些我们曾以为是万能的原则。再做此类试验，以图验证这些为社会所承认的、颇有助于社会安宁的见解之真伪，我是坚决反对的；实际上，我们在国内因所有约束之废弛而吃的苦头，与我们在

① 英国派出了委员会处理美洲的冲突。

② 如王室宪章、议会法案等。

③ 如政府对公共福利的重要。

国外因所有已确立的观念被动摇而蒙受的灾难，是同样之甚。[①]因为，为了证明美洲人没有自由的权利，我们天天在拼命颠覆自己的自由精神赖以保全的准则。为证明美洲人不该自由，我们被迫去贬低自由本身的价值；不攻击、或嘲笑我们的先祖曾为之洒热血的某些原则或情感，我们在与殖民地人的争论中，就休想占一点上风。[②]

阁下，我之不希望再试虎狼方，并不是阻止(对问题做)全面的审查。绝不是。我绝不依据匆匆的一瞥和一孔之得，便做出决定，我要以十足的耐心，从四面考察这问题，我要审之入微，面面俱到。倘得阁下像我这样的关注，则我要说，以我的钝目所及，对这一盛行于您的殖民地、扰乱您政府的倔强精神，处理的手段，是不外有三的。一，以之为不便，去其根淅，从而改变它；二，以之为罪犯，去惩罚它；三，以之为必须，去顺同它。我说得挂一而漏万，但我不内疚；我所能想到的仅此三种。的确，有人提出过另一种，即放弃殖民地，但响应甚稀，所以在我看来，是不必太属意的。它不过是赌气而已；像是乖张任性的孩子，不能尽得其所欲，就心一狠，什么都

① 这一句颇能体现柏克的作风。他很看重社会秩序的价值，深感创造这秩序的繁难，因此他总是避免去攻击任何有助于维护社会秩序的观念、感情、甚至偏见。他曾说过，一想到人之为物，本性是那样的不法、自私、易怒、暴烈，则社会之存在在我的眼里，就真是一个谜。

② 拥护在美洲施行专制统治的人，当自己在英国国内成为专制的对象时，是没有道理抗议的。假如主权包括课税权，则不仅美洲、英国也须受制于这样的主权，假如美洲人保卫自己的这一自由权是不正当的，那么英国人为此自由权而对抗国王，也就是不正当的。而英国光荣革命的原则，也就是该谴责的。

不要了[①]。

第一种方案——即以此精神为不便、除其根源、从而改变它，我看是最全面的办法。它的原则很彻底（radical[②]）；但是做起来困难很大：而且照我看，其中的某些困难，又近乎不可能。对提出的这些计划做一次考察，即可以见之。

殖民地人口的日渐增长，既是他们抗拒（英国议会之权威）的原因之一，故上一次开会时，上下两院中有一些权要提到了一种办法，并博得了掌声，即：为了遏止此弊害，国王不该再授予土地了。但这个方案，我反对的理由有二。第一，别说国王中止土地的授予，就是他湮灭了自己的土地，然而由于私人手中无人定居的土地尚有很多，故未来人口的激增仍有很大的空间在。假如事情是如此，则我们汲汲于使土地荒芜、使王家的旷野[③]不尽其用，就只会抬高那些大私家垄断者[④]之地产的价值，却丝毫不能遏止人口的增长和人口带来的可怕危害。

但假如您停止授予，后果又如何呢？人们将不经授予就占有

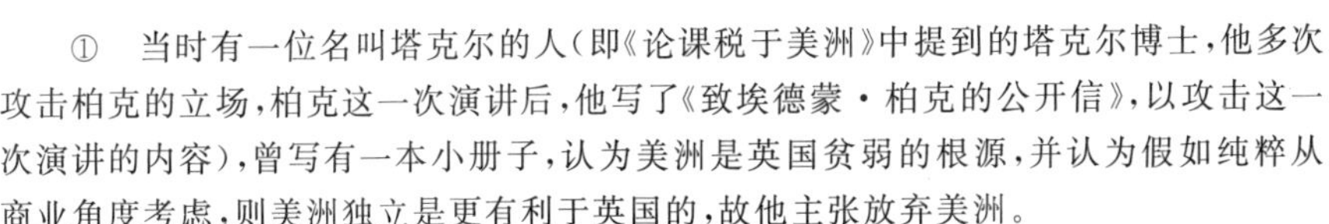

① 当时有一位名叫塔克尔的人（即《论课税于美洲》中提到的塔克尔博士，他多次攻击柏克的立场，柏克这一次演讲后，他写了《致埃德蒙·柏克的公开信》，以攻击这一次演讲的内容），曾写有一本小册子，认为美洲是英国贫弱的根源，并认为假如纯粹从商业角度考虑，则美洲独立是更有利于英国的，故他主张放弃美洲。

② 这个词现在通译为“极端”，带有贬义，但当初则没有这样的色彩；其至偏于褒义。柏克一度的朋友、后因对法国大革命的意见分歧而绝交的福克斯，即自称“radical Whig”（彻底的辉格党）。与此相似的还有“反革命”一词，在柏克的时代也是没有贬义的；柏克在自己的书信中，即屡次以“反革命”自居。

③ 美洲的许多无人定居的荒地是属于国王的。

④ 私家垄断者是与“皇家垄断者”（即国王）相对而言的。指从国王那里取得土地授予权的个人。

土地。在许多地方，他们已经这样去占有土地了。您无法驻兵于荒野的每一处。假如您把人们从一处驱走，他们将转去另一处，携带当年的收成，赶着自己的牛羊。在定居点的背后[①]，不安于一地者已有很多了。他们已登上了阿巴拉契亚的山巅。他们将从这里看到，眼前是一片广袤的平原，一片辽阔、富饶的草场：方圆五千英里之巨[②]！他们从这里漫游而下，您是不可能制止的；生活的习惯，将改变他们的作风；他们将很快忘记以他们为弃民的政府；将成为英国血统的鞑靼部落，他们凶猛无敌的骑兵将潮水般扑下来，冲击您不设防的边境，成为您的总督、参事（counsellor）、税官、出纳和依附于他们的所有奴隶的主人。“要繁殖众多”——这是神的命令[③]，也是神的祝福，若以此为犯罪而试图惩罚它，或以之为罪孽而试图扑灭它，则下场将会如此，时间一长、则定是如此。神赐大地给世人，有明确的契书[④]，若想留作野兽的窝，下场也必将如此！我们迄今为止的政策，是与此大不相同的，而且更明智。我们总是用尽慷慨之策，吸引我们的人民扎根于一地。我们吸引他们来政府这里，寻求他们的地权。我们教导他们虔诚地信仰火漆和

① 指美洲的腹地。最初的定居点是在大西洋沿岸建立的。

② 由阿巴拉契亚山起，一直延伸到密西西比和大湖区。

③ 《旧约·创世记》中原文是“要生养众多”，弥尔顿的《失乐园》第730行引用时根据拉丁文《圣经》而略有变动，柏克此处的引文是出自弥尔顿的《失乐园》，而非钦定本《圣经》。

④ 《旧约·诗篇》115.16：“天，是耶和华的天，地，他却给了世人。”洛克在他的《政府论》下篇“论财产”一章中，也说过上帝将大地作为共有财产给人类的话（见商务印书馆叶启芳等译本18页）。

羊皮纸[1]的神秘效力[2]。我们把每块有人烟的土地，纳入一个政区，绝不使政权逸出人们的视野。我们竭尽我们的所能，让所有人定居下来，我们以政权的治理，细心照看着每一块定居地。

阁下，我因信奉这政策，也因上面的理由，故颇不以为这一限制人口的新计划是谨慎的，是可行的。

从整体上使美洲陷于贫弱、尤其是封锁他们海上事业的宏大通道，倒较为容易。这一点，我可以坦率地承认。我们已表明过要采用这一套手法的意向了，甚至想在进攻之后，仍继续施加限制[3]，因为我们以“美洲的对手”自处，深信他们所失去的，尽可以由我们获得。我们当然能为大患于美洲了。力不足以成就其他的事情者，败事往往有余。美洲自身的、招之即可用于抵抗我们的力量[4]，我看并不是很强大。但也许我的估计有误。不过，每当我想到我们之拥有殖民地，目的不在于其他，只为了有益于我们，则为驯服他们而使之变得无益，这种做法，我诚然愚钝，实在是觉得荒唐了点。依我看，这不过是暴政的过时的老问题，即打算把它的臣

① 即法律文件、官方的契约等。

② 这里的“神秘”并不是在比喻的意义上说的。在柏克关于社会与政府的思想中，的确有一些神秘主义色彩。对他来说，人类所以能结合成社会、驯从于政府、信守契约、法律、宪章等其他的义务（不管是成文的还是不成文的），确是神秘不可解的；正是这些，划开了文明与野蛮。人类所以能如此，理性和历史自可以提供许多有用的解释，但其根本的动力，或者说人类之结成社会的真秘密，却是一种理性与历史都无法解释的力量。从这种神秘感出发，柏克对政府的计划抱有一定程度的不信任，而更信任人类的自由。他的“有益的疏忽”的思想，他的保守、相信既有经验、而怀疑全新的计划与构想，正是以此为基础的。后来的自由主义者，也每有师从他的看法、以此为出发点为自由辩护的，如哈耶克。

③ 贸易限制。

④ 言外之意是：但美洲可借助我们的敌人（如法国）的力量。

民饿屈服了。但是请记住，你尽可以完成这一套使人贫弱的计划，天道却仍走它的老路；不满将随苦难而增加；所有的国家，莫不有国运危机的时刻，到了那时，他们固然贫弱，无所贡献于你的繁荣，但完成你的毁灭却有余力。Spoliatis arma supersunt（遭掠夺的人，手中还剩有武器）[①]。

流行于我们殖民地中的气质与性格，靠人的计谋，只怕是改变不了。这一暴烈的人民之血统，我们无法篡改；说他们并非出自一个血管中流淌着自由之血的民族，他们岂能相信？你讲这故事所用的语言，自会露出你欺骗的马脚；你的口音将把你露出来。[②] 天底下最不适于劝英国人做奴隶的，正是英国人自己。

而改变他们的共和派信仰、以动其自由的祖基，或代之以天主教、以作为惩罚[③]，或代之以国教、以为改良之策，则我们的能力，我看仍然是不大的。以宗教法庭去迫害，用龙骑兵去镇压，这一套把戏，在旧世界早已经过时了；它们在新世界的效果如何，我也颇没有信心。美洲人的教育之无法改变，盖同于他们的信仰。劝他们焚掉他们那奇妙的科学书籍，或把律师逐出于法庭，或不选那些把他们特权烂熟于胸中的人、以扑灭他们议会的光，这岂能做得到？而彻底铲除他们的律师坐议其中的民选议会，也不太可行。取代它们而治理美洲的军队，糜费将更大，效果则不如；事到后来，

---

① 语出古罗马诗人马夏尔的《讽刺诗》第8首。

② 据《新约·马太福音》，耶稣被犹太教的祭司审讯时，他的门徒彼得试图否认与耶稣有任何关系，“并且起誓说：‘我不认得那个人。’过了不多的时候，旁边站着的人前来对彼得说：‘你真是他们一党的，你的口音把你露出来了。’”

③ 所谓“惩罚”，显然是站在国教的立场而言的。但马里兰是一个天主教占多数的地方。

军队会变得像它们一样难以驾御，真也未可知。[①]

至于弗吉尼亚和南方诸殖民地高傲的贵族精神，我知道曾有人建议说，为了灭它的气焰，应该发布一道通令以解放他们的奴隶。这一计划，自有它的拥护者和吹捧者，[②]而我却期期以为不可。奴隶对主人，每有很强的亲附心理。笼统而孟浪地畀以自由的权利，他们往往并不接受。揆之历史，也少有这样的事例。劝奴隶自由，与强迫自由的人做奴隶，有时是同样艰难；而用这一套如意的算盘，我们则需要拿一颗可爱的石头，去同时打两只鸟。[③] 不过，当我们谈论解放奴隶的时候，我们可曾想到美洲的奴隶主也会解放他们？可想到他们会武装奴隶以捍卫自由呢？这样的办法，其他的民族在危急的关头，曾不只一次地使用过，而且莫不成功[④]。

当美洲的奴隶们看到，自由之所来自处，正是那个把他们卖给他们如今之主人的国家，而这个国家与他们的主人现在争吵的原

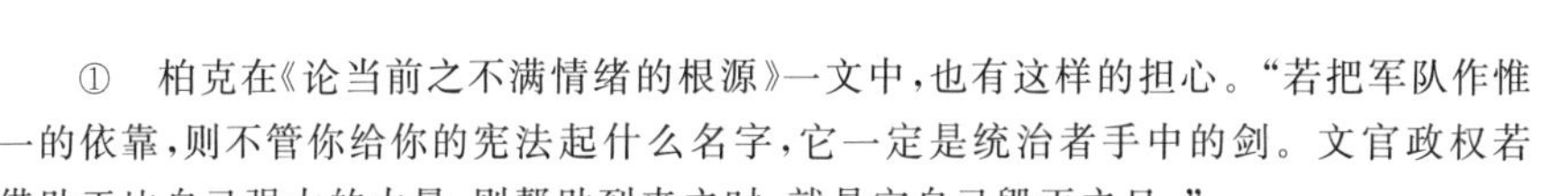

① 柏克在《论当前之不满情绪的根源》一文中，也有这样的担心。“若把军队作惟一的依靠，则不管你给你的宪法起什么名字，它一定是统治者手中的剑。文官政权若借助于比自己强大的力量，则帮助到来之时，就是它自己毁灭之日。”

② 如弗吉尼亚总督邓睦尔即在该殖民地宣布：“叛乱分子的仆人和奴隶，倘和英军一道，使殖民地回心转意，恰当地意识到它的义务，则将获得自由。”但事实正如柏克预言的，奴隶们对他的宣言并没有什么反应。有“美国历史之父”之称的班克罗夫特在他的《美国史》一书中对此分析说：“对这些来自非洲的黑人来说，弗吉尼亚的奴隶生活，并不坏于以前在非洲的奴隶生活，他们不曾丧失什么古老的特权，故不会有惋惜感；他们记忆中没有过更好的生活，故没有改变政治地位的要求；他们也没有抗争的心，故邓睦尔提供的自由，纯粹是多此一举。”

③ 这里的讽刺意味是很明显的。所谓用一颗石头打两只鸟，是指给奴隶自由的同时，强迫奴隶的主人做奴隶。这困难是不言而喻的。

④ 在罗马与迦太基进行的第二次布匿战争中，罗马人曾采取过这样的手段。

因之一，又恰恰是他们的主人拒绝再从事这一罪恶的贸易，则他们固然是一些不幸的黑人，固然和所有的奴隶一样、因奴役生活而头脑蠢钝，但对这样一个国家所提供的自由，他们也未尝不有一丝怀疑。从英国为他们运来自由的船只，正是那因装有300名安格拉黑人、从而被拒之于弗吉尼亚或卡莱罗纳港口之外的非洲商船，则这样的自由，未尝不让他们觉得蹊跷。当他们看到这位几内亚船长[①]、一边颁布着自由宣言、一边为卖出他的奴隶而大做广告时，他们也未尝不觉得奇怪。

即使这些非物质的困难(moral difficuties)可以通通克服，那大洋还在。你无法抽干它，只要海床上涌动着海水，那么因距离而导致的使权威削弱的所有原因，就会继续起作用。"众神啊，我所求于你们的，只是湮灭空间与时间，以使两个情人幸福美满！"[②]——这是一声虔诚而热烈的祈祷——若论合理，则稳重而严肃的政治家们的许多恳切愿望，正与这祈祷同。

所以说，阁下，这些精神根源所产生的偏见[③]，既与我们近来的权力行使不相调和，而采取釜底抽薪之策以改变这根源，又似乎是穷途末路的举动；既然这精神肯定要继续下去，而它的继续，又将产生像现在一样令我们为难的后果；则我们就该考虑第二种办法了：把这精神作为公然的犯罪而起诉它。

在这个建议上，我得稍做一下停留。这事情太大了，以我的法

---

① 自几内亚运黑人到美洲来卖的人。

② 出自当时的一部讽刺作品《马丁纳斯·斯克里布勒鲁斯回忆录》。是两个天各一方的情人向神做的"小要求"。这书是由柏克文学圈子里一些朋友杂凑成的。

③ "偏见"在柏克的文字中向无贬义。

学概念，似乎包容不了它。[1] 个别人、甚至一伙人行为无状，因而扰乱国家的秩序，是事诚然有之；国民在重大问题上与政府分歧，从而搅乱一庞大帝国的若干政区，也时时而有；但依我对这类事情的看法，则两者的处理方式，无论从情理还是从策略上讲，都有极大的区别。把刑法的常规概念，运用于这场重大的社会纷争，依我看是浅陋的，是书呆子作风。[2] 对整个人民提起控诉，这样的起诉书，我不知道怎么写。爱德华·柯克爵士的做派，我学不来，他可以在法庭上羞辱一位出色的个人（即沃尔特·劳莱爵士），[3]我却不能羞辱、嘲笑我数百万同胞的情感。这些最庄严的公共团体，被委托以极富权威与尊严的行政权，肩负着维护其同胞安全的重担，并与我有着同样的名分[4]——怎么判它们的刑呢？但愿我学不会这一手。我打心里以为这一套办法，是智者以为不智、仁者以为不仁、稳重者以为失体的。

阁下，我的帝国概念也许有误解；但以我之见，帝国也者，是有

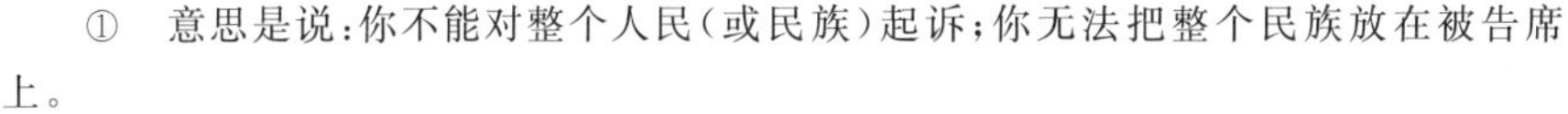

① 意思是说：你不能对整个人民（或民族）起诉；你无法把整个民族放在被告席上。

② 意思是说：你不能这么推论：叛乱是犯罪，犯罪就必得受惩罚。美国内战结束后没有产生“战犯”，不曾处罚南方一兵一卒，正是把法律问题与政治问题分开处理的最好例子。而我们所熟悉的内战，却不如此，不仅有法律的惩罚，还有道德上的贬低。所以柏克在《致布里斯托城长官书》对“内战之伤害民心”的感叹，我们听来当尤其有切肤之感。

③ 爱德华·柯克，17 世纪英国法官，法学家。劳莱爵士被指控阴谋反对国王詹姆斯一世时，柯克正担任检查总长，由他主持这起诉。在起诉中，他为迎合专横的詹姆斯一世，非常不体面地称劳莱爵士为“怪物”，“毒蛇”，“英格兰最下贱的叛徒”，“挨千刀的无神论者”，“地狱里的蜘蛛”等，成为英国司法史上的一件臭名昭著的事。但柯克后来却一改前非，成为一名反抗专制政府的最勇敢的斗士。

④ 指各殖民地议会。

别于单个的邦国、或王国的;一个帝国,是众多的邦国在一共同首脑之下的集合体,不论这首脑是一位君主,还是居首席地位的共和国。在这样的政体中,次一级的政区,每有大量的地方特权与豁免权,只有奴役状态之死气沉沉的整齐划一,才能避免这一点。在地方特权与共同的最高权威之间,界线当极端微妙。争端、甚至激烈的争端和严重的敌意,往往无可避免。但是,每一项特权,固然都使它(在这一特权适用的范围里)免受最高权威之运行的约束,但这绝不是对最高权威的否定。一项特权的申明,ex vi termini(就该术语的本意来说)似乎正暗示了高一级权力的存在。因为,谈论一个没有上级的邦国或个人的特权,是近于说无意义的废话。在一个巨大的政区联盟的内部,各组成部分之间一旦发生这种不幸的争吵,则最轻率的做法,我看是莫过于帝国的首脑坚持认为:任何违逆它的意愿和行为而申明的特权,都是对它整个权威的否定;于是立即宣布这是暴乱,于是击鼓其镗,踊跃用兵,把激怒他的政区逐出于家门。阁下,这岂不是教导他们不去区分各种形式的服从吗?这岂不是教他们醒悟到:这样的政府,既把逆我而申明自由的权利者视为严重的叛国,那么顺从它,就等同于做奴隶了?给属下的政区留下这样的看法,我真未见其便也。①

在与殖民地的所有争端中,出于事情的必须,我们诚然要做法

① 柏克的帝国概念是异常深邃、有远见、并富有开创意义的(这一点为现在的西方学者所公认,美国人最初的联邦理论,即受他的启发)。他之善于由具体事件中归纳一般的原则,也可见于此。惩罚美洲的提议,是基于这样的假设:帝国的属国一要求权利,就是犯了罪。柏克由此而思考起帝国之权威的性质与界限。他在《论课税于美洲》中也说过:中央政府的功能,是监督、而绝不是取代、地方政权。

官。这倒不假，阁下。然而说心里话，我在自己的讼案中出任法官的角色，这种事是叫我害怕的。我绝不因此而满怀着骄傲，只能因此而万分地谦卑。除非我知道自己在这案件中，能做得比不偏不倚更好，则我绝不会以法官之坚定果敢的自信去处理这一案件。我所以有这样的踌躇心，是因为从我阅读过的少许历史来看，这一类的争端之错在于长上，(以人类的理智判断)与错在于下级，起码是同样常见的。[①] 阁下，请允许我补充一句：我之认为我有某种有利于自己的抽象权利，并不能使我在做出判决时心情坦然，[②]除非我能确信：在历史上，从不曾有过哪种权利在具体行使时造成过大祸害，造成过最令人苦恼的不公平。[③] 这些考虑，阁下，真是沉甸甸地压在我心头，因为我看到情况之离奇，竟有如此者：为权利而起诉我的一造，同时又是我面前的罪犯[④]；我作为刑事法官坐堂审理他的行为，却要依据他那民权讼状的是非曲直，来判断他的清白与否。[⑤]

① 柏克在《论当前之不满情绪的根源》一文中说：“凡人民与其统治者有冲突，论其原由，可归咎于统治者的，至少与可归咎于人民的同样多。揆诸以往的经验，我还有理由更进一步：民众的不满情绪，一旦到处可见，则我们就断言说：这是制度出了大问题、或政府的行为有了大弊病。”

② 意思是说，英国在与殖民地的冲突中，依据抽象的权利，以及体制的必须，英国是要做仲裁者的，但这一抽象的权利，绝不能成为其裁决合法的理由，因为英国也是这冲突的当事者。所以它要万分谨慎、克制才是。

③ 意思是说，绝不能不顾具体的情势，而一味地主张、并行使“主权”之类的抽象权利，否则将酿成大错，导致最大的不公平，历史上就有过这样的先例。“主权”之类的抽象权利，是为维护公正和人民的幸福而存在的，一旦行使此权利将害及公正与人民的幸福，则这权利就应放弃、或悬置起来。

④ 美洲。

⑤ 美洲与英国的冲突，既是自由权与主权的冲突(属于民事案件中的权利问题)，也是对抗英国主权的叛乱(属于刑事案件)。这样的案子，按柏克的意思，是无法判的。

人们每因人类事务的复杂，而被置于古怪的处境；但正义却是始终如一的，不论法官处于什么境地。

阁下，我之确信这起诉罪犯的手法所以不得宜（起码在冲突的眼下阶段），还因另一件事。在亨利八世一朝，议会曾在答辞中要求国王按照一项法令，派人把叛国犯扭解来英国予以审判，①近来，人们又不断地比照这一先例，宣称马萨诸塞湾有叛乱，因此而启用的，似乎正是这一套手法②。结果呢？叛乱是定了，却没有像亨利时代那样去起诉这叛乱；我们在最近或过去的答辞中，也都没有采取任何步骤，要求逮捕或判罪于任何犯法的个人。而采用的手法，却是对公众的胁迫③，这哪里是惩罚叛乱的臣民？这分明是对一个独立国家所采取的敌意行为。所有这些事，表面上只是政策的不一贯；实际却表明了用司法的观念处理眼下的事情，是何等困难。

在这样的局面下，我们应该认真、冷静地想想了。我们威胁人家，次数既多又狠歹，但这一切有什么效果？我们通过的惩处人家的法律，严酷而多如牛毛，又收到了什么益处？我们从陆上、海上派去的军队，力量之大，是绝不让人小觑的，我们可曾因此接近自己的目标了？骚乱减退了？一点没有！④ ——经过这一通自信的希望、大胆的诺言、积极的行动之后，我看到美洲的局面还是一仍

① 亨利八世时期通过的一项法案，要求把在英国境外被指控有叛国行为的人扭解来英国受审（但必须是没有建立英国司法机构的地区）。

② 即起诉罪犯的手法。

③ 即关于封锁波士顿港、禁止该地的货物起运等内容的一系列《强制法案》。

④ 原文做 nothing less，语出《旧约·以赛亚书》40.17，按官话本应译做“不及虚无”。

旧贯，说心里话，我不得不怀疑这方针本身是不对头的。

所以，铲除美洲人之自由精神的根源，既在很大程度上不可行，或完全行不通；既然刑事诉讼的主张不适用，或即使适用，也是极端不得宜；那剩下的还有什么办法么？没有了，除了第三个办法，即最后的办法：以美洲人的精神为必须，去顺同它；或者——假如您乐意这么想——以它为必要的恶而屈服于它。

假如我们采用这个办法；假如我们有和解、让步的心；则我们来看一看我们该做什么样的让步。为了弄清我们让步的性质，我们必须要考察他们的抱怨。殖民地人抱怨说，他们身上，没有不列颠之自由的特有印记。他们抱怨说，他们被一个其中没有他们自己之代表的议会课了税。假如你有心让他们彻底满意，你就得在他们所抱怨的事情上令他们满意。不管什么样的人民，你若有心令他们满足，你就得把他所要的恩惠给他；你认为另一件东西[①]对他更好，但这完全是两码事，你不能把这个给他。这也许是明智的法规，但这不是让步；而我们眼下的话题，却是以什么样的方式令他们满足。

我今天是决心不沾课税权的问题，这一点，想必阁下已有察觉。有的先生吃惊了——但这是真的；我就是要把它彻底置于讨论之外。在我的考虑中，它甚于乌有。学识深邃的先生们之乐于在这深邃的话题上展示其才学，我自然不觉得惊奇，我想阁下也是。但我的考虑则很浅，很狭窄，完全局限于处理这一问题的政策。让渡某人之金钱的权利，到底是不是由该人保留、而不在政府

① 指诺斯和解动议的内容。

的一般委托权之内，这个问题①，我不去探究；在一切形式的政体中，依据自然的宪章，所有人类之行使这一权利的资格，到底有多大？我也不管。或从相反的一面说，课税的权利，是不是必须包括在立法的一般原则里，并与这正常的最高权力不可分？这一点，我也不说。这些问题太深奥，有大名者，为此而奉甲兴兵，刀来剑往，理性也为之困惑；而诉诸权威，则只能加剧它的混乱不清。因为在这问题的两边，高贵而可敬的权威们高昂着头；中间却没有牢固的立足点。这个论题是“达米亚述和加修两山之间的撒卜尼斯大泽，曾有全军沉没在那里”(the great Serbonia bog，betwixt Damiata and Casius old，where armies whole sunk)②。我不想步许多可敬的先生之后尘，陷入这一片泥沼中。我所关心的问题，并非你有没有权利使你的人民痛苦，而是让他们幸福合不合你的利益。我关心的，不是照律师的说法我可以做什么，而是按人道、理性和正义的是非，我应该做什么。一项政治举措，是不是唯其宽厚，就坏得不得了？在你让渡出的、因而便无权保有的权利之外，是不是就没有该做的让步了？就因为你的证书房里装满了名分，仓库里堆满了武器，可长你的面子，抬你的威风，所以减弱一项可恶的权利之执行的强度，就是损你面子、灭你威风？所有这些名分和武器，意味着什么呢？当我从事理中明白到：坚持我的名分，将输掉我的

① 这是查塔姆勋爵(即威廉·皮特)所主张的。

② 语出弥尔顿《失乐园》第二卷，用朱维之译文。弥尔顿又是使用了希罗多德《历史》中的典故(见《历史》第3卷第5节，商务印书馆王以铸汉译本第194页)。柏克很喜欢这个比喻，在文字中曾多处用它，如《法国革命论》(见商务印书馆何兆武汉译本第253页)。

官司，[①]使用我的武器，只会戕害我自己，则名分和武器又有什么用？

方式原有分别，但以一以贯之的精神[②]去维持帝国的和谐，这一点是绝对必要的——我之坚持这一主张是心如磐石，不可转也，哪怕是殖民者在离开本国时，曾签署过正式的奴役契书，哪怕他们曾庄严地宣布放弃自己的一切公民权，哪怕他们自己、并代他们的子孙万代，曾发誓把自由的观念统统抛弃，我仍将顺从这风行于当今、支配着两百万人民、因自由原则而不安于奴役处境的新民风。我并不在决断一个法律论题，我是在恢复稳定与安宁；哪一种治理方式最适合于人民，必须由他们的共同性格和民情决定。任何其他的东西，都不能、也不该决定它。

所以我的主张是：我们要允许殖民地的人民在宪法中占有一股份，至于这么做是丧权，还是施惠，则不在我考虑之列；我还主张把这一许可写进议会的议事记录里，以最强的保证使他们相信：我们之庄严宣布这一制度化的放任政策，是想永远遵守。

几年以前，根据人所共晓的原则[③]去撤消一项税收法案，即可

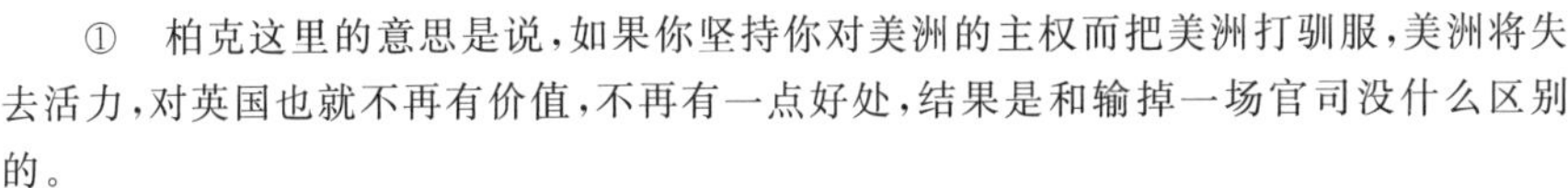

① 柏克这里的意思是说，如果你坚持你对美洲的主权而把美洲打驯服，美洲将失去活力，对英国也就不再有价值，不再有一点好处，结果是和输掉一场官司没什么区别的。

② 这一以贯之的精神，就是凡政策和立政策的动机，是使任何属地满意；不管采取什么样的方式。从原文的词句看，柏克显然是在套用《新约·哥林多前书》中的“恩赐原有分别，圣灵却是一位；职事原有分别，主却是一位；功用也有分别，神却是一位，在众人里面运行一切的事”。

③ 未详所指。或是指“得宜的原则”；1766 年，柏克等人在制定撤消《印花税法案》的时候，并没有明言放弃对美洲的课税权，因为他们在宣布放弃印花税的同时，又宣布英国对美洲的立法权是无限的、是包括课税权的。所以放弃印花税，是因为该权利的行使不得宜，这一点虽没有明言，却人人理解。但冲突到如今，这样的原则就不足用于和解了。必须正式宣布放弃对美洲的课税权。

表明我们是打算把一项课税权的行使，予以无条件地撤消的。这样一套方案，当时即足以消除所有的怀疑，使人民彻底满足。但后来不幸的事件[①]发生了，故我们现在必须做的，就不止于此了；所谓“必须”也者，不仅对殖民地的满足而言，也关乎我们未来行动的尊严和连贯性，它对这二者的意义，是同样大的。

假如这提议本身即惹人反感，则我对下院之取向的估计，就是大错特错的。阁下，我们中想必没有美洲的金融商（American financiers）[②]。但我们的不幸在于：我们苦于眼前的大害之不暇，却以过度的精明、过分的敏锐预测着来事。反对议会做让步的议员中，尚有比较稳健的人，他们也坦言说，他们并不希望从课税中得什么好处；但他们的担心是：美洲人得此一寸，会更进一尺；假如在这一点上做出让步，他们会立刻攻击所有的贸易法案。这些先生们深信：从一开始，美洲人就怀有这一打算，他们为课税争吵不过是幌子，目的在于掩盖这阴谋。有一位先生[③]，行事一向中和、天性也颇倾向于公平而稳健之统治的，居然也用了这一套语言。而我，阁下，每听得这样的论调，是未尝不大吃一惊的；又因那些总是与它并辔而来、往往在同一天、出诸同一些嘴的论据，我这一惊吃得，便尤见其大了。

比如，每当我们提出：向一个所受的贸易限制之多如美洲者课税，是不讲道理的，那位身佩蓝绶带的爵爷[④]就告诉我们说：对贸

① 应指《汤申法案》等事件。

② 即完全根据经济利益决定对美洲政策的人。

③ 指赖斯，当时的王室财务主管。

④ 即首相诺斯。

易的限制，是无用又无效，它既不足为益于我们，也不足拖累受此限制的人；又说对美洲的贸易，并不是由《航海条例》[①]予以保障的，保障它的，是商业中之自然的、无可抗拒的利益原则。您瞧，辩论进入到这一步，贸易法案的好处就来了。

而一旦国内情况大不利于这些税种；一旦这方案被人剖析开来；一旦经验、民情和自然因素[②]被人举以证明、并能够证明：想从殖民地获得实质性的岁入，是完全没有可能的；一旦这些事情，或有人持之甚坚、或昭昭在人眼前、从而迫使支持对美洲课税的人，也清醒地认识到这方案的无用；这时候，阁下，那些昏睡的贸易条例，便从假寐中苏醒过来；这无用的课税权，就需要当圣物予以保留了——不为它本身之故，而作为贸易法案的护垒和栅障[③]。

所以，阁下，您维持有害的税收法，以保全无用的贸易条例。我们这一计划的智慧，见诸于它的两部分之中的，就是如此。分别开来，它们都因无价值而被抛弃了；但其中之一者，却每因另一者的缘故，为人所力持。但我不同意那位爵爷，也不同意那本小册

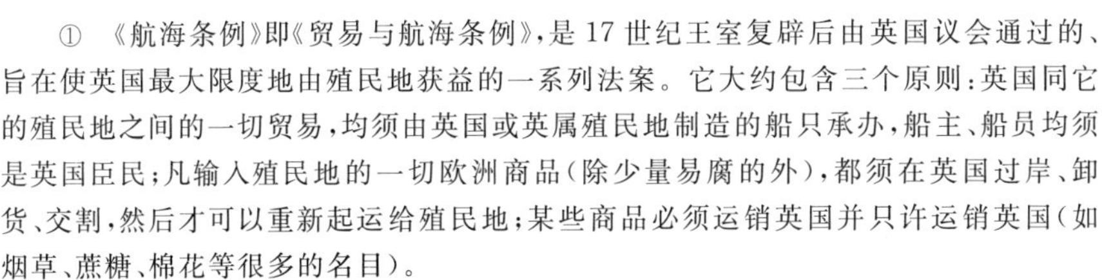

① 《航海条例》即《贸易与航海条例》，是17世纪王室复辟后由英国议会通过的、旨在使英国最大限度地由殖民地获益的一系列法案。它大约包含三个原则：英国同它的殖民地之间的一切贸易，均须由英国或英属殖民地制造的船只承办，船主、船员均须是英国臣民；凡输入殖民地的一切欧洲商品（除少量易腐的外），都须在英国过岸、卸货、交割，然后才可以重新起运给殖民地；某些商品必须运销英国并只许运销英国（如烟草、蔗糖、棉花等很多的名目）。

② 指美洲与英国的距离之遥。

③ 即上文说的：一旦我们撤消这税收，美洲人会进一步要求我们撤消这些贸易条例。

子[1],他关于贸易条例之无益的见解,似乎正借自于其中。因为,我固然不奉它们[2]为神明,却颇以为它们在许多方面仍有大益于我们,而以前对我们的好处,则是极利益之最[3]。它们限制、并极大地缩小了美洲人的市场;但是,我对此固然有深信,然而这些税法,怎么就成了这些贸易法案的保障;或者说,这些贸易法案,何以是这场争吵的真正理由;又或者,放弃一项权力,如何就要丧失未予放弃的所有权力呢?我眼钝,即使我借助这一深信,也还是看不出来。

有一件事实是清楚的,无可置疑的。这一通争吵,其公开的、人所言明的根源,是课税问题。这争吵,的确又导致了对新问题的新争议;但因贸易条例而起的争议,无疑是最不激烈、数量最少的。若判断这两者之中,哪一个是争吵之真正的、根本性的原因,我们就得看一看贸易问题的争议,是否在时间上先于课税问题的争议。而这样的证据,简直连影子都没有。其次,眼下对贸易条例的厌恶,是不是争吵的真正原因?若想判清这一点,则下一道废除令,以把课税的事排除于问题之外,就是绝对必要的。看看在这一种情况下,美洲人将有什么样的反应,你就能看清楚这争吵的真正目的,或者说,你就会看到到底还有没有争吵了。除非你同意铲除这一不和的根源,则你断言争议是由人们所声称的原因而引起,就不可能是正派的。不依据人民的行为、仅靠你的推测,去制定处罚他

① 作者即本文脚注中提过的塔克尔。

② 指那些贸易条例。

③ 因为我们以前在世界上的贸易地位尚不是很强大、很牢固;故这些贸易保护条例,那时比现在是更加重要的。

们的律条,其谨慎与否,阁下明通,自可以为断。这样做,至少是荒谬的;它不能借他们行为失当为理由,为你的愤怒辩护,它将化你的邪火为他们的罪失。[①]

但殖民地会得寸进尺的。——天呢!这一套不顾事实、不顾情理的猜想,何时才是尽头?什么才能平息我们对和解会导致敌视之结果的无谓恐惧呢?臣民有不满、当轴者该让步,这样的事,天下就不能有一桩么?万事只有"常",就不该有"变"么?权威不用绝,就会全部丧失?政府越铲除不满的根源,臣民就越是抗拒、越要造反,天下有这样的道理吗?

所有这些反对的理由,充其量是不顾事实、不顾经验的怀疑,猜想和悬测;它们丝毫不能沮挫我以让步求和解的主张,这主张所依据的原则,我刚刚已阐明过了。

在为这一目标[②]拟订计划时,我尽力宅心于最自然、最理性的心境;只有这样的心境,才最可能使我免于所有的错误;我每发一念,莫不对自己的才能先抱不信任的心,我完全放弃了自己的每一股猜想,深深致敬于我们祖先的智慧。正是他们,给我们传下了一个如此美满的宪政,一个如此兴盛的帝国,一座比它们的价值多千倍不止的宝库:一套造就了此帝国、得到了另一帝国[③]的原则与信条。

在奥地利家族[④]掌西班牙王权的年代,每逢西班牙的枢密院

① 意思是说:他们将因你不当的怀疑而受惩罚。

② 与美洲和解。

③ 可能指美洲。贝克莱主教曾说过:"第五帝国将兴起于美洲。"

④ 即哈布斯堡家族。

茫然无计时，他们的政治家们往往就说：我们应该就教于菲利普二世的精魂[①]。菲利普二世的精魂，也许引他们入了歧途；他们事情的结果，正表明他们没有选中最好的引路旗[②]。但是我相信，阁下，当出现宪法的疑难时，我就教于英国宪法的精魂[③]是绝不会被引入歧途的。在（以当有的谦卑与虔诚）求问过这神谕之后，我得到了四个与眼下的事件相似的例子；这就是爱尔兰，威尔士，切斯特和达勒姆[④]。

被英国征服之前，爱尔兰固然从不曾受过专制权力的统治，[⑤]但也一直没有议会。当时的英国议会，距其现在的形式到底有多远，是古史学家们聚讼不休的话题。但我们有一切理由相信：英国把一种类似于她所享有的议会形式，立刻传到了爱尔兰；[⑥]我们还可以相信：宪法自由权的每一步不断的改良，一旦在这里完成，就立刻推恩到那里。封建贵族制，封建骑士制——即我们早期宪

① 意思是说：想一想菲利普二世在这种情况下会怎么做。菲利普二世是神圣罗马帝国查理五世的儿子，1556 年登上西班牙王位。

② 指 1588 年西班牙“无敌舰队”被英国军队摧毁，也指 1648 年西班牙丧失荷兰。

③ 即宪法的先例。

④ 1766 年，乔治·格仑威尔在议会的演讲中，曾坚持议会有权利对没有代表的地区课税，举的先例就是切斯特、达勒姆和东印度公司。一向尖刻的皮特则反驳说：“假如我举切斯特和达勒姆为例，则我要证明的是：即使在最专横的统治时代，议会也羞于不经人民的同意而课税给他们，议会也曾允许它们有代表。”

⑤ 爱尔兰原先是一个部落林立的国家，1172 年被英王亨利二世征服。

⑥ 爱尔兰议会过去一直是附属于英国议会的。1494 年，英国议会通过了著名的《波伊宁法案》，几乎是彻底剥夺了爱尔兰立法机构的自主立法权，将爱尔兰完全置于英国的所有法律之下。英国议会的任何法令，倘不事先获得国王和英国枢密院的许可，不得转给爱尔兰。

法的根，也很早便移植于那块土壤上，并生长起来，枝繁叶茂。[①] 最初赐给我们下院的，或许不是《大宪章》，而下院之有地位、有影响，却是从《大宪章》开始的。[②] 但您的祖先并非吝啬的人，他们不独享《大宪章》的盛宴，而是立即请爱尔兰来分享它。需要承认的是，英国法律和自由权的恩泽，最初并没有布及爱尔兰全境。[③] 结果如何呢？英国的权威和英国的自由权，其疆域的广狭是完全一致的。你的特权[④]不动，你的国旗就休想前进一步。约翰·戴维斯爵士[⑤]已令人信服地证明：拒绝把这些权利普遍地推恩于爱尔兰人，是五百年中需要不断地以兵戈加诸爱尔兰的真正原因。[⑥] 在伊丽莎白朝，我们试图对爱尔兰实行军事统治，结果证明这计划是无效而愚蠢的，此后，人们很快明白了，除了你的法律和立法机构的形式，什么也不能使那一国家行英国的礼乐、归化于英国、效忠于英国。不是英国的兵戈、而是英国的宪法征服了爱尔兰。[⑦]

① 英国的代议制度，其雏形是诺曼底诸王不定期招集的封建诸侯会议。随着时间的发展，国王觉得有必要从各郡招集较小的贵族和骑士，因为这些大贵族在会议中答应的输捐，往往不兑现。从理论上说，骑士代表的只是较小的贵族，但从 13 世纪以后，出席会议的骑士则由农村中所有有世袭地产的人推举，这些骑士，就成了所谓的“郡代表”(representative of the shire)。

② 正是《大宪章》承认了议会(平民院)独享课税权。

③ 只推及到爱尔兰有英国人定居的地区。

④ 指上面说的自由权。

⑤ 詹姆斯一世朝的大法官；他有著作名《爱尔兰直到陛下之德治时代才完全顺服的原因》。

⑥ 詹姆斯一世对爱尔兰采取了怀柔政策。

⑦ 事情并不如柏克说的那么好。自英王威廉三世于 17 世纪后期残忍地镇压了爱尔兰，直到法国大革命的前夕，爱尔兰倒确实很驯顺。但这驯顺有很大的恐惧因素：《格列佛游记》的作者斯威夫特作为爱尔兰人，曾尖刻说，在一段时期里，爱尔兰人成了征服者的“砍柴匠和挑水工”。

从那时以来，[①]爱尔兰便有了普遍的议会[②]，而以前的议会，则只是一部分人的代表。你改变它的人民；[③]你改变它的宗教[④]；但你从没有触动过该王国之自由政府的形式或神髓。你废黜国王，你复立国王，你变更王位的继承次序，如你行之于英国王室的[⑤]；但你从没有改变过他们的宪法，从没有改变过那亦为篡位者[⑥]所尊重、因君主复辟[⑦]而恢复、经那一光荣的革命[⑧]而确立于千秋万代的宪法原则。正是这一点，才使爱尔兰成为今天这样一个伟大而昌盛的王国，才使它由国家的耻辱和累赘，变为国家之力量与光荣的重要部分。谁也不能说我们一直在正式地课税于她。在国难导致的混乱中，在那伟大革命的关键时刻，破犯规矩的事自然有过，但所有那些据说是做过的事情，即使真做过，也不成为通例。假如说在论辩中它们还有用处，也只是作为例外，以证明通则的有

① 从詹姆斯一世的怀柔政策以来。

② 所谓“普遍”，是指爱尔兰也可以和英国人一样进入爱尔兰议会了。

③ 指大批苏格兰人、英国人移居于爱尔兰。

④ 爱尔兰人本信奉天主教。英国则在那里建立了新教教会，并迫害天主教徒。这一政策的余波还在影响着如今的英国与北爱尔兰，如北爱尔兰的新芬党，即是代表了爱尔兰的天主教势力。柏克的《论爱尔兰的天主教法》，正是为爱尔兰天主教徒的权利而呼吁的。

⑤ 指光荣革命中议会废除斯图亚特家族的王位继承权，而迎立玛丽与威廉为英国的国王。

⑥ 指克伦威尔；柏克对他并无太大的恶感。

⑦ 指克伦威尔之后的查理二世复辟。

⑧ 即 1688 年的“光荣革命”。柏克称之为“光荣”，是因为它扭转了斯图亚特王朝在英国造成的专制趋势，将辉格党的原则确立为宪法原则。柏克曾称之为“不是造成了革命，而是避免了革命”。

效而已。[①] 混乱中偶有偏离原则的行为，就被引以证明原则的无效，若是这样，则你所有的自由权，是一刻也不能保持的。根据这些偶尔破犯宪法而获取的钱额，请判断一下加于该王国的固定税额是多少吧。[②] 你那些靠养老金过活的爱尔兰人，假如在英国政府给予的税款之外，再无其他的财源，他们早饿死了。请转过眼来，看一看人民自愿输捐的那些钱吧，你那庞大的岁入，正由此而来；明白这一点，你就会尊重大英帝国这一惟一的公共财源了。

我的第二例子是威尔士。这个国家，人称是被亨利三世[③]征服的。但说是爱德华一世[④]征服了它，则更合于实情。不过，它虽已被征服，但在当时人眼里，却绝非英格兰王国的一部分。它的老宪法——其好坏姑不论——被摧毁了，但没有更好的宪法顶替它。这一片土地的管理权，交到了边疆贵族[⑤]的手里——它的治理形式煞是离奇；一个成分驳杂的怪物，一种介乎占领军(hostility)和政府之间的四不像；依据当时的标准，它兴许与现在的总司令[⑥]统治有着某种类似处，因为所有的民政权，是作为次一级的权

① 暗示格伦维尔和卡尔马森勋爵的说法。参看“三书”的《引言》和《论课税于美洲》的最后部分。

② 意思是说：假如课税的权力不交给爱尔兰议会，而由英国的议会代为行使，则这样确定的税入一定是很少的，由偶尔破犯宪法而获取的税额可知。所谓“破犯宪法”，是指英国宪法中“课税权由人民（通过他们的代表）保留”的原则，也即“没代表不纳税”的原则。

③ 13世纪的英国国王。

④ 亨利三世的儿子，1272年至1307年在位的英国国王。他于1282年征服了威尔士，并将英国的政府体制引入这里。

⑤ 11世纪以来统治现在英国蒙矛斯郡的一些地方首领，所谓“边疆”是英国针对自己而言的。

⑥ 应该指北美驻军的总司令盖奇。

力授予他的。威尔士民族的民风，则一循其政府的风格，人民凶残、暴烈、野蛮、不开化；可羁縻于一时，却不能安抚于永远。威尔士的国内，兵连祸结，骚乱不止，英国的边境，也因此而烽烟不绝。国家真是没沾它一点光。威尔士所见知于英国者，只有犯境和侵略。

阁下，在这个乱局中，议会并没有闲着。他们试遍了所有的酷法，以图挫掉威尔士人的凶蛮之气。他们通过法令，禁止向威尔士输入各种武器，就如你今天凭一份公告（这样做的合法性，是更让人怀疑的[①]）禁止向美洲输入武器一样；他们通过法令解除威尔士人的武装，就如你试图靠一项指令（其合法性是更成问题的）解除新英格兰的武装那样；他们制定法案，把犯科条的人从威尔士拖来英国审讯，如你现在行之于美洲的（只是为害更大而已[②]）。根据另一项法案，两造中倘有一方是英国人，则审判就必须用英国的法律。他们制定限制贸易的法案，如你现在做的。他们把威尔士人排除于市集和市场之外，如你现在之禁止美洲人进入渔场和外国的港口。总之，在法典还没有膨胀到如今之甚的当时，惩罚威尔士人的条例，就不下于十五项之多了。

现在有人该弹冠相庆了——哈，还有这么一套议会权威及其行使的好先例呀！没错；不过请允许我为这些先例再加一条：在整个时期里，威尔士像一场梦魇一样，压在我们王国的心头，它是无利可图的沉重负担；在威尔士旅行的英国人，在大路上走六码而不

① 柏克的意思是说，这样做应该有议会的授权。

② 因为美洲离得更远。柏克在他的《致布里斯托城长官书》中，曾设想过美洲人被拖来英国受审时面临的孤立无援的惨状。

被干掉，那是休想。

人类心灵的进展是缓慢的。经过了二百年的漫长光阴，阁下，人们才发现了上天颁定的铁律：行暴力者，必遭苦恼，掠夺的人，必受穷乏。[①] 你的祖先们，终于睁开了眼睛，看到了以不义持家的恶果。他们发现，在所有的暴政中，加之于自由人民者，是最不能持久的；他们又明白到：用法律去反对整个民族，是获得它服从的最无效的手段。因此，在亨利八世当朝的第二十七年，方针彻底改变了。在由一篇序言申明过英国国王之完整而绝对的权利之后，英国臣民的权利和特权，即全部给予了威尔士人。政治秩序确立了起来；军事统治让位于文官政权，边疆化为郡县。但是，一个有权享受英国之自由权的民族，却丝毫不能分享这些权利的基本保障——即自己财产的让渡权，这样的事，似乎是悖谬不通的，所以八年后，即亨利八世当朝的第三十五年，议会通过一项法案，将一种比例尚称公允、能全面代表各郡县、各市镇的代表制(representation)，授予给了威尔士人。从那一刻起，仿佛中了魔法一般，骚乱止息了，服从恢复了，随在自由权的裙裾后面的，是和平、秩序与文明——当英国宪法的晨星在他们心里出现时[②]，王国的内外到处是一片和谐的盛景。

——Simul alba nautis

① 由原文的词句看，柏克显然是在套用《旧约·诗篇》7.16中的“他的毒害必临到他自己的头上；他的强暴必落到他自己的脑袋上。”

② 由原文的词句看，柏克显然是在套用《圣经》中的“你们在这预言上留意，直等到天发亮，晨星在你们心里出现的时候，才是好的”。(《新约·彼得后书》1.19)

Stella refulsit,
Defluit saxis agitatus humor;
Concidunt venti,fugiuntque nubes,
Et minax (quod sic voluere)ponto
Unda recumbit
(当海上闪起
他们的星光,
拍岸的惊涛,立即淌下了悬崖,
风平了,云消了,
骇人的巨浪驯顺地
伏处于深海之下。)[①]

同一年,切斯特领主郡(the county palatine of Chester)遭受的压迫,也获得同样的苏解,它的乱局,也得到了同样的救治。而在这以前,切斯特的乱象是不稍让于威尔士的。此地的居民,因自己没有任何权利,故最适于摧毁他人的权利;理查二世正是从这里招募了一支由弓箭手组成的常备军、镇压英国于一时的[②]。切斯特人民在一份致国会的陈情书里这样写道:

"化被吾王之王泽的切斯特领主郡之居民,怀着最谦卑的心,陈情于吾王陛下之左右:切斯特领主郡,素遭摈斥于陛下

① 语出古罗马诗人贺拉斯的《颂歌集》。
② 14世纪英国暴君,即莎士比亚《理查二世》的主人公。

的议事堂外，骑士与市民[①]，无有侧闻朝堂之末议者，不及王恩者，固已久矣；职此之故，本郡郡民的土地、财产和人身，多蒙劫夺、失丧和侵害之苦，其虐及于本郡政事之理乱、民生之荣瘁者，亦略相当矣。2)本郡之郡民，与其他的郡县、城邑和市镇，共戴一天，其受约束于陛下的国法、先王的成宪、与议事堂的威权，盖无殊于他人，但骑士、市民之得入陛下的议事堂者，却人皆有之，抑我独无。职是之故，议事堂所定的法案与律令，每伤害本郡郡民之感情，每害及本郡郡民之最古老的司法权、自由权与特权，并虐及奉法唯谨的本郡郡民之公益、安宁与和平。”

议会又如何对待这无礼的陈辞呢？——以之为诽谤而驳回它？以之为抗拒政府而处罚它？以之为毁损立法机构的权利而一脚踢开它？他们把它抛下桌面了吗？他们叫刽子手来把它烧了吗？[②] 没有。他们接受了这陈情书，虽然它话说得难听，怨气十足，原始的辛烈味道一点也没有去，不见丝毫的温柔敦厚。他们拿这一篇陈情书，做了他们旨在于矫正此弊的法案之序言；并把它的原则，奉为立法会之神殿的圣物而传于千秋万代。

这是我的第三个例子。像前两个例子一样，它获得了同样的成功。切斯特郡，如今变得和威尔士一样文明、开化，它的经历向我们证明：乱世的克星是自由，而非奴役，迷信的真正疗剂是宗教，

① “骑士”指农村地区的代表（见上面的脚注），市民则指自治市镇的代表。

② 未知所指。大概“叫刽子手来烧”是处理大逆不道的言论的办法。

而不是无神论。阁下，在查理二世当朝的年代，我们曾仿效切斯特的样板，去处理过达勒姆领主郡的事务。这便是我的第四个例子。该郡曾长期被置于自由的立法制度的围栏之外。我们之追步切斯特的先例，真是毫厘不失，连序言的风格也与切斯特法案的如出一辙；它不取议会之权威的抽象范围，而是承认了衡平法的原则：任何一个幅员广大的、由英国的臣民构成其主体的地区，它的赋税须出自臣民自愿的输将，而非长上的督课。

这些序言中包含的为政之原则，这些议会法案之先例的力量，假如说还有任何效用的话，那拒绝把他们适用于美洲，我们将何以为辞？是威尔士人配做英国人，美洲人不配？而亨利八世法案的序言中说，威尔士人所操的语言，与国王陛下的英国臣民所操的，没有丝毫的相同之处。是美洲的人口不及威尔士？若我们相信巴灵顿法官关于北威尔士人口的那份博学而准确的报告[①]，并以此为标准去估计其他地区的人口，则威尔士与美洲，人口是不堪一比的。它的人口数不可能超过 20 万，尚不及殖民地的 1/10。是美洲造反了？威尔士当年又何尝不是！你不是总想靠惩罚条例去统治美洲吗？则你加给威尔士的惩罚条例，有 15 项之多呢！可我的议会对美洲有绝对的权威呀！这莫非是说，它当年对威尔士、对切斯特、对达勒姆的权威不够绝对？但美洲实质上已被代表了[②]。

① 不详所指。

② 这是格伦维尔等人的说法；他说议会中虽没有美洲人派来的代表，但英国的每个议员其实都是它的代表。柏克在《论当前之不满情绪的根源》中对此也有批驳。

什么？实质的代表之电力[①]，竟易于传过大西洋，却难于扩散到近在咫尺的威尔士、难于扩散到其周围满是触手可及的真代表的切斯特和达勒姆？阁下，这些领土较之于美洲，距离虽更近，面积也更小，但你的祖先们，却以为这种“实质性的代表”，不管是多充分，也绝不足以保护这些领土的居民之自由。既如此，则我认为它[②]足以保护人口多他们十倍不止、距离又在万里之遥的美洲人，我将何以为容？

话至此，阁下，您也许以为我就要提出一套计划，以使殖民地人在议会享有代表权了。也许我曾有心起这样的念头；但一股巨潮阻止了我。如书上说的，Opposuit natura（自然说“不”）。——我无法铲除造化的永恒障碍。在这样的情况下，授美洲以代表权，我是未知其可的[③]。然而，我固然不要理论，却也不斩钉截铁地断言这样的代表制，是根本行不通。只是我看不出门道在哪里；而对此比我有信心的人，也并不比我更成功。但是国家的仁慈（public benevolence），臂膀又岂是缩短呢[④]，条条大路通罗马。造化分之于此的，智慧可合之于彼。当我们无法给予我们所希望的恩典时，切不要拒绝给予所有的恩典。我们若无法给予本物，就应找一个替代物。但如何给？它在哪里？以什么替代？

有幸的是，我不必挤我贫乏的脑袋，去寻找这一替代物的途径

① 在这次演讲之前，电的发现者富兰克林曾作为殖民地的使者而短期驻留伦敦。柏克一定得知他的实验。

② 实质的代表制。

③ 美洲人当时也并不想要代表权；因为即使他们有代表权，在议会中的人数也是无足轻重的；这反而使英国的征税有了合法的理由。

④ 《旧约·以赛亚书》50.2：“我的臂膀岂是缩短、不能救赎吗？”

与方法。想象之国才思沛然的国父们遗下的丰富宝藏，我甚至也用不着去翻耙；我不必去柏拉图的“理想国”，摩尔的“乌托邦”，哈灵顿的“大洋国”。[①] 无须那么迂远。它就在我眼前——在我脚边，健壮的乡下小子，天天都穿着带补丁的鞋踩过它。[②] 我期望于您的只是：在原则上，承认本王国在代表权问题上的古老宪制（即议会法案里一直在申明的方针），在实践上，回到经验所一致指明的最好办法；过去您采用这样的办法，是一直走得很安全，很体面，也很得利益的，而1763年之后，[③]就“呜呼不承权舆”了。

故我提出的决议案（my resolutions），是意在以“输将”、而非“督课”、确立美洲税入的公正与公平；意在于明确殖民地议会在和平时期维持其政府、战时提供公共之援助，是有着合法资格的；意在于承认这一合法资格的行使，是一直尽职守的、有益于帝国的；意在于承认经验所证明的结果：作为取得岁入的方法，他们自愿的“输将”是有益的，议会的课税是徒劳的。

这些确凿的真理由六条基本的提议组成；此外还有三条解决的方案，是由它们推来的。你若是接受第一套，就很难拒绝另一套。但假如你接受了第一套，则后一套你是接受还是拒绝，我绝不在乎。窃以为，这六根坚实的柱子，力即足以撑起帝国之和谐的圣殿。你若接受它们，和平可招之即来，在未来的执行中略施小技，

① 见《论当前不满情绪之根源》一文的注释。

② 语出弥尔顿的《科莫斯神》。

③ 1763年英法之间签订《巴黎和约》，结束了“七年战争”；在这一场战争中，英国和殖民地都背上了沉重的债务，英国为转嫁国内的负担，从这一刻起直到美洲革命爆发前夕，一直试图用各种办法对美洲课税（《印花税法》于1764年通过）。由此导致了英国与美洲殖民地长达十几年的冲突，直到美洲宣布独立。

美洲即可永远地服从——我之坚信于此,如我之坚信自己的存在。我之如此自信地做保证,绝不是张狂自大。这些提议,不过是事实而已;假如事实一摆、结论自来,这也是真理的威力,不关我才智底事。

阁下,这一整套计划,我将合盘托给您,在提议需要解释之处,我略缀数语,以资说明。我提出的第一项决议案(my resolutions)是:

> "大不列颠帝国在北美洲的殖民地、种植场[①],总括十四个独立之政府,计有200余万自由之居民,素无选举、派遣骑士与市民(或其他人)去议事堂中做自己之代表的特权和自由权。"

这是明明可见的事实,是有必要确定的,它也是以宪法的语言确定的(虽措辞稍有不同);它几乎是一字不易地照搬了议会的法案[②]。

其次也相仿[③]:

> "上述殖民地、种植场,虽无自己选举的骑士或市民,在上述的议事堂中行本地代表之责,却素易遭受、并被迫捐纳议会

---

① 美洲南部的殖民地,当时称"种植场",其实意思同于殖民地。

② 柏克拟订的这些条款的用语,几乎全部出自英国类似的旧法案。

③ 《新约·马太福音》22.37:"耶稣对他说:'你要尽心、尽性、尽意,爱主你的神。这是戒命中的第一,且是最大的。其次也相仿,就是爱人如己。'"

所加派的各种王室特别津贴[1]、款项、杂捐和赋税；职是之故，上述议事堂，每以伤害美洲臣民的公益、安宁、稳定与和平之方式，加派和同意课加特别的津贴，从而伤及美洲臣民的利益与感情。”

这一段文字，是太烈，还是太冷，是太强，还是太弱？是过甚张大至高的立法权呢？还是过于偏心人民的要求？假若它流于这些错误中的任何一种，则错不在我。这是你自己的议会法案所使用的古老语言。

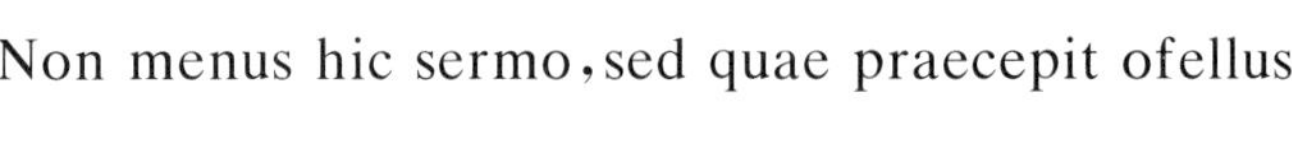

Non menus hic sermo, sed quae praecepit ofellus,
Rusticus, abnormis sapiens
(这不是我的观点
而是奥菲勒教我的，
他虽是乡下人
却很明事理。)[2]

它是这个国家之古老的、朴素的、充满男子气概的土产观念之真产物——我不敢拭去它的一粒铁锈，正是这些可敬的锈迹，装点、保护、而非摧毁了这一块金属。用工具动这座和平圣坛的基石，是渎

① 由英国议会征收来付给国王的一种特种税。

② 语出古罗马诗人贺拉斯《讽刺诗》。

圣之举[1]。这些宪法的真材料固然粗糙,却本色而高贵,我不想把它打磨得宛然如新。最重要的是:我绝不想乱投虎狼方,从而犯下心志游移、好奇骛新者的罪愆。我踏的是我们祖先的足迹,故不可能迷途、不会跌倒。在我决定措拟和平的条款时,我就决心不在成宪的文外,去自作聪明,自出机杼;我决心使用那纯正的话语的规模[2],而不用其他;别人多才多思,随他去,我却是小心翼翼,戒断了我自己的所有文辞。那法是怎么说的,我就怎么说;此外我一概无话。我只做她话语的喉舌。这固然够不上有心裁,但我自信是很安全的。

我提出的第二条决议案中,确有表示不满的话,惯于吹毛求疵的人,会否认此话用于美洲所言属实;尽管在事关切斯特和达勒姆两郡时,议会曾经认为此话说的是实情。他们将否认美洲人曾经在物质和精神上被赋税"伤害"过。假如他们所想的赋税,单是指课加的钱之多少,则这样的否认,倒不乏口实。但是,人在权利上所受的伤害之深,与在钱袋上受到的伤害之大,是可以同样之甚的。一项剥夺人民之全部自由的法案,未必使其财产大受损失。人在大路上被抢了两文小钱,使他大为愤恼的,主要不在于这两便士。不仅权利如此;甚至行之已久的恩宠一旦被收回,这尽管没有冒犯素来享受此恩宠的人,但也对他构成了伤害。然而,我们就单说税额吧,美洲人难道没有被赋税伤害过?若是这样,则大部分税项,何以或全部取消、或大幅削减呢?甚至乔治二世的第六法案所

① 要用原样的石头,不可雕凿。《旧约·出埃及记》20.25:"你若为我筑一座石坛,不可用雕成的石头,因为你在上头一动家具(即工具。——译者),就把坛污秽了。"

② 语出《新约·提摩太后书》1.13。

课加的调节关税（regulating duties）[①]，也不曾伤害过美洲人？既如此，则这些关税，何以在1764年先是削减到三分之一、后在1766年又削减到三分之一的三分之一呢？难道印花税没有伤害过他们？我可以说它们没有，然而是在课税政策恢复之前了。1767年的关税[②]——即希尔斯巴罗勋爵[③]告诉内阁说是违反商业之原则、后来也同样被撤消的——难道也没有伤害过他们？那位爵爷[④]在一项决议案中向殖民地许下的不再课税的保证，不正是承认赋税会伤害他们？那位佩蓝绶带的爵爷[⑤]所做的决议，即登入您议事记录的，不正是最有力的证据，表明议会课加的特别津贴，确实伤害过美洲人么？否则的话，则这一切更张、修改、撤消、保证和决议，又胡为而来？

我提出第三条决议案是：

> “碍于距离和其他的原因，上述殖民地欲在议会中实现其代表权，迄今尚无计可想。”

这是事实，无须我申之再三。再说以我个人的判断，一种有补实用的代表制固然不可能，但我肯定这也不是他们想要的，也不应

① 该法案规定对美洲从法国殖民地或西印度群岛进口的蔗糖、糖浆和朗姆酒课以关税。

② 即《汤申法案》规定的税。

③ 当时的殖民地事务大臣。

④ 即希尔斯巴罗勋爵。关于这一节，参看《论课税于美洲》。

⑤ 诺思勋爵。

是我们想要的，道理我不说了[①]。

我提出的第四条决议案是：

> "上述的殖民地，莫不有自己的政治机构，或名'公民议会'，或名'公民议事堂'[②]，它的成员，或部分、或全体由本地之自由人[③]、世袭地产之持有人、或其他的自由居民推举；它素有合法的权力，可依据各自的成例，去募集、征收、估定用于支付公共事务的关税与赋税。"

殖民地议会的这一权能，是无可置疑的。这一点，可由所有殖民地议会的预算法案之措辞加以证明，它拨款的常用措辞是："一项授予陛下的特享金[④]"；而拨款给国王的法案，多不加争议地由政府部门[⑤]通过。一向不顾常情、总爱否认这一权利的人，每主张除了大英帝国的议会，谁都不能拨款给国王[⑥]，这些人，我希望他们看一看既有的成例，不仅是殖民地的，还有爱尔兰的，看一看每届会议之共同采用的、一成不变的措辞。阁下，这一原则[⑦]，居然

① 语出古罗马诗人尤文纳尔《讽刺诗》第10篇。这里的自然是指大西洋。

② 即殖民地议会。

③ 指继承了全部公民权的人。

④ 这只是法案用语；其实是授予国王在美洲的政府、即殖民地政府的。

⑤ 指英国的政府部门。

⑥ 这套说法最早是格伦维尔坚持的，后来许多人也这么看：即美洲人无权"授予"国王"补助金"(当时岁入的正规说法)，他们应缴纳的税，只能由国王"课取"，因为假如肯定了他们有"授予"的权利，就是否定了英国有课税给他们的权利。可参看《论课税于美洲》。

⑦ 即"除了大英帝国的议会，谁都不能拨款给国王"。

出之于国王的某些执掌司法的仆人[①]之口，是让我大为吃惊的。我的意思是说，假如国王还负点责任[②]，则陛下——当然是指大臣们、甚至这些司法官员——居然让这样的方案，两年一度在爱尔兰、一年一度在殖民地经自己的手被通过，岂不是一直在犯着应被弹劾的罪？委员会主席们，国家大臣们，商务长官们，首席检查长和副检查长们，居然统统是惯犯，这成什么体统！但他们是安全的；因为没有人弹劾他们；也没有控诉他们的理由，除非是援引他们自己的那套游谈无根的理论。

我提出的第五条决议，也是对一项事实的申明：

> “陛下的主要大臣之一[③]，每次以公函提出要求，上述的公民议会、公民议事堂、或有如上之合法资格的机构，莫不各依自己的能力，多次慷慨地授予各种大笔的津贴和公共救助金(public aids)，以负担陛下的公共事务；他们之有权授予上述的款项，并乐于足额地授予此款项，曾多次为议会所承认并感激。”

他们在同印第安人的战争[④]中的浩大开销，且不必说；远自1695年以来，他们之输捐献力于我们的对外战争[⑤]，也不用提；他

① 指英国的总检查长和副总检查长。

② 指政府。因为内阁做事都是以国王的名义。

③ 多是负责殖民地事务的国务秘书。

④ 北美殖民地在边境地区多次与印第安人发生战争。

⑤ 1690—1697年之间与法国和西班牙的战争。

们在1710年[①]的公众献款，也毋庸去追述；我只想去议事记录的光照所及之地，走一走，看一看，我只想谈一谈国会记录所确认的事实，并把自己的提案牢牢建立在这一坚实的基础上。

1748年[②]4月4日，本院一委员会曾做出过下述决议：

> “经议决：
>
> “马萨诸塞湾、新罕布什尔、康涅狄格和罗德岛，在大不列颠国王攻打、并获取布列吞角岛和它的属地时，开支过大，故返还这数省和殖民地的花销，本委员会认为是正当的、合理的。”

这些花费对上述殖民地来说，是过于沉重了，其总额超过了20万英镑；征收之不足，又举了公债。

1756年[③]1月28日，国王寄谕下院，其大意为：“北美殖民地的臣民，其捍卫朕的合法权利与江山，素热诚而勇敢，体国之忠，朕所深敬，著尔下院，亦当体此忠心，将此项援助金给予他们，以为应得之奖赏与鼓励。”

1756年2月3日，下院通过一项恰当的决议，其用词与上面的谕文大体无别，并进一步补充说：当时议决的这一款项，是对殖

① 对法战争的那一年。

② 这一年英、法两国结束了在美洲的一场小战争，签订了《亚琛和约》，英国根据条约，将美洲的布列吞角交还给法国。积极参加了这场战争的殖民地人非常失望，为了安抚他们，英国支付了攻克布列吞角岛的全部费用。

③ 英法“七年战争”的第一年。

民地热心于匡赞王事的鼓励。把议会记录中能证明我提出的决议所言是实的证据统举一遍，是完全没有必要的；只需检出它们的出处即可：

议会记录第27卷——1757年5月16日、19日。

议会记录第28卷——1758年6月1日——1759年4月26日、30日
——1760年3月26日、31日；4月8日——1761年1月9日、20日

议会记录第29卷——1762年1月22日、26日——1763年3月14日、17日

阁下，议会在这里言之不置者，是承认殖民地不仅给了、而且给过了头。有两件事，是我国曾一直承认的：一，殖民地的献金之大，曾超过它们能力所及，故议会才认为有必要予以偿还；二，它们授予款项、维持军队的做法，是合法的，值得首肯的，因为议会曾明言，这些补偿是给予它们的奖赏和鼓励。非法的行为，断不给奖赏，该谴责的事，又何谈鼓励？故我提出的决议，只不过是把散见于您议事记录中的成说，搜集到一起而已。我给予您的，只是您自己的话；分开来，您一一承认过，合起来，您却通体拒绝，这样的事，想阁下必不为也。您接受这提议，对所有那些不值一哂的谎话，即受误导的人们[①]为促成一项不幸的政策而言之汹

① 指英国人。

汹的故事，诚然是致命的打击，但对他们①和您，却是体面之举②。自从这些争吵开始以来，即不断有这样的话鼓噪于人们耳中：美洲人既不纳税，就强迫他们缴纳，这是理性与正义的要求。美洲人不纳税这一事实，在这税收政策的执行之初，到底是怎么一种情况呢？格伦维尔先生在开始制定其美洲的税收政策时，曾在下院声明说：殖民地此时背负的债务，已达 206 万英镑之巨；他认为偿清这一债务，殖民地需要 4 年的工夫。又据他的声明，这些“从不纳税”的人民实际背负的税额，每年已高达 65 万之巨。而其实呢，格伦维尔先生还是低算了。所给予的偿付债务的基金，结果并不如殖民地和他所预料的那样充足。这算法太乐观了；债务的清偿(reduction)数年后才告完成，不同的殖民地，时间上也有参差。然而，战争之后，税额一直是很重的，出于谨慎或得体，的确是没有再加；而一旦前一次“商求③”所加的负担被卸下来，我们的调门立刻又高了，于是就绝不再“商求”。从那时以来，没有一个殖民地接到过对它的“商求”。

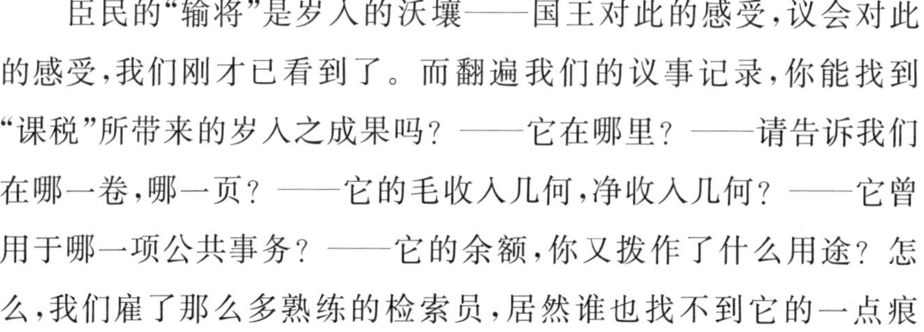

臣民的“输将”是岁入的沃壤——国王对此的感受，议会对此的感受，我们刚才已看到了。而翻遍我们的议事记录，你能找到“课税”所带来的岁入之成果吗？——它在哪里？——请告诉我们在哪一卷，哪一页？——它的毛收入几何，净收入几何？——它曾用于哪一项公共事务？——它的余额，你又拨作了什么用途？怎么，我们雇了那么多熟练的检索员，居然谁也找不到它的一点痕

① 殖民地人。

② 殖民地显得忠心，英国显得大度。

③ 英国殖民地时期的一个政治术语，指由大臣向殖民地提出的拨款请求。

迹？好吧，既然这样的岁入，议事记录里从不曾提过，那我就不说，但我要问一问，对这一不满的情绪，议事记录难道也从不曾道及？——绝不是！这是小孩子都可以找到的。它像哀歌的叠句，像一块墨斑，出现在每一页纸上。

所以，根据这些国会的记录，我认为提出我的第六条、即最后一条决议，是合情合理的，那就是：

> "过去的经验表明：上述的公民大会以'输将'的形式，划拨上述的预算款和特享金(supply and aids)，较之以议会加派、授予[①]特享金的形式，在上述殖民地中征收、支付这一款项，素为上述殖民地所乐从，也素来有益于、有助于公共事务。"

这就是我整个计划的基本内容了。结论是不推自来的。你不能说：你是迫于必须[②]，才把这立法权用过了头。你也不能宣称：你把对殖民地课税的工作揽在自己手里，是因为那里没有一个合法的机构，得有能力在国难当头时提供必要的款项而不损害人民的权利。说这些合格的、有此权能的机构忽视了自己的义务，也是有悖实情的。

现在的问题是：在这件积弊甚多、久拖不决的事情上，你是愿意遵循有益的经验，还是遵循有害的理论；你是愿意把政策建立在

---

① 加派后"授予"国王(的政府)。

② 即迫于美洲人不纳税。

想象上，还是建立在事实上；你是愿享受既有的东西，还是寄望于未有的东西；你是想让你的臣民满意呢，还是想惹他们不满？

假如这些提议被接受，则我们通过的所有法案，旨在加强与此相反的政策的，就必须在接受我提议的同时而统统放弃，这一点，我看是理出必然。因此我拟订了下面的决议，假如正式提交给下院表决，则把它分成如下的几条，是再自然、再合适不过的：

“当今圣上御世之第7年制定的法案[①]，题为《关于授予不列颠的美洲殖民地和种植场某些税种[②]、并对本王国出口的咖啡、椰子等美洲土产征收的关税给予一项退税补贴、并撤消对美洲之瓷器的出口的退税补贴、并更为有效地阻止上述殖民地、种植场的走私活动的法案》，应予撤消。”

“当今圣上御世之第14年通过的法案[③]，题为《以本法案所述之方式、在本法案所述之时间内，暂停北美马萨诸塞省波士顿城之港口和市内的一切货物、商品之装卸、起运的法案》，应予撤消。”

“当今圣上御世之第14年通过的法案，题为《为施法律之公正于新英格兰马萨诸塞省之任何涉案者、为镇压该省之叛乱与骚乱的法案》[④]，应予撤消。”

---

① 即《汤申法案》。

② 岁入法案的用语；指“授予”殖民地的税收给国王的政府。

③ 即《波士顿港口法案》。

④ 当时麻省被视为一个叛乱的省份，当地的司法机构，已无法公正地审判作乱者，故该法案要求将这些人押解来英国审判。

"当今圣上御世之第14年通过的法案,题为《整顿新英格兰马萨诸塞省之政府的法案》,应予撤消。"

"亨利八世御世之第35年通过的法案,题为《在英王领土之外所犯叛国罪的审讯法案》,应予以解释和修正。"

阁下,我所以希望撤消《波士顿港口法案》,因为(且不说它开了一个国王随意中止臣民之权利的危险先例)这一法案之通过,是有失法律的一视同仁、不偏不倚之原则的。波士顿自治市被判罚之前,人们并没有听说过它。若是论罪,则其他的市镇与波士顿是同样大的,但它们的港口却没有被封锁[①]。即使本次会议的限制法案,也不及《波士顿港口法案》做得那样绝。您对同样的罪行,未施加同样的惩罚,自是出于谨慎;而我之不想惩罚、只想和解、只想满足于既已施加的部分惩罚,也正是出于同样的谨慎。

出于谨慎和顺应形势的考虑,您没有剥夺康涅狄格和罗德岛的宪章,如您行之于马萨诸塞殖民地的,尽管国王在前两个省份中的势力,远远逊于后者,尽管滥用宪章的做法,不受惩罚者和既受惩罚者,是同样的明目张胆、同样的细大不捐。而我之有心于恢复麻省的宪章,则同您一样,也是出于谨慎和顺应形势的考虑。此外,阁下,更改麻省宪章的法案,在许多方面简直是太出格,我纵不是死心塌地想撤消它,也是全心全意地想修改它,因为其中的若干条款,将摧毁所有的公、私之正义。比如总督之有权随意地撤换司

① 波士顿港因"波士顿茶案"被封锁。

法行政官[①]、并有权因每一特殊的理由而指定新的召集官[②]，就是这其中的一款。看到这样的规定出现于英国的法律中，我真觉得耻辱。

若有政府的命令，被控谋杀者当解往英国受审判——这一法案，只不过是临时性的。我们是预先估计过与美洲之争端的时间长短后，才制定这一法案的；它只适用于我们存想中的这一段时间。我既在加快和解这一幸福时刻的到来，则出于原则的一致，我就必定抛弃这一最可恶的法案。

制定于亨利八世时代的审判叛国罪之法案，我并不想予以废除，只想把它限制于其本来的范围和最初的用意，只想明确这一点：审判叛国罪（或最严重的谋反罪），惟有在国王的司法权所不及的地方，才可适用这一法案。

既已维护了地方立法机构的特权，我下一步要做的，就是保障殖民地有一个公平的、无偏倚的司法权。为此，我拟订了如下提议：

“北美殖民地、种植场的公民大会或公民议事堂，一经通过大会之法案而指定、并经合法之程序而批准其首席法官、与其他高等法院之法官的固定薪俸[③]，则上述之首席法官与高等法院之其他法官，倘无不当之行为，即得永远保持其职位；

① 监督法院的判决之执行与否的官员。

② 负责召集陪审团成员的官员。根据柏克提到的法案，召集陪审团成员的职责交给了司法行政官，这样可以选出倾向于政府的陪审员。

③ 当时新英格兰殖民地法官的薪俸是很低的，而且其数目需要一年表决一次。

非经国王的议事会听取殖民地之公民大会、或总督、或参议会[①]、或众议院的申诉，并经做出裁决，则执掌该殖民地之司法职责的首席法官、高等法院法官，不得被罢免。”

我提出的下一条决议是关于海事法庭的：

“由乔治三世第4法案之15款授权成立的海事法庭，应予以整顿，以使该法庭更便利于起诉者与被起诉者，并授予该法庭的法官更体面的薪俸[②]。”

我并不想撤消这些海事法庭；就其本身来说，它们是应该有的机构[③]。这法庭是《航海条例》的主要保障之一。它执法的范围，后来固然是扩大了，但这也适当，而且从许多方面来说，在新的权力急缺之处，它比一个全新的法庭，肯定更称职。但是，位置辽远、不便于诉讼的法庭，等同于弃绝了正义；分享自己之判罚成果的法庭，则是强盗[④]。费城大会[⑤]对它的危害是有过抱怨的。我看抱怨得在理。

这便是那三个不推而自来的提议。此外，我还想起了两三个

---

① 在殖民地时期，每一殖民地在民选的“议会”之外，尚有一个类似上院的机构，其成员有时是任命的，有时是选举的。

② 所谓“体面”，是因为当时的海事法庭往往从它判决的罚款中抽出一定的钱额留作本机构的经费。

③ 意思是说：它只是在执法时有不适当的做法。

④ 当时的海事法庭经费不甚充足，所以往往像我国的许多经济法庭那样，从处罚的钱中扣留一部分做自己的经费、或津贴。

⑤ 即第一次大陆会议。

提议；但它们过于琐细，并且是关于行政权范围的；这一权项，我一直希望议会予以监督、而绝不要僭据。假如前六条提议被接受，则出于政策的首尾一贯，也应接受这后三条。倘非如此，则这些保留下来不予撤消的东西，作为难看的累赘、附着于此建筑上，是犹有说也，但成为大害而伤及此建筑的力量与稳固，就非我所愿了。

阁下，话至此，我本该结束了；但我清楚地感到还存在一些反对我之提议的理由，倘若可能的话，我应该消除它们。第一项反对的理由是：我之援引祖先的原则（包含于《切斯特法案》序言中的）而做的证明，是太过头了；即，那序言中陈述的因缺少代表权而起的怨言，竟波及全部的立法权与课税权；本来以此为原则的殖民地，将把它用于立法权威的方方面面。

我不想损害我们至高权威的一丝一毫，我拳拳此心，不逊于与我并世的任何人，故对这一反对的理由，我将不胜尊敬与谦卑之至地这样回答：这些语句是议会的话，并非我的；由这些语句而导出的一切不得要领的假推论，也不是我的；任何此类的推论，我向来是真心斥绝的。格伦维尔先生[①]之拥护议会的主权（sovereignty），其心也诚，其言也智，这一点是无有疑义的，前一次，他曾把一项法案提交您的桌旁审读，以求议会批准他的原则；我的语句，恰是出自于议会通过的这一法案。查特姆勋爵确曾以为，这些序言所宣布的原则，是非常有利于他的观点的[②]。而格伦维

① 格伦维尔曾引用以前的法案，证明曾有过对没有代表权的人民课税的先例。

② 在回答格伦维尔的话时，查塔姆勋爵说道："我并没有携带着案例、议会的法案和折角的法典，作为武器来捍卫自由的事业。假如是那样的话，我会举切斯特和达勒姆这两个例子，以证明即使在专制统治下，议会也耻于不经人民的许可而对他们课税。"参见上面的脚注。

尔先生之赞护美洲的特权，用力亦不在小。既如此，则我假定这一些序言、倘得恰当的理解、是将有利于双方、使双方的权利都得实现之可能，难道不应该？难道我不该假定它们既将有利于议会的权利，也将有利于王国之属地的特权吗？然而，阁下，我决议中抱怨的目标，并非取自于《切斯特法案》，而是取自于《达勒姆法案》，这一法案，是把因缺少代表权而导致的苦难，仅局限于国王的特别津贴的；因此它恰好与美洲的情形相一致。但是，这些没有代表权的郡，其受约束于国会的课税权，到底是 de jure（有法律之根据），还是 de facto（既成之事实），则这些序言，并没有加以精确的区分，因为当年的议会认为，不管是 de jure，还是 de facto，或者说，课税之举，不管是在行使一项权利，还是延续一种既成的事实，都同样是伤害，同样是压制。

在平常、或者说在冷静的时刻，殖民地可曾在赋税的问题之外，提出过免于约束的其他要求吗？反正我不记得。依据一个人或一伙人在暴躁、愤怒时的言行，去判断他或他们的脾气与性情，这样做是不公正的。此外，以为人类在实际的生活中，会遵循关于政府或自由的纯理论之原则，而不惜走到其逻辑的结果，这样的想法，是大错特错的。在理论上，我们英国人自有原则，以支撑我们宪政体系的任何一支①，但在实践中，我们远不到这原则跟前就止

① 英国的宪政体制，是由三支（或三部分）组成的：国王，上院，下院；也就是说，它是君主、贵族和民主的力量之平衡的结果。在维护下院的权利时，英国人援用民主的原则，但绝不把这原则推向极端，因为他们知道，宪政中的这一支，是与其他的两支混合在一起的，而且必须受其他两支的限制。柏克在《对老辉格党人的呼吁书》中对这一思想有详细的阐述。

步了，甚至远在支撑整个宪政体系的原则之前，我们就止步了；若不是我已经使您厌烦，则为此举出若干明显而使人信服的例子，在我真不是难事。这做法不能说是别的，只能说是自然的、合理的。所有的政权，人类的每一利益和福乐，每一种善，每一项明智之举，莫不以妥协为基础，以交易(barter)为基础。我们权衡各种不便，而取其轻者；我们以此易彼；我们放弃一些权利，以便享受另一些权利；我们宁做幸福的公民，不做巧捷的辩客[①]。为享受社会的好处，我们必放弃一些自然的权利[②]，与此同理，为享受一个伟大帝国的兄弟情感与同胞之谊所带来的好处，我们必须牺牲一些公民的自由权[③]。但是，在一切公平的交易中，买来的东西，必须与付出的价钱大体相称。没有人会出卖最关他灵魂之痛痒的宝贝[④]。为大户执贱役，自易提高奴隶的身价，但是，为把自己纳入一大帝国、以体会那虚假的显赫，却不惜付出人类的所有基本权利、所有

① 柏克认为，人们动辄援引理论去批评政治，是国家有大病的症候。他在《致布里斯托城司法长官书》中说："人类中的大多数，对理论并不是很关心，但他们是真正幸福的；一旦人们诉诸理论，就说明国家被治理糟了。"

② 这一思想，柏克在《法国革命论》中有详细的阐述。他认为，革命者之主张政府必须尊重人的自然权利，是在调和两个无法调和的东西，即自然的自由与社会的利益；要求自然权利，便是对社会的攻击。假如人为了享受社会的好处而放弃自然状态，他就得接受对自然权利的必要限制。一个人，是不能既享受社会的好处，又享有自然权利的。当然，限制的方式和程度，要依具体的社会环境而定。

③ 这是柏克最有价值的思想之一。他在《法国革命论》中也说："人的权利，多是不同的善之间平衡的结果，有时是善与恶之间、甚至是恶与恶之间妥协的结果。""对英国人来说，所谓'利益'，只是为另一利益而作出尽可能小的牺牲。我们补偿，我们调和，我们平衡。"

④ 莎士比亚《奥塞罗》第三幕第三场："好主帅，男人也罢，女人也罢，名誉是灵魂最关痛痒的宝贝。"(卞之琳译文)。

内在的尊严，这代价，无乃也太高了。宁可在彻头彻尾的专制统治下讨生活、也不愿冒生命之危险的人，我们中固然没有；但是，我们之中，虽然有人认为宪政需要多方面的改进，想使它成为完美的自由政体，而为达到这些改进，却不惜搅乱他的国家、危及他珍视的一切，依我看，他也是期期以为不可的。在每一项艰苦的事业中，我们都会考虑我们将失去什么，将得到什么；每个人所拥有的自由权，可用赌注做譬，这赌注越大、越珍贵，他们妄逞一博、以求多挣的可能，会变得越小。它们是慈绳爱索[①]。人们做事，总是出于同自己的利益相适切的动机，而绝不依据抽象的推论(speculation)。亚里士多德，这位推理的巨匠，曾严肃而恰当地警告我们说，在人性的论辩中，像这一类有着几何学之精确的东西，是骗人的货色，是所有诡辩中最谬妄的[②]。

美洲人并没有与英国的伟大与光荣相对立的利益，除非这伟大与光荣太沉了，使美洲人不堪其重；美洲人若看到一个居督导地位的立法机构，并非他们第二等重要地位的对头[③]，而是保障，那他们一定会欣然尊重其法案[④]；这点自信我是颇有的；但给人民以宽松的环境，人民就会不满，说心里话，这样的担心我是一点没有；出于恩典与宽宠，我以法案的形式，把我一向引为自豪的权利，让我的两百万同胞也稍得分享，于是就毁了这帝国——这种担心，我也丝毫没有。

① 《旧约·何西阿书》11.4：“我用慈绳爱索牵引他们。”

② 见亚里士多德《尼各马科伦理学》第一卷第四章。

③ 即试图取代它。

④ 关于这一点，柏克在《论课税于美洲》中有详细的阐述。可以参看。

威尔士、切斯特和达勒姆的加入，并不曾危害帝国的完整，然而却有人说：赋税的授予权倘交给美洲的议会，则将瓦解帝国的统一。这所谓的统一是指什么，议长先生，我确实不知道；我所知道的是：在本国的宪政方针中，这样的统一，我闻所未闻。部分之间的从属关系，是排斥这种简单的、铁板一块的统一的。英国是脑袋，这没错；但她不能脑袋四肢全占了。从一开始，爱尔兰就有一个虽不独立、但却分离的立法机构；这并不曾破坏、相反是促进了整体的团结。当时的两个岛屿之间，事事都处理得和谐、甜蜜，因此保持了英国的支配地位，促进了英国自由权的播散。依我看，哪怕把这原则用于20个岛屿，也不会不产生同样的好结果。这就是我给美洲的模型，因为两个地区的内部情况是一样的。若论国家的统一，则依寡陋所见，当时是好于现在的，或者说，以我们眼下的办法而求统一，其不及当时将远甚；我的统一之理想，正是得自此；这之外还有什么“统一”，就非我所知了。

提起这些办法，议长先生，我突然想到——是有点太晚了——我前面曾许诺说：在结束之前，我将谈一谈坐在议员席上的那位爵爷所作的提议，即新被接受、现已登入您议事记录里的提案。不幸与下院的大多数成员有分歧、却又固持己见，在我是总令人不安的事情。但我今天之渎扰阁下，既因这些分歧的理由，则我略赘数语，以加陈述，想阁下还是允许的。鉴于该问题被提交给委员会时，我已就此事做过充分的辩论，故我现在尽可能说得简短一点。

首先，我不能接受那一项拍卖赎金的提议——因为它是不折不扣的构想。它是个新玩意；以前没听说过；没有经验的支持；没有类似的事证明其合理，我们的祖先没有这样的先例，宪法中没有它的根。

它既不是议会正常的课税，也不是殖民地的“输将”。有一条好原则是:Experimentum in corpore vili(只可拿没价值的东西做试验);我之反对拿所有臣民最宝贵的东西[①]做试验、反对拿帝国的和平做试验，正是出于这样的原则。

其次，这样的试验，最终必毁灭我们的宪政体制。在这位爵爷及其继任者的接待室里对美洲的殖民地课以赋税，这不是地道的阴谋是什么？由下院确定赋税的定额与比例，显然是不可能的。阁下可自诩为国家的拍卖官，以为一锤在手，即可敲定每个殖民地所出的报价。但是(依那位爵爷所定的计划)，根据二十四五个政府之绝对的富裕程度、相对的富裕程度、根据它们与不列颠之富裕程度的比较和赋税额的比较，去分别确定他们按比例实际应交纳多少赋税，这纯粹是不着边际的狂想。所以，这种新的课税办法，必将开我们宪法的后门[②]。每一个定额，一定是事先捏弄好，才会交给下院的;您加不得，也改不得。您只好把它登录在案。此外您就无所作为了。因为，无论在定额提出之前，还是定额提出之后，您想审议它，您又从那里找到根据？各省的代理人为自己的缴纳额、为与他省之比例的大小而发生的争吵，您不可能听到。您若试图去听，则各省的岁入和供应委员会(不管这玩意叫什么名字吧)，会一口吞掉议会的所有时间。

第三，它不是对殖民地之怨言的满意答复。他们抱怨说：他

① 即臣民的权利。

② 依据宪法，一切和钱有关的事，必须在下院提出、讨论、表决。但依据诺思勋爵的计划，美洲的税捐将由内阁决定。交付下院批准，只是走形式而已。

们没有同意即被派加了赋税；您答复道：您将确定派加给他们的税额。也就是说，他们要治疗，您却给他们伤害。您确实告诉过他们，征收的方式由他们自己决定；可是请原谅，有句话我本不想说，但还是得说：您想不想履行条约的这一款，您自己心里最清楚。比如说，殖民地为缴纳他们的份额，对您出口到美洲的产品课以关税，您是绝不会允许的；这一点你心里明白。还有许多其他的税种，您也是不允许的，这一点您也明白。所以，无论怎么解释，事实都是明摆着：您既不会让他们自行确定税额，也不会让他们自行决定课税的方式；他们什么也决定不了。这是个彻头彻尾的骗局。

第四，这种以拍卖定赎金的手段，会把你拖入巨大的困难中而无法自拔，除非他们一致接受它。您根据我主诞生后的哪一年的税收，来确定应缴纳的比例呢？殖民地的代理人们，不可能有随意决定殖民地税额的泛泛授权，这一点，我且不说；我只请您想一想：当各方的代理人走到一起、为相互间比例的高低而争吵、而打斗时，他们和选民之间的信息和命令之往来，所导致的延误、纠纷与混乱，将伊于胡底？

假如拍卖时，所有的殖民地都不到场，则那些或自己表示、或通过其代理人表示、愿意接受您的课税比例的议会，将面临什么样的处境？那些倔头强脑的殖民地，您的所有条件，它们一概拒绝，只按您指定的旧额对自己课税，于原则，这固然是伤害[①]，于收入，却不足挂齿。按这一套计划，依头顺脑的殖民地，将被课以重税，

① 意思是说：他们还是在接受着英国议会课加的税收。

倔头强脑的殖民地，却依然是税少一身轻。您该怎么办呢？您让议会对这些不服从者课以更重的新税？那您就得去港口征收了[①]，您没别的办法，这您心里很清楚。我们来设想一下：假如弗吉尼亚拒绝出席您的拍卖会，而马里兰和北卡罗来纳，却慷慨地报出了它们的赎金，并依您的配额课税给自己，您怎样做才不厚此薄彼呢？您对弗吉尼亚的烟草征税？若这样做，您就给了英国国内的税收一致命伤，也给了您外贸中最重要商品一致命伤[②]。假如您课税于叛乱省份的出口品，也只是课税于您国内的产品、或顺服的、已被课过税的省份之产品罢了，而不会有其他。这些问题，简直是纷乱的迷宫，您越往里走，就越不知所措；可有谁对此说过一句话么？谁给过您、谁又有能力给您走出迷宫的线索呢？各殖民地之间，边界是犬牙交错，异常复杂，以阁下之明通，一定能想到这一点（在您的另一次试验中，即立法禁止新英格兰的渔业时，您曾领教了它[③]）；所以，您加于任何一省的限制，总会被人立即规避掉的，除非您不管他青红与皂白，一体对待犯罪者和清白者，给按道理应被开释的省份，再加上一层负担。对某一殖民地独加限制（尤其是弗吉尼亚和马里兰，它们处于美洲的中央，又最为重要），却不搅乱公正与策略的所有标准——抱这种幻想的人，其对美洲的事务肯定是一窍不通。

还有种情况也需要我们考虑：假如您根据眼下的乱局，去确定

① 只能去征关税了。

② 因为这会抬高烟草制品的价格，影响到出口。

③ 这法案最初的用意是限制新英格兰殖民地，但由于柏克提到的原因，最后又扩大到了宾夕法尼亚、新泽西、弗吉尼亚、马里兰和南卡罗莱纳。

一永久的份额，那这份额不可能太大，肯定小得无足挂齿，如此一来，您不会有可观的岁入；假如您逢有急需，就去改动这配额，则每一次新的分配，必少不了新的争吵。

此外还须想到的是：您就是给每个殖民地确定了配额，也并没有做出相关的规定来，以保证它们迅速及时地交纳。比如说，拖欠一年、两年、五年、十年，都是有可能的。对拖欠税款的殖民地，您又无法发出财产扣押令[①]；所以您只好制定新的《波士顿港口法案》，新的限制法案[②]，新的拖人来英国受审的法案。您只好又派去海军，又派去陆军。转了一圈，一切又从头开始了。从这一刻起，帝国休想有一刻安宁。一股肠内的火，不息地燃烧于殖民地的腹内，迟早有一天会烧光整个帝国。德意志帝国之征收赋税、招募兵员，的确是用配额和定额的方法，这一点我承认；但是，该帝国的岁入，是世界上最贫乏的岁入，该帝国的陆军，是世界上最不堪的陆军。

所以说，您得不到稳定的岁入，只能得到无休的争吵。提出这以拍卖定赎金之计划的那位爵爷，似乎就是这么想的。他立此计划，目的在于打破殖民地的团结[③]，而非创立一项岁入。他自己曾坦白地说，他担心自己的计划不合**他们的口味**，依我看，此计划之根本的根本，就是阴谋破坏美洲的团结；因为，要说这位爵爷没有其他的用意、只想拿这一套自己本无意去实现的虚幻怪想来欺骗

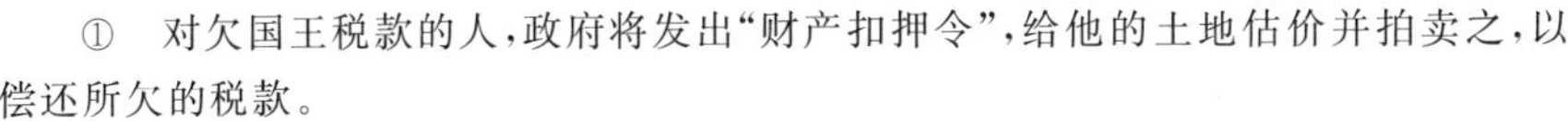

① 对欠国王税款的人，政府将发出“财产扣押令”，给他的土地估价并拍卖之，以偿还所欠的税款。

② 指诺思勋爵制定的限制新英格兰渔业的法案。

③ 罗马帝国的统治原则就是“分而治之”。诺思勋爵的用意与此类似，即使殖民地为相互间的税额之大小而争吵，这样它们就不会团结一致对抗英国了。

国民，我是绝不相信的。但不管他用意何在，我既以殖民地的和平与团结作我计划的基础，则我的提议，与任何一项拿无尽休的冲突作基础的计划，是断不能投合的。

比比这两个计划吧。我给您的计划，清楚而简单。另一个计划，则满是纷乱而复杂的谜团。这一个温和，那一个酷烈。这一个，是基于有效绩的经验，另一个则是新构想。这一个，是放之美洲而皆准的，另一个，则只适用于某些殖民地。这一个计划，可立即产生和解的实效，另一个却迂远，不可期，充满了危险。我的计划，可为居统治地位的人民带来尊严；它无偿地、无条件地施恩，而不是掏出来卖，和人讨价还价。我把它提交给您，是义务已尽；谈了这么久，确实使您厌倦了；但这是无权无势者的不幸，他没有影响可使人让步，只能靠讲道理去赢得每一寸土。阁下，您听我讲话，始终怀着善意；愿您纵其高识，来评判我的提议吧！至于我本人，则愚见既申，心头的负累，也就卸了下来。我今天所以敢不避辞繁、渎扰阁下的清听，是想在以后的岁月里，再也不谈及这个话题[①]。我所引为自慰者，是在美洲事务的每一进程中，我始终坚定地反对那些导致了帝国之混乱、并可能导致她灭亡的议案。现在，我终于提出了自己的议案，是好是坏，悉由您睿断。我纵不能带和平给我的国家，也带和平给我的良心了。

但金融商们（financiers）会说，没钱的和平对我们有什么用？你的计划给不了我们财源。哎呀，天下居然有这种话！但它会给我们财源的。因为它保证了臣民有拒绝的权力；而这恰是一切财

① 即一劳永逸地解决美洲的纠纷。

源的根本[①]。假如历史不曾表明：臣民之有权决定其“输将”的多少、“输将”的有无，乃是人类靠巧智或运气所发现的最富饶的财源，则经验就是骗子，事实就是诓客。它投票表决给你的，并不是152,750:11:2 $\frac{3}{4}$[②]英镑，或任何有限的、微不足道的钱额——而是给了你保险箱，给了你基金，给了你银行；只有从这里，从有感受到自由的人民之中，才会有财源产生：Posita ludiyur arca（赌注是钱柜）[③]。正是这一原则，为我们带来了如此巨大的财源，积累了近14亿英镑的国债；难道你们生在英国，难道历史发展到如今，难道你们身为下院的议员，竟然不相信这原则？莫非它在英国是真的，到别处就是假的？难道它在爱尔兰是假的吗？难道在此前的美洲也一直是假的？在任何一个国家里，一个设立得合理、足以履行任何职能的机构[④]，居然会疏于行使它的义务、放弃对它的委托？这种臆测，也亏你们想得出来。这样的臆测，会使你们走到反对任何形式的任何政府之极端的。一个自由的议会，会吝于财源的供给，这样的担心，其实是完全没有根据。因为我们首先要想到的是：保持自己政府的荣誉，是人心自有的欲望，谁都概莫能外，此外，与自由相伴的尊严感、财产的安全感，自来倾向于增加自由社会的资本。财富广积之处，乃是财源广取之所。财富充盈，满而自溢，岁

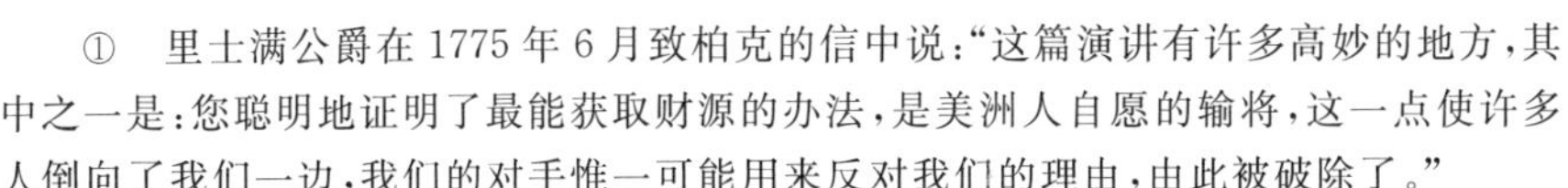

① 里士满公爵在1775年6月致柏克的信中说：“这篇演讲有许多高妙的地方，其中之一是：您聪明地证明了最能获取财源的办法，是美洲人自愿的输将，这一点使许多人倒向了我们一边，我们的对手惟一可能用来反对我们的理由，由此被破除了。”

② 不知是个什么数。

③ 语出古罗马诗人尤文纳尔的《讽刺诗》第1首第90行。

④ 指殖民地的议会。

入自沛然而来的,较之于罄尽政治机器之力,去挤压因久受榨取而枯瘪的干壳,则孰多孰少,是在彼而不在此也;纵观天下,这一点不被经验证明者几稀。

其次我们知道,在一个自由的国家,党派是必有的。我们还知道,党派间的竞争、冲突,互相的需要,它们的希望,它们的恐惧,都将迫使它们一个个来到执掌国家之天平者的面前。党派是赌徒,政府是庄家;最后赢的,肯定是政府。一旦游戏玩起来,我对政府不获财源的担心少,对人民倾家荡产的担心多。但是,靠专断权力通过的法案,因可恶,必不被良好地遵守,强与人签约,因有胁迫,人必不照章执行;靠这一套手段,不管榨来什么样的财源,它必是有限的,脆弱的,不稳定的,朝不保夕的。痛苦中的誓言,每到安乐时/就会被废弃,认为无理而无效[①]。

我抗议这种一次性出售我们权利的做法;我抗议为了这一点可怜的钱,便放弃那笔巨大的、不断增长的、永久性的债务;这笔债务,是受保护的自由(臣民)欠负于大度的政府的。惟愿我提出的这一伟大目标,能获得成功;因为我认为,不管靠勒索,还是靠强加人以契约,这种胁迫殖民地缴纳一定钱额的做法,不仅是非正义的行径,也是人世间最坏的理财之道。

我且整理一下我对此问题的看法——从美洲送来的岁入——别自欺欺人了——你休想收到一分钱。遥远地区的岁入,是断不可期的,这我们有经验为证。您每从孟加拉榨取来岁入,就不得不以贷款的形式,把您征课来的钱还回去,既如此,您如何能寄望于

---

① 弥尔顿《失乐园》第 4 卷第 96 行。

美洲呢？假如说有哪个地区是有条件带来财富的，那当然是印度；假如说有哪个机构最适于递送财富回英国，那肯定是东印度公司。美洲是没有这些条件的。只要美洲为你提供可征税的目标，使你这里可以征收关税，与此同时，她的货物在外销时的收入，在抵消这已付的关税之后，尚还有赢余——美洲若做到这一点，就已经为大英帝国的岁入尽了自己的本分了。至于说她国内的产业，则我不怀疑她也可能、并愿意做出适度的贡献。我所以说“适度”是因为：我们不该让她把自己搞得国弱民衰。她应保存自己的元气，以备战争之用。最有可能为敌于我们的国家[①]，一直虎伺于殖民地的身旁，一旦有战事，美洲的负担定然会相当的沉重。她可以在那里服务于帝国，而这是必不可少的服务。

我把不列颠宪法的一份股权授予她，以换取这服务和她所有的服务，不论岁入的、贸易的或帝国的。我持有殖民地，是靠亲密的感情，它来自于我们共同的姓氏，共同的血缘，相似的权利和一体的保护。它们是纽带，虽轻如风[②]，但硬似铁链[③]。我要让殖民地的人民，总把他们公民权利的观念与您的政府相联结；——他们将缠住您，箍住您[④]；天下没有任何力量，能离间他们的忠诚。而一旦他们认为，您的政府是一回事，他们的特权是一回事，二者可两不相干，各自存在，则粘剂就失效了，纽带便松开了；一切将迅速

① 指法国与西班牙，它们在美洲都有殖民地。

② 语出莎士比亚《奥塞罗》第3幕第3场，卞之琳译本为“轻于鸿毛的琐屑，会叫吃醋人看来，像天书写下的铁证如山”。

③ 语出莎士比亚《裘利斯·恺撒》第1幕第3场。

④ 语出莎士比亚《哈姆雷特》第1幕第3场，“相知有素的朋友，考验过交情，就该用钢圈箍上你的灵魂。”（卞之琳译文）

地腐烂，瓦解。只要您尚有智慧，能把本国的至高权威，一直持作自由权的庇护所，持作供奉我们共同信仰的圣殿，则英国之自由宗教所拣选的种族，所特选的子民①，不论身处于何方，必把他们的脸转向您。他们越多繁衍，您就越多朋友；他们爱自由愈炽烈，服从您就愈忠顺。做奴隶，他们是不必择地的。奴隶生活如稗草，可见于每一块土地。他们可得之于西班牙，得之于普鲁士。但是自由，他们却只能得自于您这里，除非您彻底忘了自己的真利益和与生俱来的大尊严。这才是值钱的商品，您对此有垄断权。这才是真正的《航海条例》，它将殖民地的商业捆附在你身上，并通过它们②，带给你全世界的财富。拒绝他们分享这自由，您就是割断了惟一的纽带，当初带来帝国之统一的，是这纽带，日后必保持帝国之统一的，也是这纽带。不要愚蠢地认为：您商业的大保证，是您的海关条例，您的证券，您的宣誓书，您的起货许可，您的海关大印，您的出入港手续。不要妄以为，收束这一神秘的整体之组织的，是您内阁长官的函件，是您的指示，或您的中止令。造就您的政府的，并不是它们。它们是死章程，它们是被动的工具；是英国人共同信奉的精神，才赐予它们生命，赐予它们效能。是英国宪法的精神，涵濡了这广大的人群，进而渗透、喂养、统一、鼓舞了帝国的每一部分、甚至其最小的成员，并使得它们生气勃勃③。

① “拣选的种族”、“特选的子民”云云，显然是在套用《圣经》的语言。

② 殖民地。

③ 柏克在《论课税于美洲》中说：“格伦维尔先生认为（许多人也与他有同样的看法），我国贸易的繁荣，多归因于法律与制度，自由却仅仅有尺寸之功。把规章当作贸易、以课税当财源，这种人，天下真是滔滔皆是。”

成就我们英国国内之一切的，难道不正是同一种力量？难道你认为你的岁入，是来自于土地税法案[①]？造就你军队的，是预算委员会每年一度的表决[②]？激发军队之勇气与纪律的，是《兵变法案》么[③]？不是！绝不是！它是人民的爱；它是人民对政府的亲附，而人民之亲附于政府，是因为他们深深地感到，他们的身家利害，已如孤注掷于这一光荣的制度里了；有了它，你才有陆军，你才有海军，二者的身上才注入了自由人的服从精神[④]；没有它，你的陆军，就只是乌合的暴民，你的海军，只不过是烂木头。

我很清楚，阁下，自有粗鄙的政客群氓，堪称政治之机械工的，听完我的这番话，会认为是不着边际，是狂想；我们中，的确没有这号人的一席之地；他们的心里，除了粗鄙的、肉眼可见的货色，便再没有其他；这种人，绝没有资格做帝国之伟大航程的舵手，就是摇转这机器上的一个小轮子，他们也不配。但是，这些统辖一切的首要原则，在方才提到的人看来，固然是虚的，没有实质的内容，而得过真启蒙、受过真教养的人，将认为它们是一切的一切，是“万物之主”[⑤]。在政治中，宅心于高尚，绝少不是最真正的智慧；一个伟大的帝国，一群渺小的心灵，是很不般配的。假如我们能意识到自己的地位，并以火样的热诚，以不忝于我们身份与品格的方式，去履

① 在当时，土地税是国库的一笔重要收入。

② 英国的军费需要一年一度由议会表决，这是为了不让君主控制军队，以免他用以对付议会或人民。

③ 目的是对犯法的军人处以军法。它也需要一年一度在议会表决。

④ 柏克在《法国革命论》中说过，自由人的服从，是出于爱，奴隶的服从，是出于惧怕。

⑤ 语出《新约·哥林多前书》15.28。

行我们的职责，我们就应该引一句教会的老训诫，启动我们对美洲公共政策的表决：Sursum corda（扬起你的心来）[①]！我们就应将自己的心灵，拔擢于崇高的境界，以无负上天命我们接受的委托。正是念念于上面的召唤[②]，我们的祖先们，才把粗蛮的荒野，变成了光辉的帝国，才开疆扩土到天涯海角，才完成了这些惟一称得上光荣的征服，因为这些征服，不是毁灭、而是促进了人类的财富、数量与幸福。让我们以获取美洲帝国的方式，去获取美洲的财源吧。美洲所以有今日，是因英国的特权[③]，美洲若得有明天，也惟有靠英国的特权。

抱着对这一永恒真理的满腔信心，我现在（quod felix faustumque 祝它一帆风顺），奠下这和平圣堂的第一块石头；我向你们提出动议：

"大不列颠帝国在北美洲的殖民地、种植场[④]，总括 14 个独立之政府，计有 200 余万自由之居民，素无选举、派遣骑士与居民（或其他人）去议事堂中做自己之代表的特权和自由权"

---

① 英国国教的礼拜仪式用语。牧师对信众说："扬起你们的心来！"信众回答说："我们把心高扬到了上帝那里。"

② 《新约·腓立比书》3.13："我只有一件事，就是忘记背后，努力面前的，向着标竿直跑，要得神在基督耶稣里从上面召我来得的奖赏。"

③ 亦即自由权。

④ 在美洲南部的殖民地，当时称"种植场"，其实意思同于殖民地。

（一个先决动议[①]，被加于这个议条上，并被付诸表决；先决动议的表决结果是：270 票赞成，78 票反对。

第二、第三、第四和第十三个议条，也被加于这样的先决动议。其他的均被否决。[②]）

由于该动议的各条款，是散见于演讲中的，为了读者见其全体，现汇集如下：[③]

柏克先生的动议

"大不列颠帝国在北美洲的殖民地、种植场，总括 14 个独立之政府，计有 200 余万自由之居民，素无选举、派遣骑士与市民（或其他人）去议事堂中做自己之代表的特权和自由权。"

"上述殖民地、种植场，虽无自己选举的骑士或市民，在上述的议事堂中行本地代表之责，却素易遭受、并被迫捐纳议会所加派的各种王室特别津贴[④]、款项、杂捐和赋税；职是之故，上述议事堂，每以伤害美洲臣民的公益、安宁、稳定与和平之方式，加派和同意课加特别的津贴，从而伤及美洲臣民的利益与感情。"

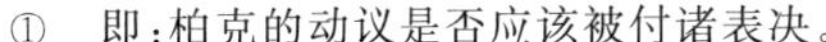

① 即：柏克的动议是否应该被付诸表决。

② 第一版的注释。

③ 第一版的注释。

④ 由英国议会征收来付给国王的一种特种税。

“碍于距离和其他的原因，上述殖民地欲在议会中实现其代表权，迄今尚无计可想。”

“上述的殖民地，莫不有自己的政治机构，或名‘公民大会’，或名‘公民议事堂’，它的成员，或部分、或全体由本地之自由人、世袭地产之持有人、或其他的自由居民推举；它素有合法的权力，以依据各自的成例，去募集、征收、估定用于支付公共事务的关税与赋税。”

“陛下的主要大臣之一，每次以公函提出要求，上述的公民大会、公民议事堂、或有如上之合法资格的机构，莫不各依自己的能力，多次慷慨地授予各种大笔的津贴和公共救助金(public aids)，以负担陛下的公共事务；他们之有权授予上述的款项，并乐于、足额地授予此款项，曾多次为议会所承认、并感激。”

“过去的经验表明：上述的公民大会以‘输将’的形式，划拨上述的预算款和特享金(supply and aids)，较之以议会拨付、授予特享金的形式，在上述殖民地中征收、支付这一款项，素为上述殖民地所乐从，也素来有益于、有助于公共事务。”

“当今圣上御世之第七年制定的法案，题为《授予不列颠的美洲殖民地和种植场派加某些税种、并对本王国出口的咖啡、椰子等美洲土产征收的关税给予一项退税补贴、并撤消对美洲之瓷器出口的退税补贴、并更为有效地阻止上述殖民地、种植场的走私活动的法案》，应予撤消。”

“当今圣上御世之第14年通过的法案，题为《以本法案所述之方式、在本法案所述之时间内，暂停北美马萨诸塞省波士顿城之港口和市内的一切货物、商品之装卸、载行的法案》，应予撤消。”

“当今圣上御世之第14年通过的法案，题为《为施法律之公正于新英格兰马萨诸塞省之任何涉案者、为镇压该省之叛乱与骚乱的法案》，应予撤消。”

“当今圣上御世之第14年通过的法案，题为《整顿新英格兰马萨诸塞省之政府的法案》，应予撤消。”

“亨利八世御世之第35年通过的法案，题为《在英王领土之外所犯叛国罪的审讯法案》，应予以解释和修正。”

“北美殖民地、种植场的公民大会或公民议事堂，一经通过大会之法案而指定、并经合法之程序而批准其首席法官、与其他高等法院之法官的固定薪俸，则上述之首席法官、与高等法院之其他法官，倘无不当之行为，即得永远保持其职位；非经国王的议事会听取殖民地之公民大会、或总督、或参议会、或众议院的申诉，并经做出裁决，则执掌该殖民地之司法职责的首席法官、高等法院法官，不得被罢免。”

“由乔治三世的第4法案之15款授权成立的海事法庭，应予以整顿，以使该法庭更便利于起诉者与被起诉者，并授予该法庭之法官更体面的薪俸。”

致布里斯托城行政司法长官书

就美洲事务

致

约翰·法尔与约翰·哈里斯先生

布里斯托城的行政司法长官

1777 年

先生们：

针对美洲的骚乱而通过的两项新法案[①]，我已呈达二位之清览。这些法案，与议会就同一问题通过的其他法案，是几无不同的。它们运行的依据，是同一种原则，它们渊源所自的，是同一套政策。若加上这两项新的，则此类性质的法令，看来已足九项之谱了。法律在增加，臣民在减少，[②]说起来，真堪发一浩叹啊！

在这个重大而艰巨的问题上，我与我同胞中的某些人，意见是有分歧的，若这一点可称为"不幸"，则我之与二位同乎一见，对我可真是不小的安慰。我和你们是心同一理的。我们都从心里厌恶

① 法案的内容见下文。

② 指 200 万美洲人脱离英国。

内战。导致这内战的所有措施，意在延长它的一切举动，我们都曾表示过最坚决的反对。我还敢说，对内战的悲惨后果，我们是同感到忧伤、同感到耻辱——不论胜利在此方，还是彼方，不论被俘者是新大陆的英国人，还是三岛上的英国人，也不论议会的法案，是摧毁我们同胞兄弟的自由权，还是蠹蚀我们自家的自由权。

这其中的第一项法令，是关于海上捕拿特许权的；[①]关于它，我不欲多说。它固然有点出格，但是我认为，我们既采取了那些措施、既处在现在的境况，那么有这样的法令，从某些具体的方面看，尚称得上是自然的或许是必要的。而另一项法令（即部分地中止“人身保护状”[②]）在我看来，则稍嫌恶毒了点。下院在讨论该法案时，对它曾做过修改，以便起草者所申言的观点与感情，能表达得更明确、更显白。我所以反对它，主要是因为它表达的、并付之以施行的目的，在我看来，不仅大悖于不列颠宪政的所有原则，甚至大悖于两国交兵应遵守的一切公道之准则；而战争纵是极残酷之至，一个文明的民族，也不会彻底忘怀这些准则。

该法令的主要目的似乎有二：一，被该法案随意指作“海盗”的人，政府可以扣押之，扣押的久暂，政府可酌情而定。这些被定为“海盗”的人，依我的理解，是指殖民地一方的私掠船和战舰的水手

① 战争状态下政府授予平民的一种权利，依据这一权利，平民可以截获、掠夺敌国的任何船只。独立战争中英国即对美洲采用了这一做法。

② 人身保护状（Habeas corpus）是一种依据法律规则、保护个人自由的法律程序；源出中世纪。一个因被逮捕或拘押而被剥夺了人身自由的人（或他的代表），可以援据人身保护状向法院申请，就逮捕或拘押的合法性进行裁决，如果是不合法，法庭将下令释放此人。搁置人身保护状，是侵犯公民权利的严重事件。美国宪法第9条第1款规定：除非发生暴乱或入侵，人身保护状是不得被搁置的。

与船长、又在这不幸的冲突中落入王军之手的。这样一来，我们就能以“海盗罪”的罪名，把他们扣在监狱里，一旦环境方便于对他们施加报复，则把他们拖来，借这声名狼藉的罪状为辞，去审判他们，处他们以丧尽脸面的惩罚。

这就是该法案的第一个目的，说起来，我真是不胜厌恶；因为一切法案、一切公平的交易，在描述其（适用的）目标时，应清楚而正派，但该法案却不是这样。目前既有骚乱，海上自有对我们开战的人，称之为“叛民”则可，称之为“海盗”、并以“对付海盗”的方式对付他们，则不仅是混淆了事物间本质的区别，也混淆了不同罪行的大小轻重。不论是降他们的重罪为轻罪，还是把轻罪升为重罪，这样的做法，都有害于司法，会打乱整个的法学结构。“海盗”之为罪，在法律的眼中，固然轻于谋反，但对二者的惩罚，却同是死刑，同是抄没，同是“血亲连坐”[①]；当我无从减缓对他的惩罚时，却徒然降低他的罪级，即使他因此获得了人们的怜悯、从而有利于他的安全，即使因人类的普遍感受、他的恶名稍得以洗刷[②]；对我的安全、我的名声，也是一点好处都没有的。人类的普遍感受告诉我：因对善恶的误解而犯罪，人们并不当成丢脸的事。[③] 库克

① 血亲连坐（corruption of blood）是中世纪英国法律的一种惩罚制度：犯叛国罪和犯重罪的人，其后代将失去继承财产、权利（与采邑的受益权）和头衔的权利。19 世纪被废除。

② 海盗罪的恶名，在人们的心目中，是轻于叛国罪的。

③ 从 18、19 世纪的小说中我们可以得知，海盗在普通人的心目中也算不上什么大坏人；他们身上甚至有普通人所向往的“品德”。如盗跖所说的，“妄意室中之藏，圣也；入先，勇也；出后，义也；知可否，智也；分均，仁也”（《庄子 · 胸箧篇》），所谓盗亦有道。柏克所谓的“对善恶的误解”，大概就是这个意思。

勋爵[1]，这位英国法律的先知，也证实了这普遍的感受，他写道："凡罪行越大，则耻辱越小。"这个法案，玩了一套藏藏掖掖的小伎俩，[2]这于本王国的司法，可谓大不体面，于本王国的安全，亦绝非必要。倘若上一回叛乱中，鲍摩里诺勋爵[3]牵走了人家二十头牛，照我看，这也只算是鸡零狗碎的小事，以英国法院的伟气，把他作"偷牛贼"而问以重罪[4]，是完全不值得的。

此外，我必须坦诚地告诉您二位，前一番，议会曾有法案，宣布美洲人不受法律的保护，如今却又来一套法案，把"海盗罪"的臭名，加在他们的身上；[5]对这样的法案，我是不能投票赞成的，也不会以任何方式给予襄助。本王国的立法机构有命令说：美洲的所有船只、货物，仅凭"从事贸易"这新造的罪名，即可被水兵们作战利品而瓜分之，但是，一旦这不幸的、被剥夺公权的、遭封锁的人民，做了必要的报复，则"海盗"的罪名，即迎头而来——立这种法

① 爱德华·库克(Sir Edward Coke，1552—1634)，英国法学家，政治家。曾坚持英国普通法的至高权威，以对抗斯图亚特王朝所称的君主特权。是对英国法律、政体的发展有重大影响的人。

② 意思是说：为了使叛乱者丢脸，而故意降低他们的罪级。

③ 当指苏格兰贵族 Arthur Aelphinstone Balmerino(1688—1746)。他原来是英国军队的指挥官，在1715年被驱逐的斯图亚特家族所掀起的叛乱中，他投靠"僭君"的军队；叛乱被镇压后，他逃往法国；1745年，他作为小僭君的支持者，再次回英国掀起了叛乱，战败后，被问以叛国罪而被砍头。所谓"上一回叛乱"，当指1745年的叛乱。叛军因没有正式的给养，故经常掠夺平民；"牵走20头牛"，或是由此而来的想象。

④ 在历史上，"重罪"(felony)是英国法律中的一等(英美法系中如今还有"不端"与"重罪"的分别，但意义已有了较大的变化)，偷牛、偷猎等等，则是划入"重罪"的。

⑤ 有两重意思：一是不受法律的保护，也就无所谓法律上的罪名，故前后两个法案是矛盾的；二是不受法律保护，即可以随意在海上抢劫美洲人而不受惩罚，美洲人却不能报复，否则将以海盗罪处之，所谓"只许官家放火，不许百姓点灯"是也。

案的，得亏是我们的议会，倘是别的立法机构，那就是蛮横、无人道、不公正之极了。哪个国家、哪个时代可有过这样的货色？我真是全不记得。

该法案申明的第二个目的，是把在美洲犯下叛国的重罪者，扣押在英国予以审判。

先生们，我有必要告知你们一项法案，以便你们了解当前法律的真精神；这法案，立于亨利八世一朝，去今已很久了，当时，美洲尚无英国的殖民地，也无去美洲殖民的想法，其用途，是在本王国的境内，审理发生于王国之外的叛国案。1769 年，议会认为在他们的正式答辞中，应把他们对该法案的解释，告诉给国王陛下，在这答辞里，他们敦请国王把被控在美洲犯叛国罪的人，押解来英国予以审判。由于这项被如此解释、如此应用的“亨利八世法案”，陪审制的所有实质性内容、所有的好处，便从美洲臣民的手里被剥夺了。但这样说是仍嫌太轻的；因为，依该法案去决狱，实际是等于不经听证、不经审判，即处人以死罪。一个人被投进地牢一般的货舱里，被船带来英国，复由船上的地牢，吐进陆上的地牢，身上七枷八锁，一文不名，无亲朋的支持，可传唤或对质的证据，都远在三千里风涛外，老家的情况之有助于发现伪证者，也无一可审断——处死这样的人，自有官文可依，但审判这样的人，却断无公正可言。

所以，对我寄给你们的法案，我是绝不心服的；它的设立，显然是为铲除所有的障碍，以确立一种新的审判方式，而我自来以为，这方式，是最不公正、最不合宪法的。这计划，可谓害莫大焉，我若是权力在手，则阻碍它执行的所有绊脚石，我是雅不欲清除的，相

反，我还要以新的绊脚石，加诸它的面前。古来英国之正派的司法原则，莫不如雄关万道，卤莽灭裂的人，欲施暴力，行压制，自要顿步迟回、叹为“行路难”。凡不正义的做法，就是不应该风顺帆轻——上面的好原则，正是因之而起；对于这一点，我是有深信的，所以，我不想改故制，只愿从旧章。（应对目前的局面）那古老的、冷静的普通法，和眼下我们因头脑一热而变乱祖制，是同样的切用。

但如今，我们却又一次中止了臣民的自由权，若称之为“权宜之计”，则合理、正当的理由在哪儿，我实在看不出。殖民地的英国人，不幸被逼而脱离了英国，假如他能够维持自己的独立，则只怕没有谁会对《亨利八世法案》抱有如此狂热之心，竟至于主张必须以十倍的报复，加诸他[①]亲友的头上；也不会以如此怪诞之心，去看待英国的尊严，竟把伦敦绞刑场上的胜利，认作失败于美洲的补偿。假如事情相反，假如美洲被镇压而屈服于国王，则殖民地必须有自己的、足具资格与能力的法庭（在国王的权威下），去施公正于所有的罪犯。但假如没有这样的法庭，则有件令我们政府丢脸的事，是我们一定要想到的，那就是：新大陆的所有人将一致认为，即使命运再不济，对抗皇家的权威，也不会落下犯罪的行为；事情若走到这一步，则胜利的结果，你自可称之为“和平”，称之为“顺服”，冠以任何的名目，可尽随你便，但战争没有结束；他们心中的敌意，是沛然如初的，表现的形式则更坏。假若你的和平，不过是烽烟乍歇，他们的平静，只是图谋报复，自尊被创痛，旧恨溃烂为新仇，则不论亨利八世的法案，还是它本朝的丫鬟们，都算不上明智而公正

① 独立的美洲人。

的对策。美洲的流血漂橹,他们眼见而心感,这一点,(套用那位当权的爵爷[①]的话说)若还不足打败美洲的理性,那么在地球的另一面[②],我们违逆他们普遍的正义感,以司法行屠杀的勾当,也绝不足使他们顺从于英国之统治的。

我承认,先生们,罚而过其当罚,自可收"杀一儆百"之效。但美洲叛乱,却英国杀人,这是要"儆"谁?不是天天都有人说嘛,眼下的冲突,是两国间的冲突,我们英国人以战争加诸我们的逆子,是为我们自己的尊严吗?此话当真?若果真如此,则为收教子之效,就必须去作乱的子女中间,去惩戒忤逆,警其效尤;但惩罚不孝的儿子,作为父母不尽职责的鉴戒,这种事谁想得出来?其悖谬,就好比在种植园里处死一名逃跑的黑奴,以教训那些奴隶主们,日后待奴隶,务必要仁慈点。这样处死人,确能满足我们的报复心;它或使我们的心肠变硬,扇起我们自大、虚骄的气焰。但这却绝不是教子之道。

假如从这样的事例中,能推来任何东西,以便日后遇到同样的情况,人们可引以为鉴戒,那就是:一个远在天边的政权,在不经臣民之同意而处置他们的财产时,在不经指控、审判而摧毁的他们的公民权时,他们若胆敢抵抗,则罪必深,罚必重。天呢!这一课教训,英国人是万不能学的!无论怎么说,它都是用英国子女的鲜血写成的。

眼下战争在进行,这方面,是国王的子弟兵和客军[③],那方面,

① 或指首相诺斯。

② 英国。

③ 独立战争中,英国曾从德国各邦招募了大量的雇佣军去美洲作战。

是美洲的英国人;双方的为战之道,也是别的战争所惯常采用的;故从开战以来,俘虏即定期地交换;迄今为止,做法尚称得公平。但是,政府若展望未来,以为能成功地结束战争(这当然是妄想),故准备采取行动,把冲突结束时尚留在手中的俘虏,作叛国的罪犯处置,那么我认为,这就是出乖露丑于全世界面前了,因为所有内乱(civil fury)曾产生的结果中,以此为最不公正。俘虏被交换,交换即等同于赦免了,否则,俘虏交换协定(cartel)(不论是公开声明的,还是心照不宣的),就是残忍的骗局;你受人一命,就得还人一命,否则的话,这交易就断无公平、公正可言。

退一步说,我们承认交换即等同于赦免,却把未交换者,留为报复之用,假如你认为这么做正当,那结论是丑劣的:你断人的罪过,不看罪之大小,只凭犯罪的早晚;你正义的准则,不是人类行为的道德之善恶,而是运气,是偶然。

叛国是罪,公民不服从,只是不当而已,混淆这两者的人,面对上边那些古怪的矛盾,一定要跋乎前,踬乎后,乱了阵脚。“叛乱”也者,用文字去定义,固然很难,但辨别起来,实际却很容易;凡有真正的叛乱,政府自来不遵从这些军事的成规,自来拒绝双方之间的任何协议,绝不按两国交战的法律,去处置叛国者。指挥官不能受惠于人,因为他没有可回报的东西。先前,本王国也有过叛乱,可谁听说过什么“投降条约”啦,什么“释放宣誓”啦,什么“交换战俘”吗?对所有这类的请求,那时的回答只有一个:“我们做不了任何保证;你是杀是赦,悉由国王的喜怒。”我们应想到的是,假如我们当前的敌人,是真真正正的作乱者,则国王的将军们,就断无权利以任何条件去释放他们;因为他们没有赦免权;若是放了,则释放者和被释放者，都得对法律做出交代。

我论及的内容，律师自然看不出分别所在；因他有自己严格的准则要遵循。[①] 而律师所无能为者，却是立法者所当为的；因为在理性、公正和人类之通理的伟大原则之外，他不受限制于任何的规矩。他必须遵照、听命于这些原则，以立法的理性所当有的大度、开明，去拓展法律的疆土，去烛照法律的幽昧；而不能自限其高贵之身，泥守次要的、人为的正义[②]的一句一词，局促如辕下驹。我们当初若考虑到这一层，就不会把这帝国的大变乱——它可不是小党争，四下里播散，扰国安宁；这是大分裂，一个个政区、省份，整个人民的代表们，在脱离帝国——当成是一个“听讼与裁判委员会”[③]所当讨论的小话题。这样做，是不理性、不谨慎的，也违背了人道与公正。

这法案所据以行事的原则，就是如此，即一旦眼下的冲突结束，便以“海盗”为罪名，审判这种对抗的行为；复以“叛国”为罪名，审判另一种对抗的行为，并依据不合宪法的新解释，去推行《亨利

① 柏克在《论与美洲的和解》中，也谈到了类似的看法，他认为大规模的内乱或内战，是一个政治问题，而不是法律问题。译者在那一篇的脚注中，曾谈到了美洲内战的结局，即完美地体现、甚至发展了柏克的原则；战后没有法律的审判，没有产生一个“叛国者”，也没有道德上的攻击，甚至“叛军”的将军们，也与北方的将军一样，成了国民心目中的英雄。（至于“战犯”一词，就更没有听说过了。“战犯”是个国际法术语，而且其战争行为必须是违反既有战争习惯与规则，而不是凡与你作战者就是战犯。判本国的人为“战犯”，更是荒唐得无以复加）内战的双方做道德上的攻击，在纯粹的政治问题上，大做正义与非正义的文章，必定会破坏民族和解的基础。柏克的这一思想，应该引起我们的深思。

② 已有的成文法。

③ 一种审判刑事罪的高等法庭。

八世法案》。即便执行这计划的工具，是完全中立的，无偏倚的，则我也认为这样的做法，是邪恶而危险的。

但在我看来，该法案所采用的手段，相较于它的目的而言，至少是同样的出格。在这个话题上，请允许我略陈己见。一项法案，它的道理我既期期以为不可，却又不得不屈从于立法会的权力，则我阐明自己所持异议的理由、以期影响几个头脑稳健的人，在我自然就很重要了。

该法案要实施的主要条规是：在既定的时间内，心居住在王国[①]之境外或航行于公海者，其人身保护状（这是自由、也是正义的惟一保障），暂时予以中止。而其他的臣民——依我的理解——则可以一仍旧故。

从心里说，先生们，在我看来，该法案的原则之不良，同于一项普遍中止“人身保护权”的法案，而其后果的恶劣，又有过之而无不及；不把刺取出、只限制其范围，以我的寡陋之见，则只能使它更尖利，更有毒性。假如说我对自由权还有稍许的理解，则“自由”也者，是一种**普遍的**原则，它之为明明白白的权利，要么属于帝国境内的全体居民，要么就谁的也不是。对我来说，部分人的自由，是一种最可恶的奴役形式。但不幸的是，国家的内部每有冲突与不和，这样的奴役就最容易被人们接受；因为有一些派别，太亟亟于牺牲自己的敌人了，故自身之未来的安全，每每忘在了脑后。一项不公正的措施，只要不立刻伤及自己，人们是不难接受它的。在采取极端的做法时，被危及者，往往不是力量占优势的一派，因暴政

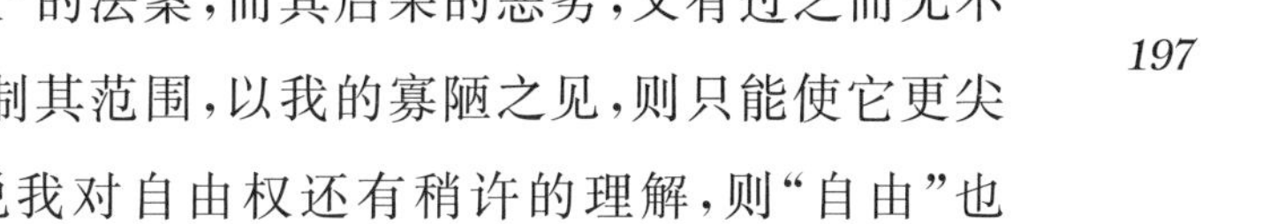

① 指英伦三岛之外的。

断不会摧折自己的工具。需要法律之保护的，是那些招人厌恶的人，是被怀疑者；当权的派别（state factions），欲以暴力加诸部分的臣民，是没有办法加以约束的，除非“凡法案之制定，只要事关于停止法律与公正的，须一体针对全部的臣民，他们的公民权之被悬置，彼此要无所差别”。这样，该做法所引起的恐慌，才会遍及于所有的臣民。它将成为一种“民族的召唤”。自由权之被全部遮蚀，是否有绝对的必要，就成了每个臣民之切身的、迫在眉睫的大问题。他们将更细心地关注每一项更张，反抗它，也会更加地激烈。政权所制定的这种重大的措施，通常不是自由的大害。它们被深圈密点，不可能人不知鬼不觉地付诸实施。以“不方便”或“坏榜样”为借口、为托词，而主张采取这样的重大举动，人们是不买账的（这所谓的“不方便”、“坏榜样”等事，究其实，本来就是天天有的，是人间必有的正常事），而出于方便、为了权宜，一点一点地蚕食自由的权利，这才是真正的危险所在。《人身保护法令》，就其精神来说，与其他的大部分法律是绝然相反的，它建立的前提，是假定那些合法的官员[①]，会恶意地对待具体的个人；故为这样的案件，做出了相关的规定。[②] 但是，当官员按自己的意志，把某一类人圈画出来，议会便把他们交到官员的手里，去任他施其恶意，这就不是《人身保护法》被临时悬置的事了，而是它的精神被误解了，它的原则被捣碎了。对任何一个人来说，他安全的保障不是别的，

① 既包括司法官员，也包括行政官员。

② 也就是说：普通的法律，是惩治性的，而《人身保护法》则是矫正性的；普通的法律之前提，是假设公民犯罪，《人身保护法》的前提，是官员犯罪。从这个意义上说，它是一项保护公民权利不受官员侵害的法案。

而是所有人的共同利益。

所以说，该法案之第一次中止部分臣民的“人身保护权”，是它的独有的恶劣所在。一项先例，往往是影响匪轻的，现在终于确立了。帝国境内的臣民，破题头一遭被分了个三六九等。在这法案通过之前，每一个人、凡脚踏英国之土地的，每一个异乡客、其矢忠于帝国仅限于一地一时的，甚至每一个黑奴、以前被卖到殖民地后因议会之法案（而解放）[①]的——他们与呼吸着帝国之空气的其他人，都享受着同等的自由。而现在，一道线画将下来，并仅以我们刚才说到权宜为理由，就可以任意地延展，拉长。我们之间没有平等了；既然一个踏上码头的水手，不能和一个柜台后的商人一样，歇足于同一块坚实的法律之土地，则我们就不再是同胞公民。其他的法律，或可损伤我们共同结成的社会，这一项法案，却将使之解体。依目前的法案，西印度群岛的每一人，那三个奉法惟谨的大陆省份中的每个居民，凡来自于东印度者，凡为健康或教养之故而旅行的绅士，凡航行于海上的每个水手，纵没有干犯其他的法禁，也将被暂时剥夺公民的权利。这些事实[②]中的任何一项，都被用来推断其罪行，以作为反对他的证据；单凭国王[③]对他的怀疑，即可以把他排除在法律的保护之外。既可以凭怀疑而拘捕他，则这消极的证据，会不会不以压在他的身上为底止，却要进一步压垮所有的正义呢？在我看来，是诚未可知

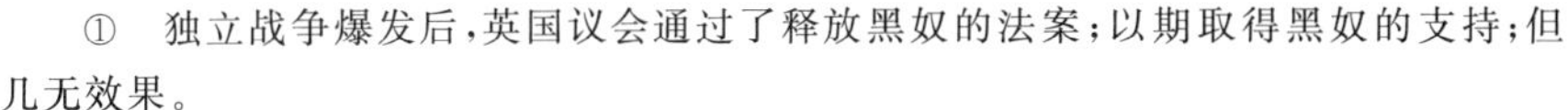

① 独立战争爆发后，英国议会通过了释放黑奴的法案；以期取得黑奴的支持；但几无效果。

② 指作为西印度群岛的居民，等等。

③ 指政府。

也。

在下院审议这一法案的过程中，我没有去反驳它；因反对也是徒劳，修正则断不可能。一段时间以来，我即清醒地认识到：大臣们提出的法案中，但凡有美洲的字眼出现，则任何反对都没有意义，都是无聊的举动。你们一定清楚，我并不是在说我自己，我已经撒手不管了，我是在说那些最有智慧、最有权威的人。[①] 凡有提案，只要是反对美洲，人们就理所当然地认为它有利于大不列颠。成功也好，失败也罢，都统统被援为理由，以维持现行的政策。几个精明而怀有善意者，认为举国的人，既处在这种情绪下，则任何斗争，就不可能减轻这些公共顾问[②]的瘾病，而只能是火上加油[③]。议会大门里的多数人、其门外的许多人，既把这样的抵抗看作是结党乱国，则从良心上说，违逆我本心的东西，我固不能支持，但就做人的精明来说，我明知是不可以抵抗者，也是绝不抵抗的。保护了我的原则不被动摇，我就为合乎情理的事情，省下了精力。我离开自己的阵地，即使只有一天，那也绝不是我懒惰、我游手好闲，我以往的所作所为足可以为证。为善的希望，纵有一线之微，也足以召唤我回到我怀着遗憾离开的阵地。以前议会每有会议，我是必到场的，近来是稍有懈怠了；事已不可为矣，而某些先生们，却自负其才能（这自负是应该的，我出于对他们的爱戴与钦佩，也对他们的才能抱有着某种信心），以为尽心力此，或可略有补益；他们的精

① 并不完全是这样；只是柏克的反对不及原来激烈、经常而已。

② 指议会的议员们。

③ 美洲战争爆发后，柏克所属的罗金厄姆党为了抗议政府的美洲政策，集体不出席议会的会议。但有些人仍在抗争。

神，我毫不责备。他们是这么想的：裁缩一项坏原则的适用之范围，[①]他们就可以减弱它的毒力。也许他们是对的。但我的看法既与它大相径庭（原因我刚才已讲过了），那我守在席位上，便为天下人笑了。

为了对我的行为做深一步的解释，我必须要补充的是：像这样的法案，其形貌固然丑劣，我却雅不欲修饰之，以免公众对它的反感和恐惧之心，将因此而稍杀；我所遗憾的是，凡违背宪法之精神而制定的政策，其本性中孕育的弊害固然有千万端，但其中的罪大恶极者，却总不能立刻呱呱落地；它在娘胎里，往往要潜伏良久，或者说，它绝少一开始就露其狰狞，故专制的权利之临诸人民的头顶，往往是悄然而来。等下一个违宪的法案出笼时，所有的新派人物都会脱口说道："你的预言真可笑，你的恐惧太无谓，以前你大作乌鸦之鸣，现在你瞧见了，这些危害，结果是何其小也。"就这样，所有的专制权力，都狡诈地掩其狰狞，而所谓"它只是偶一行之"或"它影响的范围甚小啦"等等，将一点一点地逐步被人们当格言接受下来。它之侵扰人类的幸福感，并不甚于地震、雷霆或其他的自然之灾变——休谟先生此言，绝非什么怪话[②]。

我所说的法案是美洲战争的结果之一——以我的浅陋之见，

① 把中止人身保护状的范围，限制在英国以外。

② 当指哲学家休谟。但译者浅学，不知此语出自他的哪本著作。柏克是半个文人，是当时文人—学者圈子里的人物。他在议会中反对政府的美洲政策时，曾获得了这些文人学者朋友的支持。休谟就是其中之一，他曾反对"粗暴对待另一半球上的可怜而不幸的美洲人民"。《罗马帝国衰亡史》作者吉本当初也是支持他的，但后来在政府的收买下改变了立场；柏克对此不胜愤怒，吉本本人也不胜惭愧。

这一场战争产生了大量的灾祸，而其中之一者，又使它有别于任何其他的战争。它不仅搅乱了我们的政策，侵扰了我们的帝国，似乎还彻底扭曲了我们的法律和立法的精神。我们与殖民地开战，不仅用军队，还用法律。敌意和法律，是绝不能协调的两种观念，故在这一场事务中，我们每走一步，都莫不践踏着某种公正的准则和治国理民的贤明之要术。《波士顿港口法案》，《马萨诸塞宪章法案》，《驻军法案》[①]，这等等一系列带有敌意的议会法案，立下的先例是何其之坏，推翻的原则又何其之好（我说的不是英国的自由权，而是普遍的正义之原则）；正是这些法案，导致了、并维持了对美洲的战争！这些法案的任何一项，其原则，最初若施于英国的土地上，只怕是甫一沾地，就化成了烟云。但由于不是加在我们的头上，它们便落根于我们的法律之中了；我们的后代，最终会尝到它们结下的恶果的。

法律的堕落，并不是这一有悖伦常[②]的冲突结下的最大之恶果。民风若是完好，则它会矫治法律之弊恶的，它将修整法律，最终使之合于自己的性情。但令我们浩叹的是，心灵之大度、仁慈和尊严，这以前标志我民族之性格的，在近来的大多数做法中，却不见一点点痕迹。战争每使道德义务的规则，暂时地搁置不用，但不管什么规则，一旦搁置得太久，则有被彻底废除的危险。内战对民风的伤害之深，是无有出其右的。它败坏人民的政治态度；它堕落

① “波士顿茶案”后英国议会通过的一系列法案；主要内容是封闭波士顿港，中止这里的一切贸易；废除麻省的宪章，更改麻省的自由政体；在美洲驻军以资镇压等。

② 由于人们把美洲与英国的关系，比作子女与父母的关系；所以这样的冲突是有悖伦常的。

人民的道德品行；人民对公平与正义之与生俱来的喜好，甚至也因之而扭曲。它教导我们以敌意的眼光，去看待我们的同胞公民，长此以往，我民族之整体，在我们眼中就越来越不珍贵。那些唤起我们的感情与亲族之爱的姓氏，当我们同心一意时，本是仁爱的纽带，而我们手足之情一旦瓦解，它们就成了新的诱因，适足以激起仇恨与怒火。我们可以自视不群，以为这样的不幸，落不到我们头上。但是，这是人类之本性中通有的弱点，而就我所知的而言，对这弱点，我们并没有什么赦免证的。

不列颠人的事务，既处在目下的关头，人们却以为"利市"来了，自己可以获大捷，对自己的君主，则有以祝贺者；倘不是内战的邪火，使人心都瞎了，则如何会有这样想法？我们兄弟阋墙，行为失准，出乖露丑于欧洲的面前，被世人耻笑，景况如此可悲，而一些不知体的人，却在欢欣鼓舞，这简直是疯了；目睹过本王国之盛世景象的人，看到这荒唐事，一定悲不自胜。在过去，我们的祖国高踞于上座，是所有邻居的仲裁者，为人所羡慕，但现在，却沦为奴婢之身，一任它们的喜怒（似乎有人是乐于看到这一点的）——默然接受她所不信任者的友谊之保证——别人加之以敌意，她不敢憎恨，只能哀诉；亏负自己的盟友，藐视自己的臣民，曲顺自己的冤家——这个自由的民族，其政府原来是那样的公正、开明，但如今，却雇来了德国的蛮子和贱奴，以他们的刀剑来支撑自己；300 万大不列颠的臣民，正在投向法国的怀抱，以寻求对英国人之特权的保护。

在我看来，这些事，真不像是人类事务之自然的变化，而是令人惊骇的灾异。心灵比我坚定的人，看到它们，或不至于晕眩，不

至于惊诧。另有些人，则把这样的事情，取作道喜与祝贺之演说的题材；但要我加入这喜庆，我则敬谢不敏，这一种胜利的喜悦，我是拒绝分享的——您二位君子，当坦然不计我的鲁钝，必不因此而见恶于我。我老了，一心之喜恶，已牢不可破，不能一见新奇之论，即遽然而随转了。如何使自己的心灵，去适应《宫廷邸报》中的情绪——即那些意在于打动人民者，我不太清楚。我不能一听见屠杀和俘获就心喜，因为在那长长的名单上，被屠杀者和被俘获者的姓氏，是我自幼就熟悉的，也不能一听见他们倒在外国人[①]的剑下就欢呼，因为那些野蛮的名字，我念都念不出来。拉尔上校在“白平原”城[②]取得的光荣，对我没有一点魅力；在不列颠领土的心脏中，发现一座尼普豪森营堡[③]，怎样才能高兴起来，坦白地说，我还没有学会。

假如我们善良的偏见被铲除几成，我们的理性就开明几成，则失去我们过去所珍重的，尚有可引为自慰者。缺少了对国家之荣誉的感受，我们的血或能凉下来，故而稍稍考虑到我们作为个体公民的利益，作为道德载体的个人良心。

说实话，我们的状态现在是很糟的。对那些祈求战争、并如愿

---

① 指德国人。

② 位于纽约州。原纽约殖民地议会就是在这里通过《独立宣言》、并宣布建立“纽约邦”的。1776 年，华盛顿将军在纽约作战不利，但英军指挥官豪将军却坐失良机，华盛顿在这里打过一仗后巧妙地撤退。美国在这里如今设有“白平原国家战场纪念地”。拉尔上校不详，大概是豪将军的手下；英国人当时或以为这次战役是一次“大捷”，后来看却不如此；豪本来可以歼灭华盛顿的。

③ 不详。“尼普豪森”(Kniphausen)显然是一个德国名字。这应该是德国雇佣军在美洲建立的一个军堡。

以偿的先生们，我敢说他们的处境，眼下已非常的艰难。为了满足国人的邪火，国财还可以再糜费一程。但到现在为止，我们那尚在幼年的殖民地，仅仅是被他们和他们的盟友即那二十个花钱雇来的日耳曼小邦，打了个猝不及防而已。但美洲没有被征服。在这辽阔的大陆上，每一个最初站起来、如今尚未遭到攻击的村庄，都不曾因爱或恐惧而投降。你攻克了你扎营的地面，此外就再也没有了。你兵营的大小，就是你领土的广狭。你蹂躏四方，却不见你权威的扩展。

这一场战争，进行起来竟这么严重、竟有这么大规模，不论当初盼望它的人、还是害怕它的人，都是万万没有想到的；[①]光是因为这一点，每一个慎重的人，就应该是满怀焦虑和疑惧了。使无头脑者大感安全的事，智慧的人，每对之而觳觫。在过去的一年内，外国势力[②]因我们的局面而大有举动，其全部的细节，由于诸多原因，我不想公诸世人；你们现在是否彻底摆脱了它们的威胁，我不知道，你们的统治者，也是无法卜猜的。但纵然我肯定自己已安全了，我也绝不轻易原谅那些把我带进这最可怕的险境中的人，因为我之能逃脱，纯粹是侥幸，是他们和我都不曾经预见到的。

相信我，先生们，你们眼前的路，是乱杂的，是黑暗的，布满

① 对美洲的战争，英国人本来以为只是一场小小的“平叛”；确实没有想到柏克事先所警告过的后果。

② 指法国；法国是英国的竞争对手，“七年战争”中又失败于英国；故一直在伺机报复；独立战争一开始，美洲就得到了法国的慷慨援助，但柏克写这封信以前，法国的援助还是悄悄进行的；1778年，法国才正式与美洲结盟，从而卷入了战争。这也是柏克所警告过的。

了令人迷惑、令人失途的迷宫。自以为线索在手的人，或能领我们出去。我们要觉得该信任他们，尽管信任好了；但既然他们手里，肯定有一张大王牌，能应对所有的局面，那我们又何必煽动他们的激情，去打扰他们的出牌呢？我或许没有力量帮助那些为国把舵的人；但混迹于鸟噪的群氓中，大呼小叫，煽动舵手们开进那危险而可疑的航路，我是感到羞耻的。一个讲良心、负责任的人，在群情汹汹的情况下，自己将如何行事，是慎而又慎的。因为他隐隐地害怕良心会传唤他，以恐怖的声音要他解释：对这游戏既毫无所知，为什么就一头扎进去玩将起来？说自己头脑发昏，不足为无知而妄作的借口。土里爬的可怜虫，尚知抗争以保护自己，不受那不公与压迫，故赢得了上帝和人的尊敬。上帝因智慧之深，故上智和下愚、贤与不肖，无所不可容忍，但我实在想不通的是，这天底下，居然还有这一号货色，论可恶，远甚于无能而无助的虫豸，论治国和智慧、军事之才能，更是七窍不通一窍，除了做权力的奴隶，便再也想不出别的身份来，可前去体味权力的滋味——像这样的玩意儿，也居然犯起了骄狂，为自己并不去打的战争，高声地请战，为自己永远掌不上的残暴的统治权，摇旗呐喊，只为了使别人沦于下贱、不幸的处境，就甘心于自贱其身、浞淖于不幸泥塘里面。

先生们，纵使我们才力微浅，不足以宰执国家的大政，但至少我们是量力而行的，从不曾智小谋大。不曾有哪个男子的生命，因我们的卤莽而丧失。不曾有凄苦的寡妇，因我们的无知而泣尽继之以血。我们不信任自己，是有充足的理由的，故我们谨慎而多顾虑，愿意停泊在和平与安全的港湾；把这疑惧稍稍说给其他的人，也许能使他们看到:对他们的能力,我们或有侮辱,对他们的幸福,我们却抱着仁厚之心。[①]

对内战,许多人表现得很热诚,然究其实,却多是嘴皮子功夫,很少见这高尚的情怀有落到实处的。在议会致答辞[②]的人,每有"为国献身"的豪言,但他们雇佣了德国人。他们许诺要输献家财,但他们抵押了国家。[③] 他们像是志愿军,事事做得英勇而稳当,身体不遭锋镝之险,财产不蒙捐纳之累;当冷酷的外国军队使他们同宗同族的亲人血流如水时,他们却欢呼着庆功,仿佛自己立下了什么大伟业。最近流行的那一套时髦的语言,真是令我齿冷;即使往最好处讲,它也是轻浮的。你们一定清楚,我是指那播散于庸众嘴上的大呼小叫,即骂美洲人是"胆小鬼"的,仿佛我们藐视美洲人,是因为国王的军队之取得现在的优势,不曾被他们讨以更高的代价。这样说,[④]先生们,这样说是对天意的大不敬;也不能使我们在变幻无常的世事中,有体面的退身之道;我们或骄慢地取胜,或可耻地失败,其间没有中道可走。它容易使我们的心灵,越来越隔膜于我们与生俱来的情感,它会给不列颠民族留下永久的裂痕。只有相互间的尊敬,才是联结这一伟大民族之各部分的纽带,不希望看到这感情分裂的人,是不应该摧毁这一根纽带的。所以,我们的愿望、或者说我们的义务应该是:不仅要克制自己,别让这侮辱性的言辞出诸自己的嘴,还要尽量地去让每个人都醒悟到;导致这

① 柏克曾建议把这信送给该选区的其他人传观。

② 当指对国王的讲话所做的答辞。

③ 为了战争举债。

④ 即称美洲人为"胆小鬼"。

谩骂产生的不良情绪，是大不得体的，是卑劣的；在我们中间狼奔豕突地散播这情绪的，是一些心怀恶意的阴谋家们。我们要做的，就是回击他们，假如可能的话——假如可能的话，我们要唤醒那与生俱来的情感，使那古老的、对英国姓氏的偏爱，再次复活于我们的心中。这情感对我们的价值，比从整个日耳曼掏钱雇来的热情，是珍贵千万倍不止的，而缺少类似的情感，却欲与美洲人和解，我真看不出门道何在；我们的江山之永固，其最可靠的保证，恰是美洲人的爱。

一个国家被彻底蹂躏，生民涂炭，而战火却毫不见止息，这样的事，在我是大可以想见的。英国的政府之统治英国的人，若想单靠着刀剑，则我担心这样的战火，就会烧个不停。外国的武装最终取胜的那一刻，我心里可以预想到。当那一刻到来时（因为兴许有这一刻），这弱智与暴力的整团乱结，将露出其全部的狰狞。但即使我们被赶出美洲，那以军队统治国家的一派人，是仍可以继续其蛊惑的。他们会以“一旦成功结果将如何好”之类的话，去喂养人们的想象。欲证明事情是恰恰相反的，则谁也拿不出事实来。但是，倘若刀剑大建了神功，则他们武器的胜利，也只是他们政策[①]的失败而已。你休想看到来自于美洲的赋入。腐败的手段有增加，公众的负担无减释，是所能发生的最好的事了。我们打仗——我们打这种仗，难道就为这个？

为了征服我们自家人，政府的基础，已被这里的朝廷帮成心地、混账地给拆毁了；重建之难，我看来都心悸。这些大人先生们，

① 从美洲取得岁入的政策。

亟亟于统治全人类，但可曾显示了什么才干，以见自己有治人者的第一项资格，或对美洲有些许的知识，或对出现于他们事业中的困难有所洞悉么？

当初你招请战争来，以弥补你政治手段的不足，但我敢说，先生们，武力的结果哪怕再顺遂，局面也会今非昔比的，你不会处在当初的位置了。① 由我们可耻之极的让步而诱发的混乱（或者说，对政府的不服从）和我们在以暴力取得天大的胜利后所感受到的后果，孰小孰大，是不可同日而语的。② 战争之所有间接的罪恶，已统统被你带进这一场交易中来了。

我自以为是了解美洲的——假如实情不如我所想，则我对美洲的无知，就是无可救药；因为为了通晓它，我已用尽了辛苦——我选区的人们，但凡存一丝信任于我的勤奋、我的诚实，则听我以最庄重的态度对你们说：我们在那里所做的一切，莫不起因于对目标③的全盘误解；我们最初之拥有美洲、我们在争吵后与之和解、我们在分裂后而收复它、我们在获胜后而保有它——做这一切的一切所采取的方法，在不同的阶段、不同的时期，以前曾经是、日后

① 意思是说，战争的结果就是再好，则战争结束后的局面，也大大的不如当初了。这话仍是有预见性的：柏克写此信的这一年的年底，英国在美洲残败，故拟订了一个超出美洲人以前所有的要求的和解方案，并派人前往美洲商谈和解的事；但事先被法国人得知，抢先一步和美洲人结盟；故独立战争后的许多年内，美国在英法的冲突中，每每站在法国的一边。柏克的这一句话还有“兵不可玩”的意思，即文官政权万不可轻易求助于军队去镇压自己的对手，否则军人会建立他们的统治，从而导致大家一起灭亡。

② 两种情况都是假设之辞，意思是说：即使我们当初做出了最可耻的让步，则由此而产生的混乱、对政府的不服从，也是小的；即使我们最后靠武力取得了最大的胜利，由此而产生的混乱、对政府的不服从，以及其他的恶果，也是大的。

③ 指美洲。

也必须是基于这一点：彻底放弃“无条件服从”的要求。而那些以想用暴力者，肚子里怀的正是这样的要求。我们开启、并继续这一场战争所依据的那些原则，必须统统抛弃。我们想回到战争之前的状况，如今是无法可想了（我不想骗你们才这么说的）。这样的希望，趁早搁一边去。但“糟”与“最糟”之间，也还有区别。关于这一场战争的问题，议会应提出相应的条件。[①] 在国内，也应做出一项（法律的）安排，以保证他们的安全。这样做，对我们的力量是毫无损伤的，而我们“克制温和”的好声名，却因此而增加了几分；这种品德，往往也是一种力量，虽然大小不论。

我知道，因被教唆的缘故，有许多人认为：在这种情况下抱克制的主张，是不啻于叛国——凡主张克制的话，都足以招来“叛贼”“作乱”之类的嘘骂声，都会有人把我们眼下与未来的不幸，归咎于我们同胞兄弟的抵抗，以此回击那克制的主张。但是，假如他们的心里，尚残存一丝和平之念，则当此危难的关头，我请他们认真地想一想：首先，揆诸以往的人间的争斗，这样你骂过来我骂过去，自来不是和解的办法；其次，背地里辱骂人家，即使你认为是光荣的事，则也应该想到在目前的局面下，那些身在美洲的英国人，是既不能因你的辱骂而愤恼、也不能因你的教导而改悔的。我们之间的联系，已通通被切断了。但有一点我们肯定是知道的：教他们悔改，我们固不能，但改造我们自己，则是可以的。假如有必要采取和平的步骤，那就必须有起始处；任何一项和解的计划，必须有和解的精神为之前驱，为之做准备。以我的推想，我们调整自己的心

① 即议会要提出结束战争的宽大条件。

灵，会是无所损失的。释除我们的热情，并不是释除我们的武装。对叛乱的痛骂，自来不曾给过我们的军队一把刺刀、一筒火药；而许多滑膛枪起而对着你，恐怕正是被你骂恼了。

为煽起这辱骂性的语言，并保持它不熄，人们真是机关算尽；它既已造成的祸患，是出乎我们想象的。在很长的一段时间内——甚至在已遭战争蹂躏的地区，甚至在以美洲为敌的法案一一出笼、不停地羞辱美洲人时——美洲的领袖们仿佛曾感觉到：欲鼓动它的人民宣布彻底的独立，真是难而又难。然而，煽动独立的人尝试而未果者，我们的《宫廷邸报》却完成了：或出于险恶的居心，东拼西凑，或辱骂与阿谀交下，怪不可言；当这样的货色被拈将起来、说它体现了“大不列颠人民的共同感情”时，整个美洲却起了重大的变化。民众的感情之潮，此前一直是流向祖国的，这时则猛地掉头，奔去相反的方向。那本著名小册子，即那使得人民的心灵做好独立之准备的，其作者对这些用辞激烈、满含敌意的宣言，是毫不隐讳的，相反，他一味地强调这一类演说[①]的数量与精神；他还从中导出一个论点；假如事实诚如他设想的那样，这论点，就的确是不可反驳的[②]。因为我从不知道在他以前，有谁在论述政府的理论时，曾如此地偏心于权威，即使统治者视民为寇仇，他也否认人民有改换政府的正当权利；在“待人以慈以爱”之外，我也从没见谁举出过别的理由来，去要求一地的人民奉另一地的国民为长上。说来不幸的是，我们的当权者们，由于信奉另一套玩意，故毫

① 当指辱骂、反对美洲人的演说。

② 不详。

不理会这维系国家与民族的大原则。从这件事开始以来，他们就挑拨离间，使你们的心灵疏远自己同宗同族的亲人，无所不用其极；假如他们能煽动起一方对另一方的强烈仇恨，似乎在他们看来，他们在和解的路上就过了半程。

我知道人们有这样的说法：你对美洲的友善态度所以疏淡，完全是因为他们的抵抗，所以，假如殖民地无条件地投降，则所有的敬重、善意、甚至是宽纵，未来都会施于他们的身上。但主张继续战争以强迫美洲人投降的一派，未来能不能执掌这没有契约限制、无所忌惮的权力呢？他们能否告诉我，他们所谓的“宽纵”是指什么？这眼下的战争、战争的所有恐怖，如今不也被他们称为“宽大仁慈之举”吗？

征服者公开地说，他将以横蛮、残酷之道，对待被征服的人，这种事，我从没听说过。绝没有这样的征服者！即使在众人面前最自负的人，也不大敢于把野心中可怕的秘密，透露给自己的心灵。但时辰一到，它自会露其狰狞；一个人，既声称要把另一个人，置于外国军队横暴的股掌之上，则他对于该人，就断无善意可言。一手拿着杀人剑，一手拿着劝降书，却声称自己有善意，这样的做法，是最激起别人的反感与敌视的。有人会告诉我，对于作乱的贼子，这一切就算是宽大了。好吧。但该派的领袖对于顺服者，是不是更宽大？豪勋爵与豪将军[①]，根据议会的一项法案，是有权对顺服的人和地区恢复和平与自由贸易的。他恢复了吗？那《邸报》一遍一遍地告诉我们，纽约城、还有斯塔滕与长岛地区，已心甘情愿地投

① 威廉·豪与他的兄弟海军中将理查·豪。两人都指挥英军在美洲作战。

降了，又说许多人对现政府的事业，是满怀着热忱的。则他们投降之初，贸易可立即恢复了？现在又恢复了？那两位专员，本来是最仁慈、最大度的人，但他们的仁慈，不也受制于那些既违背他们的本心、也违背议会信仰之精神的内阁指令吗？身为总督的特莱因先生[①]，是大肆吹嘘过他治下的城市之忠诚的，不也被迫请求内阁，允许他保护国王之忠实的臣民，并以恩典的名义，将人的普通权利、而非那些有争议的权利与自由之特权，授予该城的人民吗？专员们何必不当场恢复之？这所谓的“专员”者，不正专为此设吗？但现在，我们清楚这是意欲何为了。美洲的贸易，将作为佞幸与裙带的分肥物，也就是说，用以犒赏煽起这战争的人。他们将被通知在什么时间里，最适宜发出自己的商品。对美洲的贸易将由国家的垄断物[②]，一变而为个人的垄断物；一伙商人，因假作的爱国热忱而受赏，另一伙商人，则成了受骗的傻瓜；一方是狡诈、施诡计，另一方是轻信、无头脑，于是在二者的夹击下，理性的声音被窒息了，而战争的一切灾难，及所有的渎职、坏举措，都被掩盖了，都一仍其旧贯。[③]

我年岁大了，是多所见而少所怪，倘非如此，则某些先生的狂怒不息，我一定会惊诧莫名；兴兵放火于美洲之不足，他们还肆其蠢蛮，对自己的邻居也大张怒焰，而邻居的罪，却只在于仁慈、在于

① 或许指威廉·特莱因(1729—1788)，原北美的殖民地总督，1771 年为纽约总督，独立战争爆发后，被迫躲进英国海军的船上；1776 年威廉·豪攻克纽约后，他又回到该城执掌了权力。所谓“治下的城市”，当指纽约城；这里当时有大量的保王党。

② 美洲贸易所以说是“国家的垄断物”，可参看《与美洲的和解》中的相关注释。

③ 柏克写此信的这一年的 8 月份，曾致信罗金厄姆，信中也谈到了这些发战争财的“官商”们。

人道，只是希望他们心中的感情，能情理一点，不要动辄为了激情，牺牲自己的真利益。对美洲的事务，虽有人与他们的见解不同，但并不能妨害他们的事业，他们却以盛怒待之，我不由感到他们从心里是绝不以自己有理为满足的。因为他们到底想要什么呢？一场战争？他们眼下获准去做的事，不正像是战争么？他们闻之而起舞的战争，眼下若还不够激烈、范围还不够大，则燃旺战火、并使之蔓延，他们是能随心所欲、唾手可得的。他们是要英国的军队么？可他们已到手了。他们是想亲赴疆场、为自己的事业而战吗？那下一班船来，他们就可以开赴美洲了；谁拦着他们啦？他们是不是觉得，这一项事业，因缺少充足的拨款而左支右绌呢？则这样的埋怨，就实在没有道理。他们对费用的食欲哪怕是再旺盛，下院的供应，也会撑破他们肚皮的。我还可以进一步向他们保证说：坐在下院席位的，都是与他们心同一理的人，控制议会绝不在话下，故表决战争的费用时，他们是很慷慨的。假如这还不足恃，或者说，这供应仍不足，则请他们打开自家的钱袋、从战争吃剩的钱里去拿好了，想怎么扔，就怎么扔吧。

我请他们学会克制自己的激情，不要对同胞公民的节制大张挞伐。即使全世界的人，都来应和这对叛乱的叫骂，即使举世之人对自由的愤恨之心——愤恨于自由的全部原则、愤恨于对自由的享有——都与最爱受奴役的人一样炽热，在我看来，这与冲突的结果（不关这结果如何），也是毫不相干的。这场战争的领袖们（为使他们的朋友满足），已无法再多雇一个德国人，或者说，已无法煽惑得德国人更不仁慈、更不尊重他们同胞兄弟的特权了。即便我们都采纳他们的感情，则他们的盟友、即野蛮的印第安人[①]，也无可再多一分残暴了：不再有无助的妇女，可供他们谋杀，他们处死英国之血肉时的残忍刻毒，也无可以复加了。为了买这样的盟友，公众的钱已花了出去——他们[②]已经按合同履行了条件。

他们不停地吹嘘说，在美洲问题上，我们是“万众一心”的；或者说，他们不停地要求我们“万众一心”。“万众一心”自然是应该，是可喜可贺的，但前提是我们要搞清楚，我们从事的事业是不是有道理。疯病之为病，并不因染上的人多而见小。谬妄与弱智的危害，也不因天下尽是愚妄子而减轻。即便我们能使殖民地的人相信：他们在大不列颠没有一个朋友，则我张目决眦，也还是看不清我们从中能得什么好处。相反，国家统一的要素，是人类的情感与观念；我们倘不去摧毁它们，而是让它们相信即便是在英国，也还有一个成组织的亲美党，可以经常求得它的支持，那么依我看来，这反倒是我们的幸福。每有情绪，他们就转向自己的祖国，在这里、而不去别处寻找发泄口，以释放他们的骚乱与暴怒——那倒真是我们的幸福了！美洲人是把大量的要求（即使其中有过分的）、经由这里某党派的协助、不断地向我们提出呢，还是在被逼无奈之下，去法国人的怀抱里寻求保护，以免受外国雇佣军的强暴和野蛮人的蹂躏呢？我相信没有一个人（除了不顾国家的存亡、只顾一帮一派利益的人），是不希望前者而希望后者的。

一个政治实体以从属的方式与另一个政治实体联合，则联合

① 独立战争中，英国曾与印第安人结盟。

② 德国人与印第安人。

的最大危险，是居上位的一方极端的傲慢、自以为是；凡有争吵，判决时总是偏袒自己。居下位的一方有这样的恐惧，是合情合理的；但假如他们认识到：居上位的政体中，自有党派或人，将因自己的政治倾向或政治见解，而稍稍抵制这盲目的、暴虐的偏袒，则居下位者的恐惧，会大为减轻。在居统治地位的政体中，获得势力或权力的人，将过分地偏袒居于下位者，这种危险是绝没有的。人的本性中，弱点自有千万，但从无这一种。权力，不管握在何人之手，是很少犯"自克过严"之罪的。这样一种亲善的、保护居下位者的党派，对权威的维持是大有好处的：施人以恩惠，自能取得影响；出于对未来的远见，接受恩惠的人，将不时有报恩之举。即使有讨厌的争吵，经这些能克病疗伤的原则（称之为好原则还是坏原则，是无所谓的）之调停，也会得到适当的排解；纵有激烈的争端，也不会演成内战。

而一旦殖民地的人看到，在大不列颠，人民也变得铁板一块，和政府融成了一体，只要与内阁有冲突，就必然与整个国家去争吵，则他们与本王国的臣民之间，就不再有同胞公民之平等、友善的关系了。或许在有的人看来，这关系是不足挂齿的，可一旦它破裂，那就是瓦解了一根牢固的纽带。他们将去寻求其他的联合[①]。喜欢横蛮的主人、厌恶有益的盟友，人间虽大，这号人却不多。

这一场不和，自始至终就是"万众一心"的结果；而"万众"中的许多人，又是近来受了诱骗，或遭了恐吓，才不得不"一心"；或完全出于绝望而缄口，方有这"一心"的假象。他们被告诉说，反对武力的措施，就是鼓励叛乱。狂妄而无知的人，是常常使用这见斥于人类历史的语言的。揆诸以往的历史，可知普遍的叛乱、或全体人民

① 法国。

的反抗，自来没有因鼓励而起的。它们往往是被激怒而起的。鼓励而引起叛乱，或者说，在这个国家，若有人宣布他对殖民地怀有友情，就会鼓励他们打破与该国的一切联系——这一套闻所未闻的理论假如也成立，那么将有什么样的结论呢？我身为议会的一分子，但面对那些我认为是害人的计划，却绝不可以阻止，以免被害者受到鼓励而起抗拒之心——这样的话，有谁说出口吗？这些个计划，本身就有酿成叛乱的因素，反对它的主要理由，又何须求之于外？有这样的理由，难道不该提出来？莫非现在有这样的规矩：国内的任何人，都不得开口说有利于美洲的话，不得维护他们的权利，或申诉他们的苦难——或者说：一旦战争爆发，任何人都不得表达和平的愿望？这是我们古来的法律呢？还是未来统一的条件？把自己庄严的议事堂，贬低为奴颜婢膝的接待室[①]，不启悟他们的理性，反迎合他们的傲慢与激情，不让他们听对暴力之后果的警告，生怕别人受鼓励而起抗拒之心——这样的做法，忠的是哪一家政府，爱的是哪一国？这是不是真正的忠诚、真正的爱国，我们不须远求，看看自己的历史就知道了。这样的默许，葬送了多少伟大的君主，伟大的民族；在今天，假如有爱听谄媚、拒进真言而陷于危境者，则他们该做的事，就是改正那些陷自己于苦难的错误，而不该责骂预告危险给他们的人。

但叛乱者们是从我们国家寻求过帮助的——没错，从争端一开始，他们就这样做了。他们恳切地求助于政府，但你们高高在上，拒绝了他们的请求，你们还自恃富强而轻蔑他们，以中止他们的贸易作回答。当他们发现，不论求祷还是威胁，都没有任何分

① 指等待大臣或国王召见的接待室。

量,你们就是铁了心要动武,要迫使他们无条件地降服,他们才铤而走险了。对我们绝望,于是依靠自己。自己又不够强大,于是求助于法国。这里的鼓励减少几分,他们与祖国的距离便增多几分。现在鼓励没了,疏远也彻底了。

我们受诱骗而陷于这悲惨的境地,却有人以这境地为理由,坚持要我们继续目前的做法,其目的,是为了让举国的人,都产生这宫廷所喜爱的愚妄之心,并杜绝我们古老而幸福的和睦关系有重新恢复的可能。他们说,不管我们以前抱什么样的感情,如今既与美洲有战争,则所有的纽带,都已统统作废了。我们眼前只剩一条路可走:加强政府的力量,以彻底降伏美洲。照这样的理论,则可以说:我们越受害于政府,就越该信任它。让他们一举把我们拖入战争吧,这样一来,他们的权力就安全了,他们的所有秕政,将因(议会)通过的"遗忘法案"而被忘记。

战争的工具,多能加强政府的力量,和平的手段,则绝不足为政府的武库——这话难道是真的?我承认,以前的大臣们,也曾迫于民众的呼声,而与外国的军队大动干戈,以图维护国家的荣誉。但是,国民的头脑那时是很清明的,所以大臣们被迫以谈判的形式,去维护国家的利益。我们都知道,正是国民的理智,才迫使查理二世的朝臣们放弃了荷兰战争[①]:发动这一战争的失策,是仅次于目前这一场的。善良的英国人民,把荷兰视为本王国的某种属国;他们生怕过度的敌意行为,会逼迫荷兰去寻求法国的保护,或

① 1665—1667年间英国与荷兰为争夺海上贸易与霸权而发生的战争。由于法国加入了荷兰的一方,并由于1665年英国的大瘟疫、1666年的"伦敦大火",英国在战争中陷入了困境,被迫在1667年与荷兰签订了"布雷达条约"。纽约城(时称"新阿姆斯特丹")由荷兰落入英国之手,是这一次战争中查理二世所获的寥寥战果之一。

归附于法国。朝廷的那一派官话，他们很少理会；胡说什么“荷兰是我们的贸易对手”，把安波那屠杀[①]搬上舞台，以图激起公众的报复心，又口若悬河地攻击荷兰的忘恩负义，因为这个国家尚在孩提时，英国对它有莫大的恩惠[②]——这一派煽动的言辞，都不曾激起他们的怒火。他们清楚自己的利益，不为这些诡计而动摇。对他们说“目前在交战，他们必须一鼓作气地打完”，或“冲突的原因，已消失于后果中了”，这是绝对不够的。当时的英国人民也如目前一样，曾被号召去增强政府的力量。但他们觉得，使政府强有力，远不如使它诚实、智慧的好。

在去年夏天的巡回审判(assizes)中，我与我的选民是在一起的，记得当时，各种各样的人都表达了强烈的和平愿望，他们对豪勋爵[③]派出的委员会，也寄有很大的希望，即希望它带来和平的结果。可堪一提的是，委员会的权限范围，据认为是很大的，每一个

① 安波那是印度尼西亚的一个岛屿，现名安汶。17 世纪初，荷兰的东印度公司占据该岛从事贸易活动，并设立了政权，英国的商人也前来贸易，两国的商人之间出现了利益冲突。1623 年，荷兰驻当地的总督认为英国商人试图在日本雇佣军的协助下，谋害他本人，并与英国的舰船里应外合，打垮荷兰的驻军，以占领该岛。因此他下令逮捕了 10 名英国人和 10 名日本人。在酷刑之下，他们承认了加给他们的罪名，然后被处决。英国人称之为“安波那大屠杀”。

② 荷兰原本归西班牙人统治，16 世纪，西班牙人的暴政导致了荷兰人的起义。在这一场长达多年的起义中，英国曾出兵支持荷兰人；英国的军事长官曾一度成为荷兰的首脑。而且这一场起义的目的，原本并不是谋求独立，故荷兰人曾请求伊丽莎白女王做荷兰的君主，但为女王所拒绝。这一场战争中，英国可谓荷兰的“恩人”。

③ 指威廉·豪，即英军在美洲的总指挥。豪兄弟俩在政治上是自由派，对美洲是持友好态度的。1766 年，在全面的战争开始前，豪曾受内阁的指示，派人与大陆军的代表进行过会谈，提出的条件是：叛乱者如果停止战斗，国王将予以宽恕，但并不保证殖民地在帝国内享有自由。“叛军”的谈判代表是富兰克林，他奉到的命令是：假如谈判不以英国承认美洲的独立为基础，则拒绝接受任何条件。柏克所说的，应该是指这一次谈判。

人，都积极地传布这一看法，其热忱，与他们对朝廷之措施的热忱是旗鼓相当。当我告诉他们，对这场冲突的任何一个问题，豪勋爵都无权处理或做出令美洲人满意的许诺时，他们几乎不信我的话——以和解的方式结束战争的愿望，竟是这样强烈，这么普遍。以我的见闻而言，这就是本王国当时的普遍情绪。不得不说的是，国王的军队，当时曾被迫撤离了波士顿。此前的交战中，完全是殖民地人占优势。[①] 既然当时取胜无望，人们对谈判的威力，尚寄如此的厚望，那陛下的军队在连连得手、一路风光之后，谈判的力量，何以又变得如此之小了？是不是成功诱使我们改变了想法，觉得当此大胜之际，谈判是失了面子，失了主动？不管我们国民的性格发生了什么样的变化，我们都很少抱这样的心愿[②]：对敌人，绝不应提出和解的条件，除非是我们彻底害怕了[③]。说来不幸的是，关于陛下的创造和平的委员会，与他的军队之撤出北美十三殖民地的最后一座城市，我们是在同一时刻、同一张《邸报》上读到的。尤为不幸的是，委员会去美洲处理当地的乱局，已是几个月后了，这时我们已通过了法案，把美洲置于政府的保护之外，并允许水兵们将他们的商品作为战利品瓜分，并永无偿还的可能。到了这时刻，美洲纵是告软讨饶，也已挽救不了他们。整个美洲大陆上，或它周围三千英里的范围内，无人可因效忠而取得法律的保护，也无人可因投降而获得法律的赦免。这样的做法，历史上是没有先例的。

① 1776年，华盛顿将军率兵攻打波士顿，将豪将军赶出了该城。其他战线上英军也不利。上文所说的谈判，就是在这种情况下进行的。

② 意思是说：这完全是朝廷里的人一手策划的，完全不干国民的心愿。

③ 意思是说：只有被打怕了，才告软讨饶。

其必然的后果，就是独立、反目成仇的独立（我们若做局外观，这样的后果，则可称是“自然的”、“官逼民反”），事情是怎么到这一步的，总有一天，国民们会有心一问。

在本次会议中[①]，有人曾试图把处理和平事宜的全部权力，授予在美洲作战的指挥官们，但对胜利的致命的信心、对美洲无条件投降的妄想，彻底窒息了这样的提议。国王的军队之居于有利的形势，这样的时刻，并非没有过，大西洋两岸有心于让步的人[②]，但凡有一丁点权力，则即使我们犯过这么多错误，恢复和平也还是完全有可能。但不幸的是，人们往往是不见棺材不掉泪，人们的狂傲，常常不容理性有立锥之地，直到把它贬黜到无用为止。

这一场冲突之显而易见的根源，是议会的举措失当，是议会通过的法案惹起了战争，故我常希望和平的基础，应该在议会里奠定。但我惊诧地发现：那些热心于我们机构[③]的尊严、竟不惜点燃内战之火的人，却公开地声称这些微妙的问题，应完全留给国王去处理。我对议会之权威的感情，或有人觉得很薄，但我绝不容许我们的宪法权利变成大臣们协商的问题。

我被指控是亲美派。身为统治他们的权威机构[④]之一分子，我对他们怀有亲密的感情，假如这也是罪，则我接受这“亲美派”的指控。但请听我说，假如有谁对议会的至高权威、对帝国国王的权利，抱有比任何人为大的热忱，那就是我，我的公交与私交都可以

---

① 议会的会议。

② 似不包括美洲人，仅指朝廷里的人和在北美作战的英国指挥官。

③ 指议会。

④ 指英国议会。

为证。这些权利的基础之范围,肯定有许多人比我懂。我并不自命为古史学家(antiquary),律师,或自以为有资格去执掌形而上学的教席。我从不曾轻肆狂蛮,把你们坚实的利益,置于玄理的基础上面。我之屡屡拒绝做这样的事,有人归因于我的无能,做不了这些虚玄的研究;我也乐于相信这是部分的原因所在。在我不懂的事上,我是每每胆怯的,这一点,我从不羞于承认。我也并不亟亟于消除这"无能"的恶名;因为有些人对这类玄奥问题比我更不精通,所处的地位之高,也不是我敢想望的,但在治国理民时,却仅仅依靠谨慎的力量,即往往把大国的事务处理得颇为得体,颇有光荣。①

我最初接受公众的委托时,发现你们的议会对殖民地拥有无限的立法权。我每打开法典,莫不看到这权力的实际运行,有时强,有时弱,但是面面俱到。拥有这些权利,当时在我看来是一种继承来的资格(title)。人类的一切事务,都莫不如此。不论是父亲的头衔,还是已确立的政府,人们都是只管继承,从不问这资格本身的不足处。常识又确实告诉我:一个立法权威,其基础中倘无明确的界标对它加以实际的限制,它后来又不曾立法以限制自己,则理论的区分,就实在无法分清它的权力,我们也就无法说清楚它的约束力能适用于哪里、不能适用于哪里。② 无论是初有殖民地

① 这里当指罗金厄姆勋爵。他执政时撤消了《印花税法案》,而且他不善文辞,不善于口辩。

② 这句话似是针对课税问题而言的:议会的多数派以为,从理论或法律上说,英国议会对美洲享有完全的立法权,而——同样是从理论或法律上说——课税权是包括在立法权之中的,故结论是:英国议会对美洲拥有课税权。英国之坚持从美洲课税、并不惜导致内战,正是这一理论的结果。而柏克却坚决反对这种从理论出发制定国家政策的做法。他认为英国对美洲在理论上享有什么样的主权完全不重要,重要的是根据美洲的现状,以确定哪些主权可适用于美洲、并适用到什么程度。

时，还是殖民地如雨后春笋纷纷地形成时，都不曾有人以契约、或其他的形式，做过这种权利区分的记载；我自然也就无从受他的泽惠。假如当时有哪位先生单单以抽象的推理便找到了一种办法，能使我们放弃一种权力，而绝不导致其他权利的丧失，那我只能说：他看得比我远。[①] 在我眼瞎时，我从不轻肆狂蛮，责骂那些目光如炬的人。我赞赏他们的眼光与学问，也希望他们的行为，一直符合他们的理论。

当时，我确实是热心于维护这权威之整体的完好与完整，使它一直如我初见它时一样——我所以要维持它的完整，不仅为我们自己[②]的利益，更主要为了被统治的人民：正是他们，才使权威有存在的正当理由。因为我当时想：以后会有好多事情发生的，这最宽泛的立法观念中所包含的各种权力，自有派上用场的时间与场合，这时候使用它们，或大有利于殖民地间的和平与团结，大有利于殖民地与大不列颠之间的完美的和谐。我当时就是这么想的（这也许是罪大恶极，但我确实是诚实的），同时我还坚定地认为：根据殖民地的实际情况来看，我如此爱惜的这一权威，只有最克制、最谨慎地使用，才可能保存于它的任何一支权力之中，在人类最容易动怒的那些敏感问题上[③]，则尤其如此。那些不做如是想的人，在他们如今所从事的事业中，已遇上了他们完全不曾预料到的困难。请听我说：不仅这一支让人反感的课税权将受到抵抗，立法权之任何特定的部分，倘不顾及被统治者的公意，都是不能行使

① 这是柏克在为由他参加制定的《权利申明法案》(1766)做辩护。

② 议会。

③ 比如对一个没有代表的地区课税。

的。公意是立法之无限权威的载体与器官。没有公意，则所谓“立法的无限权威”，就只是纸尾之谈，让人听着舒坦而已，绝不能治民理事。议会对本王国有全面的立法权，这一点没有疑问；但仍有许多权力，从理论上说来，虽也无可置疑地包括在这一抽象的权威里，其本身也绝不有害于公正，却终因格格不入于人民的意见与感情，而无法得以行使，好像它们自来不归议会所有一样。同一个权威，既设立、并撤消了“高等专员法庭”[①]与“星法院”，又如何不能恢复它们？我实在是找不出抽象的理由；这些法庭既有前车之鉴，日后行使它们的权力时，或稍许公正些，倒也未可知。议会之有权做这样的尝试，那是没的说，但这纯粹是疯狂，则也没的说。假如天下有什么事情，是不应该受人类的立法权管辖的，那就是信仰；但我得承认，议会以法案的形式改变我国的国教，已有三四次之多；也就说，法令甚至能管到这种事情的头上来。看起来，它是管天管地无所不及了，但我们可以放心地说：若想改变我国的国教，当初詹姆斯王撇开议会单枪匹马一个人不行，[②]现在便是国王和议会合起手来，也照样是休想。说句大实话，立法权的真目的，只是顺应——而不是强迫——公意罢了：即对公众的意见予以指导、赋予它法律的外衣和特有的许可。

① 16世纪英国设立的一种宗教法庭；目的是为了执行宗教改革的法律，并控制教会。其成员由教会法律师、主教或有地位的俗界人士组成，成员由24人至108人不等。由于它经常压制、迫害那些不奉国教的人，故为人所仇视。1641年英国内战的前夕，查理一世迫于议会的压力撤消了它。1686年詹姆斯二世当朝时又曾短暂地恢复，在1689年“光荣革命”后议会通过的“权利法案”中，该法庭被斥作是“非法的，恶毒的”。

② 指詹姆斯二世，他本人公开信奉天主教；这也是他倒台的原因之一。

在我们宪政的各分支中，所有权力的行使，也莫不如此；甚至这些分支本身的存在也如此。国王特权中最无可置疑的一种，是对法案的否决权；这权力，也是无所不包的。有些法律（仅以我知的而言），假如被国王的权杖打倒，那公众将蒙受重大的损失——这种话，我是绝不敢说的。但这里的问题，绝不在于它行使得妥当与否。在极广的范围内，它是克制而不用的。它的潜而不用，即保全了它的存在，而一旦国家有事需要动用它时，它的存在，则又可以挽救我们的宪政体制。

那些以其缜密而有逻辑性的推理把我们带入这目前处境的辩客们，自然会认为：在任何的宪政体制中，竟有只为很少（即使不是从不）使用而存在的权力或分支，这岂不荒谬？那我举一个实实在在的例子，希望你们谅解。我们都知道，在以前，教士会议的召集、坐议事务，是和议会一样有定制的。[①] 而现在它的召开不过徒具虚文而已。他们坐集下来，只为礼貌性地以教会的言辞，对国王做一番恭维，这祷告做完以后，即告退回家去，你再也听不到他们的消息了。可它却是宪政体制的一部分，一旦有时机，或一旦有人愿意忍受其后果而唤起它的精神，它也许应召唤而行动、而恢复生气的。在法律形式上保持它的存在，是一种明智的做法，而仅仅在法

① 英国的全国宗教会议，亦称“Convocation of Canterbury and York”（坎特伯雷和约克宗教大会），源于7世纪，由国内的宗教代表参加，它也分为两院，“上院”由大主教和地方主教组成，“下院”则由下层教士的代表组成，约每两三年召开一次；主要讨论教内事务，如教产、教俸、教产税等问题。现在仍举行，基本上已有名无实。但也正如柏克说的，国家有事时，它也可能起极大的作用。比如当初“爱美人不爱江山”的爱德华八世执意娶一个已婚的妇女，即遇到了教会的无可克服的障碍；而这一障碍如果不能克服，英国的政体将出现危机。

律形式上维持其存在,则更称得上明智之举。它手中的每一项权力之行使,都完全受谨慎的支配,这是千真万确的!谨慎是承天之命、来这个卑微的世界做神灵的;但在近来的争端中,谨慎与对时务的顺应之心,却被视如无物,被当作最下贱、最荒谬的东西对待;我在有生之年看到这些,可算是不幸了。有一种奇谈,我听人们一本正经地说了不止一百遍:为了伸张权力,我们必须先拣硬柿子捏,也就是说,先在那些最易遭到抵抗、最不易带来好处的问题上行使我们的权力。

先生们,正因这些想法,我很早就感觉出:上天既把这辽阔的疆土置于我们手里,我们就不能徒尚空言,抽象地谈论什么"帝国的统一、立法权力的标志或特征"等等,以此而徒乱我们的心智;也不能沉溺于争论,以愤怒和傲慢点燃我们的激情;构成这一伟大帝国的,是形形色色的人民,他们性格有异,处境不同,以最大的冷静使我们的统治方式顺应他们,恰是我们的义务所在。设计一套放之四海而皆准的方法;以命令印度斯坦[①]土人的方式,去命令弗吉尼亚人;或以相同的计划,去管理印度的法院和萨勒姆[②]的大陪审团;——这样的妄想,我是从没有过的。事实使我相信到:政府是一种讲求实用的事情,设立政府是为人民的幸福,不是为了崇饰观听、造成大一统的盛景,去满足想入非非的政客的蓝图。我们的正

① 位于印度北部的一个地区,现在称 Rohilkland,印度斯坦是伊斯兰史学家对它的称呼;19 世纪曾归入英国的统治下。

② 美国有许多名叫萨勒姆的城市,殖民地时期建立的有两个,其中的一个位于麻省的波士顿附近,1692 年的"萨勒姆捉巫案"即发生于此地。柏克文中所说的"萨勒姆"当指这里。

业是统治，不是口角；我们若丢了帝国，补偿却是吵赢了架，那就可悲了。

要说这天底下，有什么事是一目了然的，那就是："除了一个自由政府，一切都不投美洲人民的性情。"这足可以指示一个诚实的政治家如何将手中的权力去适应美洲的事务了。若有人问我，什么是一个自由的政府呢？我的回答是：人民所认为的自由政府，那就是自由政府；在这个问题上，他们——而不是我——才是天生的、合法的、称职的法官。假如在实际事务中，他们听许我做他们的权威，而不惜与绝对自由的正确观念相抵触，则我应感谢他们如此信任我；但我绝不因此断言说：他们的头脑出了问题，又由此而蔓引说：从今之后，他们再不得享有自由，要一切听凭我的喜怒。

假如我们看到有谁做这样的推论，那我们可以说：他疯了，而且疯得不轻。但可悲又可笑的是，有人正是拿着这一类推论取媚于公众，以转移我们的心思，使我们不顾我们美洲政策的常识的。他们把自由政府的原则劈开、细细地解剖，似乎它是抽象的问题，与先验的自由权和必然性有关，而不是一个现实中的事件，不关涉道德的谨慎与天然的感情。自由是一个积极的观念、还是一个消极的观念；有法律的统治，是否就谈不上自由，而不管法律为何物，制定法律的又是何人；人是否有天赋的权利；人享有的一切财产，是不是政府的惠赐，他保有自己的生命，是不是政府厚爱与娇宠的结果；——他们所聚讼不休的，就是这样的问题。败坏哲学之不足，另一帮人，又堕落了宗教；他们争论说：基督徒被救出了虎口，又被带进了火坑，人类救世主的血流出来，只为让他们做一小撮狂蛮的罪人的奴隶。这些骇人听闻的偏执之言，又激荡起另一种偏激的言论;种种游谈无根的话,像决堤的水,如前者毁灭了所有自由一样,它们冲垮了所有的权威;凡不按他们的幻想建立的政府,他们一概称为暴政,称为篡夺。就这样,他们不满足于搅乱我们的属国,使那里流血遍地、陈尸千里,又煽起这一场争论败坏我们的心智:在打碎我们实际享有的自由权的同时,他们又妄图拆毁人类社会的一切基础,撕裂所有的平等与公正、宗教与秩序。

先生们,公民的自由(civil freedom)并不如许多人劝你们相信的那样,是一件潜隐于玄奥的科学之深处的东西。它是一桩赐与的幸福(blessing),是恩惠(benifit)[①],不是抽象的玄理;适于它的所有正确的理论,质地都很粗陋,那些享有它、并捍卫它的普通人,穿起来最合体。几何学和形而上学中的定理,在它们有效的范围里,要么真,要么假,其间不容有中道;社会和公民的自由,则与它们完全没有相像处,它与日常生活里的其他事情一样,往往驳杂不纯,受限制很多,对它的享有,有程度的大小;它的形态,也因每一个社会的性格与环境之不同而千差万别,不一而足。自由的极端(这是它理论中的完美形式,也是实际中真正的缺点)是无以获之的,也不应该有以获之;在事关我们的义务或生活之满足的每个问题上,极端都足以摧毁品德与幸福。自由权也是如此,为了人可以拥有它,它必须受限制。限制的程度之大小,是无法精确地予以

① 柏克的意思或是说,自由权不是抽象的东西,它是祖先的遗产,我们有资格继承它,如同我们有资格继承祖先的家业一样,我们有义务增进它,也如我们有义务增进祖先的遗产一样。我们不对这自由权做学理的分析,亦如同我们继承财产的时候,都只管继承,而从不管这财产最初得来时是否合法。

界定的。但每一个为民谋事[1]的人，倘若是明智的，就理应通过小心的试验、理性与冷静的努力，去探明施以多小——而非多大——的限制，社会即可以维持；他应该把这样的事，当作毕生追求的目标。因为自由是一种可增进的善，而非可减小的恶。它不仅是个人的第一等的福祉，也是国家的生命之源泉与动力；一个国家有自由，即有生机与活力。但是，自由是不是有利可图的，我们姑且不论（因为我知道，诋毁自由的原则，是如今的时髦事），而和平之为福祉，则无人持有异议；然而在人类事务的进展中，对自由必须略作放任与宽容，往往才能有和平：举一项宗教制度来说吧，设立安息日是为了人，创造人可不是为了安息日；与安息日相比，政府并无更高的根源与权威[2]，起码就其运行来说是如此，所以它理当顺应时代的紧迫需要，顺应它治下的人民的气质与性格，不能动辄施强施暴，力图使人民的性格曲顺于他们那待民以奴才的理论。人民就其大部分而言，在生活幸福时，是不太关心什么理论的；人民好动用理论，正是国有乱政的明显症候。

而一旦乱政持续得太久、臣民被彻底激怒、国家也骚乱不可言状，则必须有实实在在的东西去满足人民的感情，不能徒托空言，拿法律或政府的不根之论去抚慰人民的情绪。我们当时正是在这样的处境里；欲防止他们拿起武器，就必须有以满足他们的感情者；要他们放下武器，也必须有这样的东西；若防止他们将来一而再、再而三地揭竿而起，也必须如此。这用以满足他们的东西，应

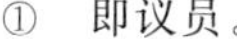

① 即议员。

② 安息日是上帝定的，政府不过是人定的，所以有此说。

该是什么样的性质，议会当时真该慎重地想一想。做这样的考虑，无疑是需要他们的全部智慧的。

我现在是（一直都是）深知和解之难：这边是一个强大的国家，身处首脑之尊，对维持一个庞大的、分散的、千差万别的帝国，用益匪浅；那一边，则是那些执意要享受自由与安全的属地，若得不到它们，则不甘于再做我们的省份。这边的国家，一向居于统治地位，倔强而自大，惯于颐指气使，巨大的财富养足了它的骄气，长期的繁荣与胜利，又蓄起了它的自信；那一边的自由属国，则血气方刚，一股初生牛犊不怕虎的劲头，把那导致了对他们的镇压的傲慢性格，引为自己与生俱来的权利——想使这样的两方达到和解，我深感其难，并不自今日始。调解这两种性情，固然是很难的，但若想有和平，我们还必须调解它们；谁要是看不出这其中的困难，那他的本事一定比我大，要不就是智小谋强，不识事体的轻重。有一件事我心里很清楚：若要恢复并保持和平，则这一场冲突，就绝不能靠老胥决狱的方式去解决，而只能通过调和双方的分歧。不加掩饰地偏袒一方的全部要求，以此去结束这一场争吵——这样的人，以我浅陋的看法，是误解了调解者的职责。

这一场战争，到现在已进行了两年整，而争吵的时间又不止此数。在这场冲突的不同的时期内，为了促成和解，我们采取过各种各样的办法。这问题的微妙，可以说是极天下之最；为了使您二位对我们处理这一问题的政策有更清晰的了解，我想简短地陈述一下事情的经过。从一开始，殖民地便受大不列颠的立法机构的支配，至于它根据的原则，他们则从没有探问过；我们允许他们享有大量的地方特权，至于这些特权又如何与英国的立法权威相一致，我们也不加过问。各种式样的管理机构，缓慢而无定制地在美洲形成。但它们逐渐适应了变动不居的环境。最初单一的王国，后来扩展为帝国；某种帝国的管理权(不管什么种类的)，这时已变得大有必要。而议会呢，本来只是人民[①]的代表，只是其直接选民之权利的保护人，这时候，则演化成一个强有力的主权者了。它不是为自己的利益而控制王权，相反，却把某种权力、即维护一个新目标[②]所需要的力量，授予了王权；然而为了安全计，这样的权力是绝不该单独委托给王权的。而在另一方面，各殖民地则迫于同样的必要、以相同的步伐，或根据国王的指示、或根据国王的宪章，在殖民地内部设立了公民大会，其形式、功能与权力，和一个议会是那样的相似，它们不产生类似于议会的权威感，那才叫怪事。

当初设立这些公民大会，用意或仅在于管理岛内的市自治体；它们那时也不觉得自己有更高的用途，我们今天有些人，也还动辄把它们比作这样的机构。但事物一发展，就没有不走样的。我们却还想把一个成年人放在摇篮里当婴儿摇。随着各殖民地的繁庶，它们的人口日多，疆域日广，在地球上，已蔚为大国；而这些公民大会既是这些伟大的民邦(nations)[③]之代表，在各殖民地正式的制度里，它们又广受尊重；所以把国家的尊严部分地授予公民大会，对各殖民地来说，就是自然而然的事。它们不再局限于地方法规的制定，而是通过各种各样的法案，范围涉及方方面面。它们

① 指英国人民。

② 即美洲殖民地。

③ 指各殖民地。

征收金钱，并不为地方上的用途，而是为正常地输税给国王；它们做这些事，都准照议会的规矩和原则，这样一天天下来，它们就越来越像一个议会。那些自以为智慧甚于上帝、力量大于自然的人，对这种种的变异，也许要大发牢骚；他们大可以根据各自的性情和偏见，抱怨这不好，那不对。但事情已经如此，不可能再有其他了；英国若想保留美洲的殖民地，就必须接受这些条件，否则就留不往。在这期间，双方对这一重叠的立法机构，都不曾感觉到不便；是人不能觉察的习惯和古老的风俗，导致了这一机构的形成，而这些，则正是人间一切政府的重要支柱。这两个立法机构，虽时常发现它们在履行着同样的功能，却没有发生过严重的、制度性的冲突。这一切的起因，或完全是我们的疏忽[①]，但也许是事情自然运行的结果；凡事只要不管它，它往往会自成一局。但不管原因是什么，有一件事是可以肯定的：靠议会的权威向殖民地正规地课税以维持军事和民政机构，以前从未有人想过；而等我们想起了这一套制度，美洲则已高傲到不能屈服于人、力量已大到不能被胁迫、民智已开到不会看不到这制度的后果了。

假如违逆人民的心愿，一味推行课税的计划，讨论就不可避免，这不待明眼人而知；讨论一开，构成这一重叠制度的所有的因素，都将散落于人前，人们将看到它们的每一支权力，是如何背离了它最初的原则，人们将发现每一个立法机构中都有一些因素，或抵触于它自身最初的原则，或不容于它和另一个立法机构的关系，调和起来，即使不是绝对不可能，也是很困难的。

---

① 柏克在《论与美洲的和解》中曾提到了“善意的疏忽”，可参看。

所以说，这要命的口角乍一露头，最明智的做法，应该是赶紧铲除这一争端的近因，并尽量采用那成功的老办法，去扑灭这讨论；因为这样的讨论，很难根据明确的原则加以解决，导致这讨论的权利之要求，双方出于骄傲，是谁都不会放弃的。仅是撤消那项可恶的赋税、同时申明本王国的立法权威，在当时，就足以为双方带来和平。[①] 人是一种习惯的动物，第一道裂痕并不可怕，只要持续的时间短，殖民地将回到老状态，无异于从前。对这一次安抚，费城会议[②]使用了一个说法，在我看来，那真是意味深长。它说道：《印花税法》撤消之后，“殖民地恢复常态，恢复了对祖国不加猜疑的信赖感”。这“不加猜疑的信赖感 ”，是人类的重心，在它的周围，一切都将安伏下来。所有的困难，都因这“不加猜疑的信赖感”而消除，所有古老而纷乱的政治制度中出现的矛盾，都将因之而化解。那些有诀窍去保持它的统治者们，可真是有福人啊！[③]

1766 年，有位先生与他那些杰出的同事一道，制定了一项安抚美洲的计划，从而恢复了信赖感；全帝国的人，应永远怀着感戴

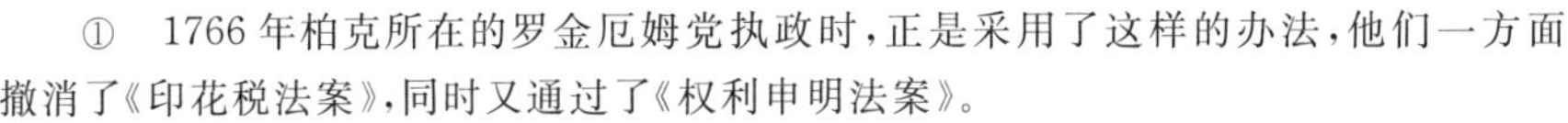

① 1766 年柏克所在的罗金厄姆党执政时，正是采用了这样的办法，他们一方面撤消了《印花税法案》，同时又通过了《权利申明法案》。

② 即 1774 年召开于费城的“第一次大陆会议”，参看《论与美洲的和解》中的相关脚注。

③ 上面的两段文字，可以用林语堂不太有学者气、却非常准确的话加以评论：“英国人在学理上，每每前后矛盾，以糊涂著名，似乎是一种缺憾，但是实际上英人应付环境，却正因其不顾学理，而能只凭通感（林对 common sense 的汉译），糊涂渡过难关。……英国宪法，在学理上，也是一种前补后窜荒谬矛盾百衲式的历史遗物，但是在实际上，却能保障英国民权。……法国革命所闹的‘自由’、‘平等’、‘博爱’等理想名调，英国人是毫不在意，不为所动的，……而实际上的民治，却不肯放松。”（见林语堂《披荆集》中的《说通感》一文）。柏克正是主张在所谓的“权利”与“权力”上，对美洲采取睁一只眼闭一只眼的糊涂政策。

之心，去回忆他们的智慧与性情①。这计划建立的基础，是此人的性格和两国的国情与习惯，而不是虚幻的推理；在我们觉得理当遵从这计划的当年，它一直很切用于它的目的。他们令我们的属国大为满意，却丝毫没有伤及本议会的尊严（不论是从好的意义上理解，还是从坏的意义上理解）。我敢说，若没有这个伟人的和解精神与才能，去调和这些互不相能的权利要求与怒火，我们那时会一头撞进内战的灾难里；可惜到后来，我们舍离了他的方针，最终被卷入了内战②。与眼前的冲突爆发时相比，那时的国内外环境，是更不利于我们的，我们被抛入战争，应该在当时，而不是现在。

我在下院的第一次投票，便有幸支持了这一项安抚美洲的法案③。当时议会的一些成员几乎都一致认为：必要的让步得做，而议会的权威，也要尽量保持，议会的荣誉，得尽量尊重；我正是忝列于这些议员之伍的。有些类似于品德的成见，在我是很珍贵的，要我一下子从心头剜下来，我当时还真办不到。那时我有我的

① “这位先生”指的是柏克的政治保护人罗金厄姆勋爵，他当时任首相。所谓“杰出的同事”当指财政大臣窦德斯维尔、殖民大臣（即国务秘书）康威等人（见下注）；所谓“安抚美洲的计划”，指的是撤消《印花税法案》。柏克当时任罗金厄姆勋爵的秘书，对于撤消该法案也是有功的。

② 撤消《印花税法案》后不久，罗金厄姆即因国王的不满而倒台，同一年，老皮特出任首相，他的财政大臣汤申一年后抛出了《汤申法案》，由此开始了导致美洲独立的一系列冲突。

③ 1765年，柏克在罗金厄姆勋爵的支持下，作为温多弗的代表第一次进入下院；在1766年关于撤消《印花税法案》的下院讨论中，柏克做了他的“处女演讲”，支持该法案的撤消，并投了内阁提议的赞成票。

偏见[1],现在也不能免。议会放弃的东西,我愿作为恩典、厚爱和以示感情的东西,送给美洲的人民,而不希望作为偷来之物还给人家。高傲受到抚慰,即宽和了下来,仁慈来自于古老的、举世公认的强国,于是彻底影响了我们属国的心。我们宣布对美洲的立法权威是无限的,并不曾惹出一句牢骚。假如自此以来,这未加限定的权力变得可恶了、使殖民地充满了恐惧之心,那是因为"不加猜疑的信赖感"[2]丧失了,父母的感情疏远了、并变成了敌意;而他们的特权,本来是安睡在父母之无限权威的胸怀里的。

也许有人问我:你对安抚的方法,当时既怀这样的见解,后来怎么又变了一个人,居然动议撤消近来通过的一切强制性法案,这还不够,竟又动议我们通过明确的法律,去毁坏议会的立法权的完整,并砍掉整个的课税权呢?我的回答是:此一时,彼一时;不同的局面需要不同的做法。冲突既已到绝境(为避免走到这一步,我比谁用的力都多),当初使人满意的让步,现在则不足以使人满意了;默认的信用一旦破犯,便需要有明确的保证。它之所以必须,和人间之所以有正式的协议和契约是一个道理:那就是厌恶、猜忌和不信任的习惯。我舍去它[3],是作为身体的一肢,目的是为了保住身体;假如有必要,我还愿意多舍,舍什么都行,只要能避免一场无益的、无希望的、反伦常的内战。有人说了:这么退让下去,岂不是容忍他们不战而独立?我因事理和各种情报相信:这样的退让,将收

① 偏见在柏克的文字中通常不是贬义词,他以为偏见之中,每包含着代代相传的、却神秘而不为人知的大智慧。

② 第一次大陆会议声明里的话。

③ 课税权。

到正相反的效果。但即便有独立的后果，那么听我说一句心里话：我是宁取无战争的独立，也不要有战争的独立；我太相信人类的喜好与偏见[①]了，对别的一切则否，所以，即便美洲自成一国，本王国因它的感情而得的好处，我料想也有十分之多，而假设它彻底屈服于国王和议会，则由此而来的恐惧、厌恶与仇恨，将使我们得不到一分的利益。强扭的瓜不甜；以相互的仇恨作统一的纽带，是违逆自然的，两者的统一，只会导致双方的毁灭。

投票赞成对美洲让步的，有110位可敬的议员。动议表决时未出席会议的许多人，也与投赞成票的议员怀有相同的感情。[②]我知道，这样的法案，会给我们当时带来和平。即便是现在，我们若能采用它，和平也不是没有一点希望。不会有任何利益、任何财源将因之而丧失；我们还可能因它的结果而有所得。在欺骗了轻信者、使他们空抱希望的所有幻想中，指望议会从美洲获得岁入，是最妄诞不经的。你打垮他们、使他们屈服，并不能丝毫减轻你的负担（而这正是眼下之战争的借口），相反，为了摧毁他们的自由和你们的自由，你得保持常备军，而你是连雇军的钱都得不到的。我的预言绝不会有错。

先生们，我对国事之现状的看法，已尽于此。虽是刍荛之言，但您二位的偏爱，已使它们略得人的看重了。我很乐于把自己的行为报告给我的选民们，至于从规矩上讲，我是不是有这样的义

① 意思是说：人类总是爱自己的同宗、而不爱外人的。

② 110票是不够的。英国议会通过一项提案，最少约需要260票。

务，我倒没有费心问自己[①]。这个话题让我动情；假如我敢肆狂瞽，不隐其怀，对公共的政策有所论列，有所责备，则人们不应该以为我是出于私心。这有天日可鉴！国难若得舒解，则我一身罪责的大小[②]，我绝不介然于怀。我的言行，虽未能影响那古老而强大的党派[③]中的热心者，故在选举中，未有幸得到他们的支持[④]，但我对他们的敬重、关怀和义务，并不因此而稍减。对那些使我得效犬马微劳的先生们，我是万分感戴的。不管他们中的哪一位，他日倘有命我以效驰驱之力者，我会像以前一样乐意从命。但谄媚与友情是绝然不同的两码事；引他们入歧途，并不是效力于他们。见有祸患，却匿而不报，以图邀宠取媚于人，这等事我做不来。

因我同胞公民的厚爱，我现在得以代表一个正派、善良、秩序

① 在当时，柏克兼有两种身份：一是纽约殖民地驻英国的代理人，二是布里斯托市的下院代表。代表对选民有什么样的义务，柏克有自己深刻、当时却不太得人心的看法。在1774年《票选结束后对布里斯托选举人的演讲》中，他区分了“代理人”与“代表”的不同；在他的书信里，也曾提到其间的区别。作为“代理人”，行动须一切听从于殖民地的人民、即代表人民的殖民地议会，而不是政府（见“柏克1771年12月4日致迪·朗西的信”）；代表则不同，他要多听从于自己的良心和智慧，而不能处处听从于人民，因为“公众的性情、观点之所趋，莫不源出于少数人。民心与民意，是多归因于少数人的引导的。”（“柏克1775年8月23日致罗金厄姆侯爵的信”）柏克关于代表之独立性的看法，对后代的影响甚巨。后来的代议制虽然不尽能执行这样的策略，但其基本的精神是有柏克色彩的。卢梭则反对这样的主张。其实一直到现在的美国，这两种主张在理论上仍经常发生冲突（约翰·密尔的《代议制政府》之第12章“应当要求议会议员做出保证吗？”对这个问题有很好的论述，他的观点是偏向于柏克的。可参看）。

② 柏克反对内战的言行，曾导致了一些选民的不满。

③ 当指辉格党。

④ 柏克因失去布里斯托市激进商人的支持，在写此信的次年、即1778年的布里斯托市议会代表选举中失败。但这里的所谓“选举”是指什么，译者浅学，未得其详。

井然的城市——与别处相比，这里的人民更单纯，更质朴，更有英国人的古风。你们的士绅与官长，多有见识广博而明通者，堪当天下之大任。我荣膺其选[①]，自当竭尽驽疲，以无负你们的厚望。我在心智成熟的年纪，便经过细细的思考而形成了一些原则（其对错姑不论），多年的经验，也证明了它们的效绩；我若出于一己的虚荣和私利，为选举的目的而苟容曲合，竟不惜放弃这些原则，那我就是辜负了你们的厚爱；多年来，我犯了那么多错误，有那么多缺点，你们能原谅我，不正是因为你们有厚爱于我吗？

我觉得，一个人，绝不该过分倚重自己的才智，不应该自恃甚高，以为靠一己的坚定和正直，就能成为正派高尚的人。这样的自信是虚妄的，一经试练，未尝有不失败者；我希望我能免于这样的自信。我知道自己各方面都有缺点，缺点之多，至少不下于我的敌人；所以我努力保护自己，不给它可乘之机。为保全人的本真，不败坏自己的本性，不受坏人的影响，人类所曾找到的最有效的办法，就是与并世的贤人、与有公益心的人交往，养成与他们同生活、多交流的好习惯。维持这样的交游，是不会没有好处的，而放弃这样的交游，则未尝不带来耻辱。由于我持这样的行为准则，或有人责骂我，称我为“党棍”；但这样的中伤，我绝不在意[②]。就他们所称的“党”而言，我崇拜的是你们祖先的宪法；我从不为政治上结党

① 议员的职位。

② 结党在当时的人看来是不道德的，不是爱国者所当为。故柏克在坚持“结党”这一点上，也是“超前”的。他的《论当前之不满情绪的根源》小册子，曾被认为是最早为政党政治辩护的文字，并认为两党制的观念即萌芽于此。现在的学者对此则有吹毛求疵式的批评，说他没有想到政党的制度化。柏克当时面临的最大问题，是结党的道德障碍，而不是政党的制度化。

而羞愧。除非世人丧尽了对荣誉的敬重，不知荣誉为何物，才会以结纳贤俊为罪过；而11年来，我是经常和那些萃出于群伦者——不论是今人，还是我们的先人——一道谋计、一同行动的。假如我逸出了正派的小道，走进了利益派别的樊篱，则与我为伍的，是那些萨维尔①们，窦德斯维尔②们，温特沃斯③们和本提克④们；以及林诺克斯⑤们，曼彻斯特⑥们，凯普尔⑦们和桑德斯⑧们；卡文

① 萨维尔家族是英国华族之一，内战时期该家族的萨维尔勋爵曾是议会派的重要一员；此处的萨维尔当指被封为“第一代哈利法克斯侯爵”的乔治·萨维尔（George Savile 1644—1668），他是英国“君主复辟”和“光荣革命”时期的政治家、权臣、政治作家。对驱逐詹姆斯二世、立玛丽与威廉为英国的新君有很大的功劳。

② 威廉·窦德斯维尔（William Dowdeswell，1721—1775），柏克的同代人，一个正直、具有独立精神的下院议员（并非辉格党人），曾在辉格党劝说下出任罗金厄姆内阁的财政大臣；有功于《印花税法案》的撤消。罗金厄姆倒台后，拒绝了老皮特邀他入阁的提议；此后和柏克一道，成为下院中罗金厄姆派的主要发言人之一。

③ 英国姓温特沃斯的政治家有许多，译者浅学，不详所指。以意推之，当指英国内战时期的托玛斯·温特沃斯（最为人知的名字是“斯特拉福”，这是他的爵衔）他后来虽然站在查理一世的一边，但前期却是下院中反对王权专制的主要人物。而即使后来加入查理的阵营，他行事的梗直作风有不同于查理的佞臣的。查理失败后，他被议会砍了头。

④ 即波特兰公爵，出身于卡文迪什家族。辉格党人，罗金厄姆勋爵的政治伙伴。18世纪80年代曾出任首相。

⑤ 当指里士满公爵，他本名查尔斯·林诺克斯（Charles Lenox，1735—1806），贵族出身的政治家，罗金厄姆勋爵的朋友，曾在罗金厄姆内阁任国务秘书。他和柏克一样，是美洲权利的坚定维护者。独立战争爆发后，曾在下院的演说中抨击政府的美洲政策，并要求从美洲撤军。美国麻省的林诺克斯城，就是以他的名字命名的。

⑥ 即爱德华·蒙塔古（Edward Mentagu，1602—1671），英国内战时期的政治家、议会军的司令官之一。

⑦ 奥古斯都·凯普尔（Augustus Keppel，1725—1786），英国政治家，军人，曾任海军上将。是下院中辉格党之美洲政策的坚定支持者。后曾参加美洲战争，旋遭渎职罪的起诉，并被解职。

⑧ 不详所指。内战时期议会派的重要成员有名“桑德斯”者，柏克或许指此人。

迪什[1]家族之祖传的稳健而不衰的品德，也是我的同党；这些名字中，或有以武功而传布你们的声名、扩张你们的帝国者，而在同样光荣的战场上，他们都曾为你们的自由权，甘冒矢雨，转战东西。他们、还有与他们类似的许多人，都曾把公共的原则嫁接于个人的荣誉之上，从而在你们的历史上，写下了最光辉的一页；正由于此，我们才出脱于苦难而得有今天。一个人，既感到独自不能成事，却又想做他该做的事，则结纳这样的豪杰，岂不正合道理么？若有人认为，树这样的朋党，是满足个人卑下的野心与私利的最佳手段，那他就错了；他是完全不解世事的。

我爱结交贤俊，却毫不想诋毁别人。有一些人，我是远而敬之；在我连续与几个内阁有歧见时，我与他们几乎在每一个问题上，意见都是相投的；他们都是正派人，政府若视以为敌的话，那肯定是它的耻辱。

有一套妖论，是恶人们出于最邪恶的目的而四下里散播的，说什么政治舞台上的人，都是一类货色，都同样的腐败，除了实实在在的俸禄和退休金，眼睛不盯别的，心里不想别的；我希望你们中没有人惑于这一套歪理，也没有人出于嫉妒和无知，恶意地轻信这妖论。我的经验告诉我说：这不是真的。在人身上，我自来不指望看到完满，从一件造物身上，我也绝不找寻神的品质，但在与同代人的交往中，我则发现了许多人性中的品德。公益精神，以义务为先、利益为次，凡事都顾及名声和荣誉、却又克制而得其体宜，这样

---

① 英国政治上最有势力的贵族家庭之一，立场是辉格党的；该家族在17、18、19世纪中，曾出过许多显赫的政治人物。上页注⑤中的“波特兰公爵”，就是该家族的成员。

的事我见多了。我们的时代产生了浮浪子，产生了伪君子，这是毫无疑问的（至于和以前的时代比，他们的数目是多是少，则非我所知也）。但那又怎么样？难道我在人间发现了一种善，却由于往往与善并生的恶混杂其中，我就弃而不用它？流通的数量越小，是越能增其价值的。[①] 因坏人做坏事，于是见善行就怀疑，这种人是坏人的同党。这一套流行的鬼话，是不足为加入坏人党的理由的。他们可以说，我受过 Titius 和 Maevius[②] 的骗，我做过这个骗子或那个骗子的傻瓜，我不能再轻信表面了。但是我想，我轻信，我失察，这固然不好，但不能由此而变得虚妄，以为天下没有好人。正派而讲良心的人，是宁可怀疑自己的判断、而不责骂自己的同类的。他会说："我观察得不仔细，或根据错误的原则下了判断；我信其言了，我本该观其行的。"这样的人，阅世愈久，将越有智慧，而不会愤世嫉俗，对人间怀有恶意。控告全人类堕落的人，应记住他是只能给一个人定谳[③]。说心里话，我宁可自己最讨厌的人是完美的典范，也不愿濯淖于身边的恶人中，随其流，扬其波，为自己的卑鄙找安慰。

宫廷里的吹鼓手们，四下传播这性质恶劣的理论，是无足怪

① 17 世纪的托马斯·布朗爵士有相同的话："当恶占了上风时，残留在某些人身上的德行，会变得更加秀拔。"（见拙译托马斯·布朗《瓮葬》一书中收入的《医生的宗教》下卷第 4 节）。关于善恶，弥尔顿也有类似的观点，见他的《议事堂演说辞》（商务印书馆的汉译本名作《论出版自由》）。

② 译者浅学，不详所指；由名字的拼法看，当是古罗马的骗子。但 1678 年，一个名叫 Titus Oates 骗子捏造了一个谎言，称耶稣会士将密谋暗杀国王查理二世，好使他的弟弟、信奉罗马天主教的约克公爵登上王位，造成英国社会的极大恐慌，这就是史称的"罗马教阴谋案"。不知柏克这里的 Titius 是不是指此人。

③ 给自己。

也。这正投合他们的目的。但以自由的坚强捍卫者自居的人，竟也说出这样的话，则不仅使人惊诧了，那简直是悖乎情理。以为人的道德无高下，这是地道的奴才理论。曲意阿附权力的神学，产生的教条自有千万支，但哪一支也不像它这样，能更使人俯首帖耳地服从。它不仅根除了暴力反抗的所有想法，甚至根除了公民之反抗(civil opposition)[①]的任何念头。它使人甘于下贱的服从，靠的并不是主张(主张可由讲理而动摇、可因激情而改变)；它靠的是公私利益的牢固结合。政治中的人，既然都通通的自私、腐败、贪财，那欲图改变现状就不会有好处，而坏处，则是任何改变都少不了的；既如此，又何必多此一举呢？活跃于政界的人，的确是群众的真样品。他们若普遍地败坏，社会(commonwealth)就绝不是健康的。我们可以肆口悠悠，大谈中下等人的品德，[②]以此而自我陶醉；也就是说，我们可以把自己的信心，寄托在未经考验者的品德上。可一旦出自这一阶层的人，一个个并不比出身高的人好，则剩下的国民中，我们还能指望谁去执掌那需要不断有人接替的国家权力呢？就政府问题有所论述的人，都一致有这样的看法：国民若普遍堕落，自由就不可能长久。的确，一旦制定、维护、执行或遵守法律的人，都因民风的熏染而沆瀣一气，对一切慷慨而高尚的制度之精神，都抱着厌恶之心，那就不可能有自由了。[③]

我清楚，先生们，这时代不尽投我们的心愿。但横制颓波的惟一办法，是与并世的贤俊们真心地合作，并以正确的标准、而不是

① 即和平、而非暴力的反抗。

② 关于这里的思想，可参阅《柏克小传》。

③ 同样的意思，柏克在《论当前之不满情绪的根源》中也有阐述，读者可参阅。

以朝廷的喜好去判断什么是贤俊；朝廷的喜好，是如浮云一般幻化不定的。一旦我们能找到贤俊们所结成的同盟、并说服自己去增强它的力量，那么一旦有不满于滥用权力的人（甚至是出于人类激情的正常运行而导致的不满），就一定会与这样的团体联合起来的，联合的时间一久，也就多少同化于它了。近恶者受恶的熏染，近善者也可以受善的陶冶；诚实、刚毅原则的公共库藏，将一天天地渐积渐多。只要行为无可指责，我们就不该苛察人的动机。加臭名于被判有罪的行为或公然的变节之举，也就够了；在有道德的人看来，这或许都过头了。

先生们，这就是我自始至终的行为准则；我刚才说到的团体，但凡能保持一天，我就会继续奉行这准则；我认为，不管我做什么事情，都绝不可以破坏这自由原则的伟大仓库，哪怕是最小的裂缝也不可以；否则，我就是犯下了滔天大恶，不仅有罪于同代人，更有罪于子孙万代。那些有同样的意愿、却因小小的政治怨隙而另树畛域的人，我希望他们最终会看清楚：贬低它的声名对任何合理的目的都没有任何好处。至于我本人，先生们，则我经事既多，用心亦勤，对人间的万事也曾较其长短优劣，但我最终相信：维护英国宪法精神的最后希望，或者说，以一项安宁与自由的普通计划为基础、重新收聚那四分五裂的英国种族之成员，须完全有赖于他们[1]牢固而持久的联合（最重要的是）有赖于他们保持信心、永不绝望；而性格暴烈的人或目的中杂有野心者，经过漫长的、痛苦的、不成功的拼搏，是往往撑不住的，往往产生绝望之心。

① 贤俊党。

先生们，人的坚定意志所受的痛苦考验，真是无有甚于今天者。明事理的人放弃自己的利益，并不是很难；而名誉与品德的分离，则是撕心裂肺的。自由正处在不受英国人喜爱的危险中。为争夺虚幻的权力，我们开始染上了宰割他人的坏习气、开始丧失对平等的爱好。我们祖先的原则，在我们眼里变得可疑了；因为我们觉得，我们的孩子们所以反抗我们，正是被它们煽动的。自由过多而导致的缺点，在我们看来，远比做奴才的恶果可怕。所以，我们宁可原谅对权力的最大滥用，也不原谅对权力的最小抵抗。对常备军之后果的所有担心，都被看作是无谓的恐慌。[①] 不知人间有羞耻，竟在内战中招请外国的军队和野蛮人[②]。以雇佣军的刀剑统治半个帝国，将给我们带来怎样的必然结果，我们漫不关心。我们只相信蛊惑，以为谁想欺压自己的同胞，谁就是爱国；谁恨内战，谁就是煽动造反；谁有宽大、克制、温柔与和解的品格，谁善待本王国之属民的特权，谁就是背叛了国家。

在产生这样一些念头与情绪的局面中，我们停留得过久而不改变国民的性格，是绝不可能的。那些率直而善感的人，一向深壕而坚垒，能阻挡一切入犯者，惟独对那些将使他们丧失脸面的来兵，却无寸铁以资抵御；当他们发现这些原则、即他们过去视为获取荣誉之利器的，如今却变得声名狼藉，他们定将颓然而自放，厌恶地息影于世事。那些性格较他们为强的人，那些胆大而有术的野心家，即通过人民去奉承权力者，即在荣誉的黄钟毁弃之处、大

① 可参阅“引言”中引述的《一个老辉格党人对新辉格党人的呼吁书》的片段。

② 印第安人。

做瓦釜之鸣，见风使舵的真小人们，则将风行天下，滔滔皆是。而那些上智之人，即本应纠正群氓之偏见的，却将固其冥顽、加重他们的错误。许久以来，影响我们的原则、使之逐渐变化的事，固然有很多；而美洲战争不过寥寥几年，但为害于我们的原则者，却甚于其他事情在一个世纪里可造成的恶果。所以，不仅因它本身之故，更因它导致的结果，我才认为美洲战争的继续或体面而大度的和解之外的任何结束方法，都将是我们蒙受的最大灾难。正由于此，我不避辞繁，给你们写了这一封长信。我还要因此恳求你们、一遍遍地恳求你们：千万不要因别人的诱劝、辱骂或恐吓，便放弃这些原则；你们中的许多人，正是在它们的引导下，才一直厌恶这战争、它的原因及其后果的。我们万不要灭弃祖宗的原则，沦于始作俑者的行列！

你们最谦顺、最忠实的仆人

埃德蒙·柏克

1777 年 4 月 3 日，比孔斯菲尔德[①]

又及：可用你们认为适当的方式，将信的内容告知我的选民们。

---

① 柏克认为地主阶级是英国自由的中坚；对这一信念，他身体而力行之，1768 年，曾借款在比孔斯菲尔德购买了一块地产，并在这里建立了一处住宅。

附录一：论当前之不满情绪的根源

Hoc vero occultum, intestinum, domesticum laum, non modo non existit, verum etiam opprimit, antequam perspicere atque exploare potueris. ①

西塞罗

为国家的弊病把脉，是动辄得咎的事。若不能得其情伪，人们就以为他无能，好空想；假如找到了真病因，又不免牵涉大人物，从而使自己落于危境，因为这些人，总是恼怒于人们指出他的错误，而不是庆幸有改正的机缘。假如出于必须而责备民众的宠儿，人们就说他是权力的工具；如果批评当权者，又被看作党派的爪牙。但义务的履行莫不有危险。一旦国事扰攘、百弊丛生，我们的法律②，即把治国者的某种权威，赋予了每个个人。在国事纷乱无象之际，无官无职的人稍稍越出自己日常的圈子，是法律的精神许为正当的。对自己国家的灾难，他们不止有空发浩汉的权利，更享有

---

① “这种潜伏于国内的弊害不仅不为人觉察，甚至在你看到它、意识到它之前，它会突然把你攫拿住”。

② “所有人（贵族和其他人，除了妇女、教士、老弱者和15岁以下的孩子），都有义务镇压骚乱，以维护公正。”（威廉·布莱克斯通《英国法释要》第4卷第4章）

高贵而有补实益的特权。对国难,他们可细密地诊察,自由地推究;若有幸找到弊病的根源,并提出铲除弊病的可行之道,这或一时触怒统治者,但对于政权的事业,却无疑是有助益的。采取的办法,虽一时惹人不快,结果却可安抚臣民的心,调和他们的感情——对这样的事,政权都是深感兴趣的。在这里,我不谈人民之声音的抽象价值。但假如名声——这每个人的最珍贵的财产,和见解——这国家的强大支柱,尚还完全依赖于人民的声音,那就不能认为它是一件小事,无足轻重于个人或政府。统治国家的,首先不是法律;更不是暴力。或有人以为,强力和法规中自有原始的动力,然究其实,它们只不过是工具而已。一个人,虽没有权力,却往往能统治他的平辈或长辈,统治国家的方法与原则,正与此理同;也就说,了解他们的脾性、审慎地对待他们的脾性,即可国泰民安,否则,政权将在长上和民众之间不停地摇摆,或此消,或彼长,各居上风于一时;胜败往复,如弈棋转烛,或可耻地取胜,或下贱地屈服。故政治家的第一要务,就是研究他统治的人民之脾性;[①]这是他的义务所在;假如无知于此不合自己的利益,那么对他来说,了解这脾性,就绝不是不可能的。

牢骚于世风,抱怨目前的当权者,寄情于过去,怀不情的希望于将来——人类中的多数人,是常有这情绪的;愚氓们无知而浮荡,必有此结果。这样的牢骚和情绪,每个时代都有;但时代

① 塔西佗《编年史》第4卷第33节中有这样的话:Noscenda tibi natura vulgi est, et quibus modis temperenter habeatur(在平民掌权的情况下,我们必须研究群众的性格和驾御他们的方法。译文采用王以铸、崔妙因的汉译本,商务印书馆1983年版上卷223页)。

与时代，并不都是一样的；政治家的贤明，正体现于能辨别哪些牢骚只是人性通病的特征，哪些抱怨，是我们自家节气反常的症候。

假如我说，目前的局面里，有某种危象在，我相信，没有人认为这只是怨激之辞，或失意者的牢骚。持另一种说法者，是少有人在的，不论当权的，还是在野的。政府既引人恐惧，又遭人蔑视；法律之有益的、令人敬畏的威慑，已丧失殆尽；有法而不行是人们的笑柄，有法而行之，又遭人痛恨；身份，官职，头衔和人间一切庄严的名器，都失去了威信，失去了影响；外交之棼乱，一如内政之不理；我们的属地，淡于对我们的感情，懈于对我们的忠顺；[①]我们退而失据，进而无策，做让步，施强力，都不知计将安出；不论在下的，在上的，国内的，国外的，没一样是健康的，完好的；政府、政党、家庭、议会和整个国家，都混乱不和，甚于以前的任何时代；——所有这些，都是人们普遍承认并哀叹的事实。

国事如此，在当今尤其显得匪夷所思，因为我们知道，以前兴风作浪、分裂国家的大党派[②]，从某一方面说，现在都完全解体了。没有外来的横祸，落到国家的头上；没有瘟疫，没有饥荒。没有新的或数量与形式带压榨性的课税计划，深重地压在我们头顶。我们没有打失败的战争；那样的话，命运的不幸，或容易扭曲我们的

① 这本小册子发表于1770年，英国与美洲的冲突已经过了1764年的《岁入法案》、1765年《印花税法案》、1767年的《汤申法案》，日趋于白热化了。

② 斯图亚特王朝复辟时期，英国的政治分裂为反对斯图亚特家族的辉格党和支持该家族的托利党，在“老僭君”、即詹姆斯二世的儿子谋取复辟时期，这一政治上的分野仍然存在。但随着布仑斯威克家族掌权日久，“僭君”的事业渐渐为人遗忘，这一分野变得不那么明显了。柏克这里所说的，或许就是这个意思。

判断;我们心灵,或因国家名誉的丧失而痛苦,故把命运的每一次打击,都视为政府的罪愆。

这一奇怪的病症之原因,不时时成为谈论的话题,是不可能的。那些管理公共事务的人,把它作为最紧要的事加以考虑,是可喜可贺的;我本人也愿意称赞他们。我们的大臣们认为,我们贸易与产业的增长,我们因殖民和武功而得到的发展,均使得某些个人的手中,积累了巨大的财富,这财富又分散于民众的手里;钱使他们傲慢、凶狠、难以统治;腰缠万贯的人,因有钱而狂傲,贫无立锥者,因穷困而大胆,他们鲁莽灭裂,是无所不敢为的;故臣下之义,他们统统踩于脚下,自由政府之手无寸铁的法律,他们肆意地打翻;对凶猛而放荡如我国的群氓者,任何栅栏都是脆弱的。大臣们还说,这不满情绪的蔓延,是不煽而自起;国家事务的处理,始终是得体而有度,始终是智慧而贤明的。在他们看来,几个诽谤者恶意地摇唇鼓舌,外加一小撮失意政客的阴谋诡计,即足以在整个国家内,掀起这反常的骚动了。

假如这说法是真的,则国家目前的病狂状态,就可谓反常之极;但我得承认,除非有最确切、最坚实的证据摆在我眼前,否则这样的说法,我是期期以为不可的;因为这千言万语,假如归之为一句话,则只能得出这令人泄气的命题:“我们内阁很好,我们的人民太坏”;我们拼命去咬那喂养我们的手;我们丧心病狂地反对内阁的政策,我们忘恩负义,肆意诋毁那矢志于我们的和平与昌盛的人。假如两三个不足挂齿的诽谤者,受命于一小撮朋比为奸、无德、无位、无资望的政客,竟足以耸动国民,掀起一场骚乱,那国民的性情也真是太乖戾,无怪乎如此不堪的手法即可以煽动他们。

此外，这一套假说若也成立，则国家的不幸就尤见其大了；因为这疾病似是无药可及的。假如国民的富足是骚动的根源，我猜也不会有人提议把贫困叫来，做治安的推事。假如骚乱的丛生，根子是我们海外的属地，则也无人想斩断它，以图使果子枯瘪。假如我们的自由削弱了行政的权力，也不见有谁打算求助于暴政，以弥补法律的欠缺。不管心怀怎样的意图，这样的建议，向不曾有人公开地提出。所以，我们似乎被赶入了绝境；因为本岛居民的冥顽是上帝的手笔，此外再也没有材料可供我们的化育。假如他们恶自天随，生就的坏蛋，那或因昊天之不公[①]、或因义务的逼迫而沦落于去管理这暴民的事务者，也真是太不幸了。我时而听人昌言说：坚定地推行目前的政策，严厉地惩罚反对者，时辰一到，自能结束这些骚乱。但依我看，说这话的人是不了解国民目前的情绪，对普遍的人性，也一无所知。构成国民的材料，若如这些先生们所言的，是这么容易发酵，则不满、报复欲和野心一刻不绝迹于人间，就永远不缺使之发酵的酵母。特定的惩罚，可救治意外的弊病；秕政若习成故套，牢不可破，或人民生性桀骜，则由此而来的怒火，只会因具体的惩罚而升腾，绝不因之而减弱。当此危如累卵之际，绝不可乱下虎狼方，推行强硬的政策，致贻害于国；惟有伴以最完美的智慧，坚定才是好品德。而实际上，随波流，见风倒，往往是救治愚蠢和无知的天然膏丹。

有人以为，人民是绝不会有错的；我自来不这么想。人民也出错，而且既多且大，别的国家和我国，都莫不如此。但我要说的是，

① 如国王，做不做国王不是他选择的。

凡人民与其统治者有冲突，论其原由，可归咎于统治者的，至少与可归咎于人民的同样多。[①] 揆诸以往的经验，我还有理由更进一步：民众的不满情绪一旦到处可见，则我们就足有理由断言说：这是制度普遍出了大问题或政府行为有了大弊窦。人民无所取益于动乱。他们若错了，也只是过失，不是犯罪。而对国家的统治集团来说，事情却绝不如此。他们做错事，既肯定有误失，也肯定有阴谋。Les revolutions qui arrivent dans les grands estats ne sont point un effect du hazard, ni du caprice des peuples. Rien ne revolte les Grands d' un royaume comme un Gouvernement foible et derange. Pour la populace, ce n'est jamais par envie d' attaquer qu' elle se souleve, mais par impatience de souffrir（在一个大国里，革命不起于偶然，不起于人民的任性。最惹怒贵族的，莫过于无能而弊病丛生的政府。贱民之攻击政府，是不堪于苦难，而无有出于激情者）。

这是一个伟人的话；一位国务大臣的话；说这话的人，也是一名君主制的热心维护者[②]。它所针对的，是法王亨利三世采用的“亲幸制”(system of favoritism)，以及它产生的可怕后果。这虽就革命而言，却也同样适用于任何大动乱。他推断致乱之由，偏袒的是臣民，责难的是受委托而执掌权力者；这样的推断虽不一定有实据，但我敢说，这是一种很惬意的猜想；因为更换政府易，改造人民难！

所以说，在剖析这原因之前，一个人若假定致乱的根由，两造

① 柏克《与美洲的和解》中也有类似的话，可参阅。

② 不知何许人。

或是平分秋色的，则他就有足够的资格，去不偏不倚地听讼，解释目前之不满情绪的根源；他会别有打算，而不采用那流行于时髦人物中间的孟浪的计划。因为他们的苦难，不是我们以前遭受的那种，不是我们蒙受于都铎王朝或因之而报复斯图亚特王朝的苦难，于是就说：我们现在没苦难，这是浑不成道理的。国事已有沧海桑田的变化。随着人世之推移，政府的政策，国民的性格，都有了实质性的变更，它虽然是悄然而来，但更革之大，却同于革命的喧嚣所带来者。

人们推测政治之不良的根由，很少能得其情伪；而对不良的感受，则不大有爽失。我常说，大多数人，至少落后于政治50年。把不同时间、不同场合发生于自己眼前的事，相互比照、消化，进而融贯为一体，使之井井有条，如成竹之在胸，有这能力的人，是极少见的。但在书本中，一切都替他们条贯好了；无须有太大的辛苦，太多的敏锐。因此，除了自己的时代，人们对待任何时代的事务，即使不用心，也堪称智者，即便不克己，也都是贤人。对过去的事务，我们是异常廉洁、尚称开明的法官；这里没有激情的欺骗；事件从头至尾，由微不足察的原因，到悲剧性的结果，都井井有条地布列于我们眼前。没有谁是已死去的暴政的党徒；在一百年前的事务中，做一名辉格党人，与当今做奴才以取利，是两不相妨的。[①] 这“事后诸葛”的智慧，这历史的爱国心，用起来真是进退有余，颇为

① 此文作于1770年，(约)100年前正是斯图亚特王朝的君主查理二世和詹姆斯二世复辟时期，这时英国政治中第一次出现了辉格党与托利党。辉格党是反对斯图亚特王朝的专制统治的。

趁手,大可调和所思与所行之间的老纠葛[1]。对古希腊共和国和我们本色的撒克逊宪政的赞颂之辞,如丰盛的大宴,许多坚定的共和派饕餮过一番后,又激于义愤,把自己壮丽的胆汁[2],泼在约翰王和詹姆斯王[3]的身上,然后心满意足地坐下来,安于自己时代的牛马贱役、猪狗生活。已故詹姆斯王的爪牙中,我相信没有谁宣称自己是亨利八世的崇拜者;拥护理查二世之亲幸的人,在亨利八世的宫廷里[4],我敢说绝找不出一个来。

对我们朝廷、我们时代的任何贡媚之辞,都不足使我相信事物的本性会有太大的改变;我所相信的是,公众的自由在我们中间,亦如在我们的祖先那里,总是见恶于张三或李四的;欲图更张政制,以侵害我们的宪法,绝不缺少机会。这样的企图,自然随时代、情势的不同而方式有别。凡野心,其普遍的用意固然相同,但采取的手段,或具体的目标,却不是万古如一。古代之暴政的工具,大都已破烂不成片段,其余的部分,也彻底过时了。此外,政客们做事,很少有愚拙而颟顸者,绝不会自蹈前车的覆辙。当无理的赋税

① 古希腊时期即提出了思与行孰重的问题,中世纪则争论得最凶。故称"老纠葛"。

② 古希腊以来至18世纪之前的医学理论认为,人身上有四种体液,决定了不同的性格,"血液,司激情,包括勇敢、情欲;黏液,主麻痹、冷淡、淡泊;黑胆汁,主忧郁、愁闷;黄胆汁,主暴烈、易怒。"(杨周翰《十七世纪英国文学》,北京大学出版社1996年第二版,第60页)。这是17世纪文学中最常见的话题之一,柏克所在的18世纪则较少见了。

③ 英国历史上著名的暴君,民间有许多关于他暴虐的传说。詹姆斯王当指詹姆斯一世。

④ 理查二世(1367—1400),英国历史上的暴君,莎士比亚的悲剧《理查二世》就是写他的。亨利八世(1491—1547),都铎王朝的君主,一生行猛政。

欲加之于臣民时，它的额头上，绝不写“船税”[①]的名目。以《森林法》的内容，作为压榨我们的手段，现在并没有这样的危险。凡内阁有强取豪夺之举，以侵害个人生活的权利，那绝不是朝芳龄的妇女勒索200只小母鸡，才允许他和丈夫睡觉。[②]

每个时代都有自己的风俗，它的政治即以此为依归；用以扼杀政体于襁褓、阻碍其发育于童年的手段，是绝不被用来对付已成熟的政体的。

令我满意的是，自革命以来，向不曾有人阴谋破坏议会的存在。人们肯定都明白，在大臣与人民之间介入中间的因素，是颇有利于宫廷的。对下院的先生们来说，维护这中介因素的一支[③]，也同样有利于自己。他们固可以租赁自己声音[④]的用益权[⑤]，但他们的永业田和祖产[⑥]，却绝不肯放弃。在这种情况下，那些仰事宫廷的意志和喜恶、忠心素著的人，也急急不居于谁后，昌言下院有崇

① 1634—1637年间英王查理一世试图推行的两项措施；《森林法》的主要目的，是使得国王可随意地扩大皇家的森林，不惜侵害臣民的利益；船税在此之前，一直是加于沿海地区的，这时则试图加之于全国，从而激起了全国的反抗，内战前夕的著名的“汉普登事件”，即因这一种税而起。柏克在《和解》中曾提到过这一事件，可参阅此文的注释。这两项措施的详细内容，可参阅基佐《1640年英国革命史》第3卷；此书有商务印书馆伍光建汉译本。

② 此文中一版中有这样法文的注释：Uxor Hugonis de Nevill dat Domino Regi ducentors Gallinas，eo quod possit jacere una nocte cum Domino suo Hugone de Nevill，Maddox，Hist. Exch. c. xiii，p. 326（于贡·德·内维尔的妻子向国王交纳200只母鸡之后，她才能与她的夫君睡一宿）。

③ “中介因素”或指包括上院、下院在内的全体议会，所谓“中介因素的一支”，当指其中的下院。

④ 指议会中的表决权。

⑤ 英国封建法中的用语。指享受地产之收益的权利。

⑥ 封建法中的另一术语。指地产的所有权和指定继承人的权利。

高的权威。当他们知道哪些人将行使这权威、又如何行使这权威时,他们认为,它是不可能走得太远的。视宪法如无物的政客,肯定常有这样的愿望:一个唯他[①]之马首是瞻的下院,应握有唯它[②]之马首是瞻的人民的每一项权利。人们不久就发现,政府的自由形式,与它专制的目标,并非是两不相容。

于是,王室的权力作为特权[③],固然已几尽于烂死,但在"影响"的名目下,现在又还了阳,而且颇有生机,臭气也远没有从前那样秽恶。这"影响"的运行,无声息,无暴力;这"影响"使权力的对头,变作权力的工具;它自身里,即有生长、更新的机制;国家的苦难与繁荣,均可因之而增长,故作为特权的替代品,它很是引人赞叹;而所谓"特权"者,只是过时的偏见之余孽,它的根子里,即潜伏着致它于腐烂、致它于崩溃的因素,且不可救治。人民的无知,只能做一个临时的体制的基础,国事中活跃分子的利益,才是永久而坚固的根基。但不得不承认的是,由于一些多因偶然而起的因素,这"影响"的后果,在很长时间里,不曾以令人惊恐的方式爆发。政府固然强大而有力,但宫廷从这一权力之源中汲取的利益之少,却出乎人们的想象。[④]

在革命中,出于革命本身的目的,君主的特权多有被剥夺者,故它弱不可支,对立足未稳的新政府面临的所有困难,它毫无应付

① 视宪法如无物的政客。

② 下院。

③ 在法无明文之处,君主可自由处理国事的权力。这一权力在立宪政体建立之后,基本上已被议会剥夺。

④ 因为汉诺威家族还立足未稳,王位的巩固还离不开辉格党的支持,所以只好让辉格党人独揽大权。

之力。[1] 不得已，宫廷才把自己的部分权力，委托给那些由于利益而支持、出于忠心而依附王权的人。这些人的资望，吸纳了大量的追随者，他们同心一气，共同御敌。这联合，当初固然是迫于形势之必须，但时移世易之后，却仍维持了很久；当然，若运用得得体，这联合在任何情况下，都大可充当治国理事的有益的工具。与此同时，由于那些孚众望、有品格的人的介入，人民在国家中理当享有的重要份额，也获得了保障。但王位坐久了，名分便愈加得牢固，[2]又因其影响力的不断增长，故它当初的帮手，近来在某些人的眼中，就成了碍手碍脚的累赘。经管政府的人们，既权高而望重，自不能尽以宫廷亲幸的好恶为去就；他们这样做，有时是自负先天的地位[3]和后天的资望，[4]有时则担心触怒朋友，削弱自己在国家的领导地位；他们不依附宫廷，却有位有望，正是凭赖于此。人们[5]的作风，仿佛是宫廷既可以颁施恩惠，也可以接受恩惠。[6] 故政府的势力，表面上看来，是由宫廷和政党的领袖分享的，但在许多情况下，它则倾斜于民众、而非倾斜于国王的一端；若换一种情况，政府的某些势力，会像永久管业权和不可转让的地

① 这是柏克出于论证的方便而在夸大其辞；实际上，在光荣革命后的最初时期，君主所失去的特权，只有“不得拥护罗马天主教”，和“非经议会的许可，不得组织常备军”两项。

② 英国议会驱逐斯图亚特家族以后，迎汉诺威家族继任英国的王位，故在许多人看来，它的名分是有问题的。

③ 当指辉格党的贵族们。

④ 当指老皮特。

⑤ 应指执掌国家权力的老辉格党人。

⑥ 也就是说，他们并不觉得只有宫廷能施惠于他们，他们也能施惠于宫廷。

产权[①]那样，为人所持有的，但在这里，它却回到了它渊源所自的大海，并在人民的中间流转起来。统治国家的人，既有自身的大利益，有自己挣来的大名望，则专制君主制（absolute monarchy）的热爱者们，对这样的统治之道，自然很反感。执掌权力的，只能是暴君的翻云覆雨之手，此外的任何手段，均为专制所憎恶；在它的刀俎和人民的鱼肉之间，不允许隔有任何东西，否则就要歼灭之；这些，正是专制的本性所在。

铲尽这独立的中间力量，确保宫廷的亲幸们，能只手操纵它的巨大影响，并不受限制、不受节度地使用之，这在过去的几年中，一直是宫廷政策的大目标。这目标若得以实现，则王权的影响，定会产生最乐观的宫廷党徒们亟亟求望的所有结果。国政之推行，将不再取得人民一方的同意，不再顾及贵族的尊严，不再关心平民的感情。故一小撮阴谋家们，策划了一套新的计划，它完全不同于布仑斯威克家族继大统以来所通行的管理体制。我听说最初抛出这一套计划的，是当年威尔士王子弗里德里克[②]宫廷里的几个人。

为实现这阴谋，他们最初的打算是：树一个高门第、拥厚赀的人做大臣；但这个人，在暴得高位的当时，必须不为国人所知、所重。[③] 整个国家会立即而盲目地服从于他。但是，或因他们不够坚定、乍一遭反对就退却了，或因局面还不完全成熟，或他们觉得

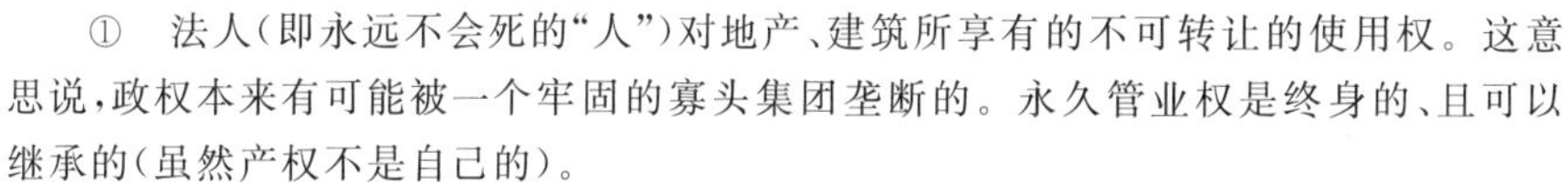

① 法人（即永远不会死的“人”）对地产、建筑所享有的不可转让的使用权。这意思说，政权本来有可能被一个牢固的寡头集团垄断的。永久管业权是终身的、且可以继承的（虽然产权不是自己的）。

② 指尚为王储的乔治三世。“其中的几个人”便包括布特。柏克的话并非没有根据，后来发表的乔治三世致布特的信即可证实这阴谋。

③ 此人正是布特（关于布特，见此文后面的注释）。

这办法并不是最适切的；总之，这主意很快就放弃了。为适应当时的形势，并使事情进展得更平缓、更稳定，以确保大目标的实现，这一套计划的手段，稍稍做了变更。

革新后的计划的第一步，就是划开宫廷与内阁，分之为两橛。迄当时为止，这两个名目，是一向被看作同义词的；而到了将来，宫廷自宫廷，政府自政府，应视之为完全不同的两回事。这样一来，就形成了两套行政体制；一套是暗中的，被托以心腹；[①]另一套，只是徒饰观听，所谓执行政府的法定的权能，不过装样子而已。担责任的只有后者；而真正的顾问，即全权在握的人，实际是不承担任何风险的。

这计划的第二步是：组建一个以他们为首魁的政党，以支持宫廷，反对内阁；政府的俸禄中，这个党将占很大的一成，并使这一部分俸禄，完全分离于、独立于那徒饰观听的行政机构。

第三步，即整套阴谋最终成功的关键是：使议会默认这计划。为了这目的，他们一步步地调教议会，使它对大臣的人品、地位、影响、才能、社会关系与资望，都不闻不问。通过一套我将在后面详予阐述的原则，议会将习惯于最相对立的利益和最不相容的政治。[②] 臣民之间所有的联络和依存关系，都要被彻底打碎。迄当时为止，国家事务的经办，一向是经由辉格党或托利党领袖之手；而到了那时，领导的地位，将授予无名无望的小人物。身微望浅，恰是被委以权力的资格。议会议员的心，也将被锉钝，不能感受到

① 被国王托以心腹。

② “最相对立”，指与议会的利益最相对立；“最不相容”，指与议会政治最不相容。

自尊与义务。这些高傲的感情，向来是独立的强大支柱，这时则要被渐渐地推倒。事关荣誉和先例的事，在议会的礼仪中，倒不如在土耳其军队中更被看重。下面的鬼话，被当作宪政的原则四处申说：国王可以任命他的马车夫或你的马车夫做大臣；[①]国民理当、也会愿意服从他，一如服从国内有第一流智慧、第一流地位的人[②]。这样一来，当一伙弄权于密室之内的阴谋家们篡掌国家的大政时，议会将作壁上观，宛如事不关己。

有了这议会的默许，宫廷的任何阴谋，都将被认为是彻底安全的。最主要的目标将得以实现，专制权力的最具欺骗性的特点，亦将因此而展露无遗。每一件事，不复由国民定夺，而端赖于君主的亲宠与好恶。这亲宠，将成为通向权力的惟一门径和保有权力的惟一靠山；因此，人们不再看着他人，而只是眼巴巴地望着朝廷；这样的动机，既是惟一影响人们的希望的，那么时间一长，它定将左右每个人的行为；到了末了，奴役将无所不在，人人都成了奴才，不管有什么样的法律，什么样的制度，都不过一纸空文而已。

人们是受了什么样的诱惑，竟冒险尝试于这样的统治办法呢？乍想起来，也许令人吃惊。但实际上，人所以有这样的尝试，自有令他们蠢蠢思动的机缘，而且这计划的本身，表面上看来，也并不是全没有道理。这些机缘，这些道理，以及他们如何利用这二者，他们又采取什么样的方案以推行这一套新治术，这新的御民之术，又产生了什么样的后果，这些问题，我看是很值得认真地推究、认

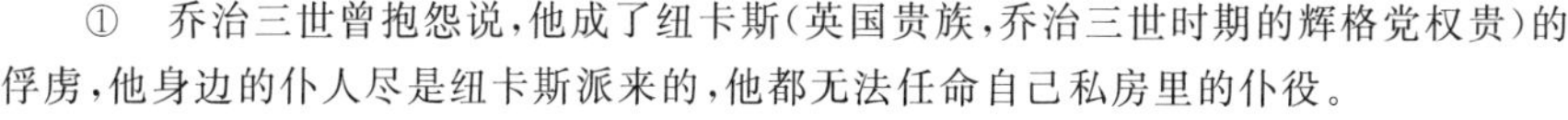

① 乔治三世曾抱怨说，他成了纽卡斯（英国贵族，乔治三世时期的辉格党权贵）的俘虏，他身边的仆人尽是纽卡斯派来的，他都无法任命自己私房里的仆役。

② 前者指皮特，后者当指纽卡斯。

真地考量的。

陛下在登基时面临的形势之有利，甚于革命以来的任何一位先王。作为布仑斯威克家族的第四代，又是该家族的第三位继大统的人[①]，即使世袭权利的狂热的拥护者，也能从陛下的身上找见某些东西，既可满足他们心爱的偏见，又能使他们无须改变自己的原则[②]、即可以心安理得地转移自己的忠诚。僭君[③]的人品和他的事业，已为人所不齿；他的名分被弃绝于欧洲，他的党徒作猢狲散于英国，陛下固然继承了一场大战[④]，但因为在地球的四方，无往而不胜，故他和战在己，要和平，不需要与人谈判，只待他的一声号令即可。没有外国的习惯[⑤]和对外国的依恋之心，可阻碍他在国内培植自己的权力；他用于民事机构的预算(虽然人们当时觉得太随便，但还是有定额的)充足而不惹人反感；武力开拓的疆土，因增加了国债、因海陆军力量的增强，而大为加强并得以扩展了。[⑥] 他登基时，恰逢少壮之年；出于爱戴，人们是很不愿开罪一位君主的；与此同理，出于恐惧，人们也不想披逆龙鳞，

① 乔治三世的父亲不曾做国王。

② 即忠君原则。这句话的意思是说，随着布仑斯威克家族掌权日久，原来反对它的人也渐渐承认了其合法性。

③ 当指“小僭君”，即查理·爱德华，被光荣革命驱逐的英国国王詹姆斯二世的孙子、“老僭君”的儿子。他一直觊觎英国的王位。

④ 指1756—1763年之间进行的“七年战争”，以法国、奥地利、萨克森、瑞士和俄罗斯为一方，普鲁士、汉诺威、英国为另一方；战争的主要动机是英、法为争夺北美和印度的殖民地，以英国取得这些殖民地而结束。英国可以说是获胜的一方。

⑤ 乔治三世与前两任汉诺威君主不同，他是在英国、而不是在德国的汉诺威老家长大的，他也很少去那里。

⑥ 加拿大、佛罗里达、米诺卡岛、布列顿角岛、多米尼加和格林纳达、塞内加尔、由法国手中夺来的东印度殖民地等。

因为一旦拂恼他,则反对他的人就不能指望有复起之日了。

陛下因这些独有的优势而起的惟一的热望,是保持国民的自由精神于完整,[①]因为他把这充满光荣的局面归因于这一种精神。但另一些人,却因此而别有心肠,他们觉得“利市”来了:通过启用素不为人知、或素无国务经验的某类政治家们,以扩大宫廷党的势力,从而把大量的权力,暗度陈仓地取到自己手里;而这些权力,他们绝没有希望靠天然的影响、靠正直地效力于国家以获得。但政府的体制,只要还留驻于原有的基础上,则他们持有这权力,就断无保障可言;因此,为了使阴谋顺遂地实现,政治的结构就必须大事更张,活跃于公共事务中的大部分人的观念、习惯和联系,也得改弦易辙。

首先,任何一种力量,其主要的营养凡不是直接来自于宫廷的欢心者,他们着手一步步、但绝不是慢吞吞地予以摧毁。当时,最孚民望、最得党势者,是纽卡斯公爵[②]和皮特先生[③]。他们的巨大势力,均不是新朝所给予,故宫廷党的人认为,他们不如别人更适

① 这是一句策略性的话;因为柏克不好攻击国王。

② 托马斯·派尔罕-霍勒斯,即纽卡斯公爵(1693—1768),英国贵族出身的政治家,乔治二世虽然说他“做一个德国小君侯的管家也不配”,却在1717年至1762年之间,两度出任英国的首相。用吉本的话说,他与他的兄弟派尔罕“靠辉格党贵族制的老基础”来统治英国。他兄弟死去后,他在操纵议会时遇到了麻烦。但最终与老皮特结盟(虽然两人一向有成见)。乔治三世登基后,改变了政治游戏的规则,他感到有压力而辞职。继任者即为布特。

③ 威廉·皮特(1708—1778),即英国历史上所说的“老皮特”(与他的儿子“小皮特”相对),英国政治家,下院中出名的辩手,曾精明地指挥了“七年战争”,奠定了英国胜利的基础。1766年得到组阁的机会,但由于健康的原因,一直未能发挥作用。1766年被封为“查塔姆伯爵”。

宜服务于新朝。对这一新政制来说万分可幸的是，在强迫的联合之下，组成政府的各党之间，出现了无可救药的歧怨。皮特先生第一个被攻击。夺去他的权力之不足，他们又用尽了伎俩，以图毁掉他的人格。[①] 另一党派，光觉得这根支柱沉了，却不想它的拆除，也将导致他们的塌落，看不到他们与这支柱是一倒俱倒的，所以也乐于摆脱掉它。出与另外的一些原因，他们不敢面对自己的真实处境。对伟大的辉格党家族来说，反对布仑斯威克家族的一位君主的政府，是很令人不快、也似乎不大合情理的。[②] 他们日复一日地犹豫、怀疑、迟延，指望另一种局面的出现，迟迟不相信佞臣们的所作所为并不是一时性起，而是有计划、有预谋的。新宫廷帮的利益所在，是铲除辉格党的强大联合，而不是毁掉皮特先生一人，这是显而易见的；这位先生的势力固然大，而且理所当得，但它仍是个人的，所以是转瞬即逝的。而他们[③]的势力却根植于全国。因为他们名望固然小，但拥有更天然的、更牢固的影响力。长期占据统治的地位；巨大的财产；施恩与受惠；政府中的盘根错节；血缘、联姻、友谊的纽带；为大多数人所爱戴的辉格党的称号；萌生于早年、并持续增长的对王室的忠心——所有这一切，构成了国内的一支强大的势力；这是有罪的，注定要遭殃的。这帮阴谋家的做法虽千奇百怪，但它们的动力，却来自于一条一以贯之的大原则，即他们要向世人表明：宫廷行事，将完全依靠自己的力量；谁想引入其

① 当时的报纸曾捏造了一些诋毁他的话。

② 因为辉格党是支持布仑斯威克家族继承英国王位的，并出力最大。

③ 辉格党的联合。

他的力量以效力于宫廷，那就是对它的冒犯，而不是支持。故除掉了党魁之后，为了斩草除根，所有党人均遭到了排斥，其严酷、其涉及面之大，竟至于最低级的官员，也被夺走了靠血汗挣来的口粮；采用的手段之恶劣，是闻所未闻的，即使在普遍的革命中也没有过这样的事。但这些阴谋家们却以为，所有的依附关系（只有一种除外[①]），是必须要摧毁的，必须以实际的行动，表明他们树立新政制的决心与严厉。

因此，随着辉格党领袖们及皮特先生本人的倒台（虽然其中的某一位，曾有功于该皇室家族登上英国的王位[②]；另一位，则是最近战争的功臣[③]），人民之重要地位的仅有的两项保障：即来自于民望的力量和来自于联合的势力，也就被彻底摧毁了。虽有零星的个人被饶于不倒，但他们都保证要彻底背弃那可恶的结党原则和人身亲附的作风；不得不承认的是，他们中的大多数人，都以宗教的虔诚恪守了自己的誓约。做出这样的更张，却不对政府造成强烈的震动，那是不可能的。

为使民心安于这所有的举动，他们以巨大的热忱，四下去传播与之相应的原则。这帮阴谋家们起步时的乡愿嘴脸，人们一定还记得很清楚，在道德和政治上，他们都装得一本正经。这一帮泥淖于腐败的臭泥坑里不过数月之谱、就淹没了头与耳朵的人，却声嘶力竭地责骂选举和议会管理中流行甚久的不正当做法。宫廷对所

① 依附于宫廷者除外。

② 指纽卡斯公爵。

③ 指老皮特。

有影响突然而起的大反感，不仅万口喧传于王国的境内，又通过义正辞雄的小册子，将宫廷的反感、连同许多匪夷所思的事，对大众公开予以申明；这一本小册子[①]，处处显示出它是一本为某一大计划作先声的宣言书。它写得很奸巧，用词虽然克制、庄重，却通篇是对前朝政治的嘲讽。

这篇文字，第一次勾画出了新政制的蓝图：将宫廷和政府判为两橛；万事不复取决于国民的联合，只取决于个人的恩宠；为了达此目的，他们要建立一个正式的党派，名曰“国王帮”；——这些主意，迄当时为止只是酝酿于他们的心里，这时则登台亮相了。

为了向人民推荐这一新的政制，宫廷厚施脂粉，从里到外打扮地簇簇一新，扭捏作态于目瞪口呆的群氓面前。政党、连同它的所有恶行，都要被连根铲除。腐败必须被逐出于宫廷，如阿提被赶出天庭一样[②]。从此以后，权力将是天意拣选的公意之府邸；任何人不得受有害的影响，除了宫廷里的那些不幸的受气包们，因为宫廷的四周全是罪恶，全是腐败。在邪恶与腐败铲尽之处，宫廷将巍然而起。一项使政治归于纯粹、归于完美的计划，在一个君主国里，将比在柏拉图的理想国中实现得更好。整个场景被精心地布置起来，以图俘获那些善良的心；他们轻听轻信的道德感，一向是狡猾的政客的无价宝藏。这一套货色，的确能迷惑所有的人，除了少数几个不惬于道德的高调者；因为他们明白构成这高调的，是什么样的货色，明白这高调的目的何在，明白它必然导致什么样的结果。

① 此文第一版的原注：《一个诚实的人的意见》。

② 典出希腊神话。阿提是被驱逐于天庭的复仇和灾难女神。

许多天真的士绅,终其一生,过的是凡夫俗子的日子,[1]对于这种事,本来是向无所知;而现在,却开眼看见了自己的才德之美,以为在过去的许多年里,自己所以当不上财政委员会的委员或贸易委员会的委员,完全是由于党派的盛行和大臣的势力,正是他们,阻挠了宫廷对他们才干的属意。沛然如泉的王恩,被这帮无耻的人截为私用,垄断起来,再零售以取利;现在是开启它的时候了,要让浩荡的王恩之水,泽及所有的人民。现在该恢复王权最初的光彩了。Mettre les Roy hors de page(让国王做自己的主义)[2],成了人们的口头禅。宫廷的奔竞者的嘴边上,莫不挂着这样的话:欲保持宪制政体的平衡,不被暴民或朋党为奸的贵族们推翻,惟一有效的手段,就是解救国王于大臣的暴政之手;这样的暴政,曾压在当今圣上的祖父[3]的身上,王权的尊严饱受了侵辱。

为了使人们安于这内阁成员之身份的大变动,以及对内阁体制既已做出的和声言要做出的更大的变动,他们用了许多诡计。对个人,他们则采取另一些手段,以彻底瓦解每一个党派,甚至是每一个家庭[4],进而使将来不可能有协调一致的、有组织的、有效果的反对宫廷的行动。就这样,政权第一次交给了一个与人民无任何联系、甚至相互间也无任何瓜葛的内阁。它所导致的好后果,

① 原文直译应为"说了一辈子散文",这显然是借用莫里哀喜剧中的趣话。柏克也是文人,应当很熟悉莫里哀的。

② 一句最初用于法国国王路易十一的话。

③ 即乔治二世国王。乔治三世是继他而为英国国王的,但对他的为人和政策却很反感。

④ 或是暗示英国最古老的贵族家庭约克家族。

我们都看到了，无论是对公德的、对私德的、对君主的安详与幸福的、还是对政府之实力的。但是，既然他们当初如此强调这新体制的必要性，并痛惜先王的受奴役、遭挟持，还要费尽心机使他的后继者不蹈此故辙，那我们就看一看“奴役国王”、“挟持国王”有怎样的后果吧。

在对其本人及家族充满怀疑与危险的年代里，乔治二世把自己的王冠与臣民的自由联结为一体，从而维持了君权的尊严，在33年的时间里，臣民的自由权不仅没有削弱，反得以增强。他平息了一场由外国势力煽起的、肆虐于王国心脏的危险的叛乱[①]，并摧毁了叛乱的种子，使任何人都无法援引同样的原则，以谋叛于将来。英国的荣耀、力量与商业，经他之手所达到的高度，是这个名扬四海的国家在她最鼎盛的时刻亦不曾有的。他把继承权[②]放置在所有最伟大的国家、最伟大的君主之真正的、且惟一的基础之上：国民的爱戴，四海的声望，盟友的信任和敌国的畏惧[③]。即使最爱自己国家的人，也只能满足于维持先王留下的基业；希望不列

---

① 发生于1755年一场支持斯图亚特王朝的叛乱，遭到了乔治二世的小儿子卡姆伯兰公爵的残酷镇压，从此以后，再也没有成规模的叛乱了。

② 王位的继承权。

③ 这一段的背景是：由于在光荣革命中继承英国王位的玛丽和威廉（都是新教徒）没有子女，故为了防止王位落入信奉天主教的詹姆斯·爱德华（即“老僭君”）之手，议会于1701年通过了《王位继承法》，这一法案，使得德国的汉诺威选侯乔治（已故英王詹姆斯一世的曾外孙）于1714年继承了英国的王位；是为乔治一世。但他和他儿子乔治二世在位期间，英国国内支持斯图亚特王朝的势力还很大，故“老僭君”的支持者得以不断地掀起叛乱。乔治二世是在德国长大的，口音和习惯都带有浓重的德国色彩，这一点亦为英国人所不喜。但他在位期间，英国动荡的局面得以平定，“老僭君”的事业趋于式微；在“七年战争”中，英国的海外领土得到大幅的扩展。辉格党的势力，在他统治的时期亦达到了顶峰。

颠有比这更好的国运,是不为人情所许的。我们的人民,既如此热爱当今的君主,简直不知道该怎样祈祷于上天,才能为他的品德求来更大的祝福,或为国家求来更光荣、更幸福的局面;故而只希望他的生活、统治,能处处像他的杰出的前任,当上天召唤他时,亦如他的前任那样故去[①]。

一个伟大的君主,可能会被迫为了公益而牺牲一己的私愿,虽然这种事并不常有。明智的君主,不该认为有这样的束缚,即意味着受奴役[②];既然先王的处境如此,而结果又如彼,那我们为了自己的利益,也为了我们所爱戴的君主之利益,应该在抛弃先朝的原则之前,或弃这大量的、有力的新经验于不顾之前,先听一听可信服的理由才是。

从那时起到现在,这一政治学派[③]言之不置的话题之一,就是假装害怕贵族势力的增长,将不利于君主的权利,有害于宪政的平衡。当然,任何新的势力,无论是见于贵族院的、平民院的、还是见于君权中的,都应该引起自由人民的警觉与提防。甚至在整个立法机构中,一种无先例可循的新做法,若无重大而明显的理由,也会理所当然地引起人们的不安。最近上院里有没有试图贬低臣民之合法权利的倾向[④],我不想断言之。即便真有,它也并不是起于

① 乔治二世是工作时突发心脏病而死的。不知柏克这里是什么意思。

② 乔治二世是较多地依赖、并受制约于议会和内阁的。他试图摆脱沃波尔却不能,厌恶纽卡斯却无果,18 世纪 40 年代,因受迫于派尔罕而让老皮特入阁,50 年代又迫于形势的必须而不得不接受老皮特;1744 年,又被迫赶走了他心爱的大臣卡特里特。

③ 此书第一版的原注:见已故布朗博士和许多别人的政治文字。

④ 上院试图以“在中塞克斯选举中煽动叛乱”而审判威尔克斯(关于威尔克斯,参看后面的注释)。

贵族自有的力量,而是起自于那被指控在下院中煽起了同样企图的势力[①]。假如由于阴谋家的暗算,下院与选民发生了不幸的争吵[②],并受到同样性质的指控,那它就无力[③]、也无心[④]去抵制上院的这种企图了。上院的这些企图,不能被称为贵族的行为,正好比中塞克斯的选举不能在任何意义上被称为民主一样。

贵族们在本王国、在公共事务的任何一方面,的确是拥有很大的势力。人有财,则不免有势,除非我们采取手段,不让财产发挥它天然的作用;但只要财产是力量,这个目的就不易达到[⑤];只要我们稍稍意识到财产之为物,是自由赖以行动的资粮,是自由赖以保全的手段,我们就不该心怀这样的目的。假如有哪个贵族,行为一向正派、不首鼠两端、处处合于宪法,公私之德亦萃出于群伦,故在国民中获得了很大势力,则人民作为这势力的靠山、又作为这势力的根源,只要他们还明白、并感觉到贵族的势力是他们自身之重要地位的表征与保证,就绝不会听信骗子的话,将某位贵族的显

① 指党派势力。它被指控图谋贬低臣民的权利。

② 宫廷帮说党派的影响损害了臣民的权利,人们受骗之下,不满意于结党的行为。所谓"下院与臣民的争吵"指此。

③ 下院的力量,来自于民望或人民的信任,一旦人民受宫廷帮的欺骗而不再信任下院,它也就失去了力量。

④ 下院本来是在为臣民的权利而奋斗,如今却遭嫉于臣民,失望之余,即无心去维护他们的权利了。上文说"贵族试图贬低臣民的权利,并非来自于自身的力量"云云,到这里意思就清楚了:贵族自身是没有这种力量的,因为它受下院的制衡,而一旦下院失去了力量,这种制衡也就消失了;故上院可以放手贬损臣民的权利。

⑤ "财产即势力"的看法,柏克后来有所动摇。他在1791年的《论法国的事务》一文中说:"认为财富所在,即势力所在,或认为财富总是有影响、肯定起作用,这一类的看法,会使我们犯致命的错误。"

赫，看作是贵族制的暴政。[①]

我并不是贵族制的朋友，起码就该词被通常理解的意义而言。[②] 以宪政被摧毁为假想的前提去讨论问题，倘若不是一种坏毛病，则我要坦白地说：如果贵族制必须灭亡，我是很愿意它蜕变为另一种形式，而雅不欲它消失在只手遮天的势力之中。[③] 但不管我们的好恶如何，我现在担心的问题并不在此；关于宫廷与贵族之势力的问题，症结不在于这两种危险之中，何者是更可取的(eligible)，而是哪一种更迫在眼前。大多数贵族，不自持其崖岸，不自立于独立之地，而动辄忘却自己的尊严，一头扑向下贱的奴役境地[④]，谁要是看不到这一点，那就是太眼拙了。而过去我们的贵族的缺点，只不过太有血气而已；这么说可以说是天公地道。可堪一提的是，那些跟在朝臣屁股后面的贵族们，人数不算少，出身不可谓低，手中的权力不可谓不大，而且他们的全部势力，不得不说是立足已稳的君权势力的一部分[⑤]，但痛恨贵族制的绅士们，对此却

① 柏克此处所暗示的是：由于贵族靠自己的力量不足以统治国家，故必须与人民联合，才可以维护他们的共同利益，即自由。类似的话，也见于柏克在《英国史纲目》中论述《大宪章》的一节：

> 因此，贵族为自己所争取的自由，亦当授予他们的佃户。……，英国的贵族，不是以既损害王权、亦损害平民的小君侯自命的。他们只能在联合中行动；为了这一共同的事业，它必须关心公益，并以做事的公平谋求民望。对自由权的增长来说，这真可谓幸事。

② 所谓"被通常理解的意义"，用柏克《英国史纲目》中的话说，是指"严厉而傲慢的统治"，"封建贵族制，是可想见的最坏的统治。"

③ 如法国那样，贵族势力为王权所吞并。

④ 指上院中的许多官吏。

⑤ 这是违反柏克心目中的英国宪政之精神的。英国的宪政体制是混合体制，即君主、贵族和平民，一旦贵族的势力与君主的势力合为一体，宪政结构就垮了。

无一句怨言。这是绝对安全的，这是彻底正确的。而一旦有几个贵族(我遗憾的是他们的人数不该这么少)，在事关贵族与平民利益的大事中，挺身而抗拒阴谋家的播权弄柄和策划于密室之内的统治之术，这时警报就来了，宪政就处于被强行纳入贵族制的危险之中了。

我在宫廷的这个话题上再多停一会儿，原因是他们在大肆更张政制的时候，这个话题，是他们所特别强调的。从那时以来，该党的许多代理人又不断地重开这个话头；一方面，他们虚张暴民统治的威胁，以惊吓贵人或阔人，另一方面，他们又通过其他的帮凶，试图以贵族专制的幻影引起人民的恐慌。他们所做的一切，莫不出于他们所钟爱的原则：即分化瓦解国民，在不同等级、不同阶层的人中，播下猜疑的种子，肢解本王国的天然的力量，使之无力抵抗垄断了王权的坏人的邪恶阴谋。

廷臣们就是选这些理由，为他们的新体制鼓与呼的。为支持这新体制而成立的政党，其性质如何，则有必要细细地解剖一番；没有这政党，则整个新体制就只不过是供人解闷的空想而已，如哈灵顿的政治俱乐部的方案[①]；而不是一件关乎国运的真事情。该党既有权势，建党的原则又是全新的，那自然是一个令人好奇的物件了。

我们必须记住的是，自革命以来，迄我们正在谈论的时代，君

① 詹姆斯·哈灵顿(1611—1677)，空想政治理论家，作品有《大洋国》(有商务印书馆汉译本)。所谓“哈灵顿的政治俱乐部”，指“护国公”时代以哈灵顿为首的一个政治团体。

权的影响，多用于支持国务大臣们，用于公共事务的处理（依照大臣们的意见）。但该党的形成却别有打算：君权的支持、保护和信任，在去往大臣身上的途中，它要截留下来；它要在大臣及其在议会的重要地位之间，横生一道藩篱。它要砍断大臣和他们天然的属民及后来的归附者之关系；它的用意不在于支持、而在于控制政府。这体制的构造，运转时是混乱的；在原则上是不正派的。它的建立是基于这样的假想：国王是自外于他的政府的；即使政府弱不可支，饱受耻辱，君主仍可以长脸面，扩权势。这计划的推行，是专门为了弱化正规的行政权力的。它推行的用意，在于削弱国家的政权（state），以加强宫廷。这一套阴谋的实现，是端赖于猜忌、分化、原则的佻挞无恒，以及蓄意地削弱每一权力分支的力量。结果下来，不可能有谁获得任何实力。

这一帮阴谋家们，还在宫廷里建立了一套“走马灯制”，以作为他们阴谋的根基之一。通过这一种办法，形形色色的党派，先后被引进了政府；而一旦进来，就休想体面地出去；没有一个不是折戟沉沙、大受损失的。在每一届政府的组建之初，为了引诱领袖们进来，他们不吝惜口惠，声言要信任他们，支持他们。而一旦大臣们纡金拖紫或威仪棣棣地出现在权力的舞台上，一旦他们顺风扬帆，每一片帆布上都鼓满王恩浩荡的东风时，他们却很快发现有一股逆流，正对着他们而来，令他们摸不着头脑；他们寸步难行，甚至被打得后退了。临近权力的要津，却可望不可即，权力的作用，只在于更醒目地提醒他们：他们是小人物，是不足挂齿的；遭逢这样的处境，他们觉得丢脸，感到悔恨。他们或执行下级的命令，或眼巴巴地看着他们职务的天然工具[①]来反对他们，此外别无他途。由于尊严丧尽，他们大为光火；这一次，轮到他们给阴谋家来找麻烦了，因为无论是支持还是反对，阴谋家都羞辱了他们，出卖了他们。过不多久，佞臣们便觉得有必要除掉政府的首脑了；但仅是除掉首脑而已。既然最好的联合中，也有大量的败类，所以在除掉其领袖后，劝几个无耻的人留任原来的职位，亦并非什么难事。通过这样的手段，政党出局的时候，将比入局时削弱许多；它的力量所以大减，正是因为它短暂地占据过政权[②]。此外，假如事出非常，或因朝事的更迭，权力又失而复得了，这奸党则把这些尸体[③]堆起来，作为掩身的工事以躲过危险的日子。他们不失聪明地断定：这些败类，将首先成为他们的旧党人唾弃和泄愤的目标。

他们力图在装点门面的政府中，至少要造成两个党派[④]；由于它们相互厮打，变得七零八落，于是便纷纷奔竞于佞臣之门，以求他们的恩宠与保护；又因忙于争宠取媚，故国家的每一项事务，便日益落入了胥吏的手中。

一个国务大臣，有时会自外于他的所有同事；在协商事务时与他们分乖，背后私议或公开反对他们的政策；这样的人，居然还能优游于自己的职位上。不仅不触怒宫廷，反而备受它的奖赏与恩待；因为他所做的事情，是恰合佞臣的心愿；他们期望于政府中人

① 即他们的下级。

② 1765 年随罗金厄姆进入内阁的许多辉格党人，在 1766 年罗金厄姆退出内阁时，并没有随他一道“出局”。

③ 指留任原职位的“败类”。

④ 格拉夫顿的内阁中，即分为追随他的一派和追随贝德福的一派。

所做的，恰是这样的事情。他帮助佞臣们保持政府的形式于不坠，同时又尽量地削弱它、分裂它[①]。

但我们务必要当心的是，不要误以为这些人的反对有什么分量。政府由于他们的掣肘，而深感自己无足轻重时，他们也将很快体味到自己的身微言轻了。他们的反对，自来不被允许有成功的机会。他们和世人将满意地看到：职务、权威、财产、辩才、智谋、手腕和结盟，都是最不重要的东西；宫廷单凭自己的势力，不需要支持，不需要谋略，即能游刃有余地实现自己的目标。

当不利于自己的盟党需要铲除时，佞臣们也很少亲自跳出来动手；他们会选中一个在该党内享有声望的人，用各种借口诱他入彀。[②] 他们先教导他不信任自己的朋友，然后唆使他与朋友们争吵；在他的朋友中，他们也施展相同的伎俩，挑起对他的猜疑之心。由于相互间的恐惧、猜疑，他将甘心充当党变的工具。到后来，厄运也必临到他的头上，他们将扶植一个他最信任的人以取代他的位置，并夺走他的大量追随者，并毁掉他了事。

一旦此人这样与他的盟党关系破裂，他将很快激于愤怒，对其中的某些人大施不公与敌意之举（如试图剥夺某个朋友的家族之产业[③]），这又中了佞臣们的下怀，因为这样一来，党内就彻底没有和解的希望了。他们做事的手段的确是巧妙，所以人们的仇恨，多

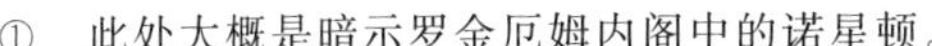

① 此处大概是暗示罗金厄姆内阁中的诺星顿。

② 这里是暗示格拉夫顿。18 世纪 30 年代，他在罗金厄姆内阁中任国务秘书；但后来他辞职了，此举削弱了内阁的力量。而后来他本人的内阁也因宫廷的阴谋倒台，他的财政大臣诺斯继他为首相。

③ 指国王剥夺贵族波特兰（此人是罗金厄姆的朋友）的英格伍森林和另一处采邑，并将它们授予布特的女婿詹姆斯·娄瑟爵士。

倾泻于跑腿的爪牙,而少有针对阴谋之主使的。

他们用于摧毁敌人的工具,不是直接属于本团伙;他们拔擢自己的朋友,采用的手段恰与此同。在给他们的朋友高官厚禄时,他们通常很小心;总是通过那徒饰观听的内阁的手,来举荐自己的党徒,却又绝不能让世人觉得这是大臣们的功劳,也不能让内阁借此增强自己的力量。为避免这样的事情发生,被拔擢的人受他们之命,钻头觅缝于人群之中,摇唇鼓舌地说:他们所以致尊崇,完全不是内阁的恩惠,他们的职位是别有所自,他们是完全自由,独立于内阁的。

一旦这奸党欲取得一美差或是报复别人,他们就选一个圈外人去做这样的事,该人的习好、朋友、原则和公开说过的话,与做这样的事必须是凿枘不合,这样就一下子把他搞臭了,使他再也离不开他们,人们也就不再信任什么私谊或公共的原则。

假如内阁有时出于疏忽或害怕不得人心,而容忍民众的过火行为,对之不加以惩罚,佞臣便立即推出自己的爪牙来,对内阁大声地嚷叫,说他们可耻地背叛了政府的尊严。然后,他们又逼迫内阁去奖赏、加荣誉于这些羞辱它的工具。他们先是肆意地中伤内阁,加内阁以大罪,说他们眼见暴民的乱行,却让法律睡大觉,然后便逼迫他们(去弥补这不管不问的过错),逼迫他们动用残酷的做法,以使他们彻底为人民所厌恶。人们只要还记得本届国会开始时中塞克斯选举的骚乱以及那些与圣乔治菲尔兹[①]相关的事情,就不会不明白我这话的所指。

---

① 1769年3月,威尔克斯的支持者们在这里与军队发生冲突,导致许多人被杀。

这个帮派既有能力实现自己体制的所有目标,它的成员们就很少觊觎负有国务责任的高位。他们精明而狡诈地在政府次要的、但握有实权的部门中,在皇室的每一支家族里,盘根错节地落定下来;这样一来,一方面,他们便盘踞了通往君权的每一条路,另一方面,他们可根据自己的利益,或推进、或阻挠任何政策的执行。由于人们都知道他们受信任、有靠山(虽然在大多数情况下,他们的职位,只不过吃俸禄的文雅的借口),故他们拥有位极人臣者的势力;在每一件事上,他们都明目张胆地发号施令,即使是当着上司的面。一旦他们与自己名义上的领导意见有分歧(这种事常发生),则元老院[①]中训练有素的那帮人,肯定会出于本能地暗中支持他们;除非是他们的上司意识到自己的处境,及时地收回他们公开的意见。他们通常是如此的。这帮阴谋家们,使官署的首脑变得一文不值,做了世人的笑料,他们却弹冠相庆,没有见过这情景的人,是绝对想象不到的。而一旦他们变得如此[②],却最有可能得到宫廷一党大力的支持。

宫廷帮的成员,虽不拥有那些悠忽难凭的高位,但却得到了彻底补偿:这不仅由于在所有事务中,他们都是做主的人,还由于他们享有虽不显眼、但却有利的地位。按照官文,他们的职位是合法的;实际也是终身的。而本王国最受尊敬的第一流人物,却像网球一样,被抛来抛去,成了盲目、横蛮、反复无常的小人的玩物。即使

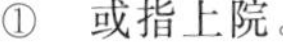

① 或指上院。

② 变得一文不值。

本官署中最低级的官员，大臣也不敢以白眼相对。[1] 假如他打算对这伙人中的某一位采取行动，他会立即像老鼠一样，逃进社庙里，他会举出所有许诺中最不可违反者，以为凭借之具。政治结构中，没有方便的手段可罢免他们中任何一位所占据的位置。哪怕是最有势力的大臣，对其中的某人稍有动作，也将成为他毁灭的前奏。[2]

因意识到自己的独立，故面对宫外的大臣，他们趾高气扬。[3] 像土耳其苏丹的近卫兵一样，他们因做奴才而获得了某种自由。只要忠于他们体制的大原则，他们就可以为所欲为。所以人们亟亟于加入这一帮派是毫不足奇的；加入这帮派后，那些令人满足的东西，其中最诱人者，他们可以得到，看起来最相冲突的，他们可以调和；独立于人的快乐，做奴才的高薪与厚俸，便一举到手了。

这虽简略，却大致勾画了这一新宫廷帮的体制、法律和政策。他们选来以自外于他人的名号，是“国王的人”，或曰“国王之友”，这可恶的称呼排斥了最忠于、最爱戴陛下的其他臣民。[4] 这一套

---

① 柏克曾注明：“较高等的官员中有斯提沃特・麦肯齐，较低等的官员中有迪森。”前者是布特的弟弟。1765 年格伦维尔执政时，曾经驱逐麦肯齐，但很快他的内阁便因此倒了台，麦肯齐又官复原位；1766 年，罗金厄姆又试图赶走迪森，但受阻于乔治三世，很快他的内阁也因此倒台。

② 柏克原注：“格伦维尔，罗金厄姆勋爵。”

③ 柏克原注：“吉尔伯特・爱略特爵士和迪森等人，一向是带头反对内阁的。”

④ 马基雅维里的《李维史论》中一种有趣的说法，可与此相参看；他说法国的国王是不允许臣民以“王党”自居的，因为承认有“王党”，便承认了有“反王党”，这不符合国王应为普天之人所爱戴的形象。这与乾隆不许有“贤臣”是异曲同工的（有贤臣便有奸臣，明君之下怎么可以有奸臣?）。

体制包括了内、外两重政府，故通常被称为“双重内阁”(double cabinet)；该词是读如英语，还是读如法语，请随你的便[①]。

这到底是头脑错乱者的幻想，是心怀恶意者的捏造，还是一个实实在在的国内之帮派呢，则须以8年来[②]的国事之面貌加以判断。我所能肯定的是，任何一个公共人物，无论台上的还是下台的，都莫不有亲身的体验，可以证明我说的是实情。尤为可述的是，就断言这一点的坚决程度、就抱怨声之大、之不体面而言，是无有甚于当今的内阁之成员的；[③]正是在他们柄政的时期里，宫廷帮的权力达到了顶峰，动用这权力的胆量，也尽其极限；故最后将导致宫外内阁的毁灭，是大可想见的。

约4年前，即罗金厄姆侯爵的内阁时期，不经他们同意而推行政务的尝试，确曾经有过。但这只是一片浮云，他们被遮盖仅有一刹那的时间，当浮云吹去后，他们的星团的光亮，愈甚于从前，影响也愈加有力。当时曾试图在大臣们的襄助下，打散这一团伙(但没有禁止它的想法)，根除他们的原则，复活另一种联合，更生辉格党的原则与政策，为自由的事业重新注入生机；那时候，人们第一次看到在位的人坚持他们在野时的每一项原则。这样的人，自要招致宫廷帮的厌恶和强烈的反对，这样的体制，无疑是短命的。

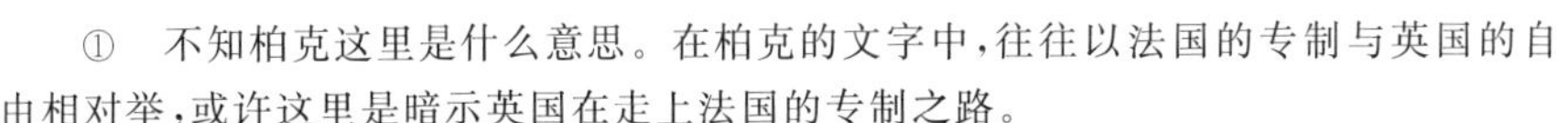

① 不知柏克这里是什么意思。在柏克的文字中，往往以法国的专制与英国的自由相对举，或许这里是暗示英国在走上法国的专制之路。

② 即自布特掌权起。

③ 柏克的补充：“格拉夫顿公爵，威茅斯勋爵，格沃尔勋爵，里格比等人。”

谈论这一妖党，却绝口不提据说是该党党魁的布特伯爵[①]，看起来有点装模作样。但实际上，这既不是装模作样，也不是疏忽。我是刻意不开这种话头，不以个人为讨论的目标。人们中伤这位贵人的话，多是不公正或轻浮的；往最好处说，它们是将臣民对这一可怕灾难的仇恨情绪，引入错误的方向，将公共的不满，变为国民间的一场琐屑的、个人的、或危险的争吵。凡事务之推行，倘有计划，成定制，则真正危险的是体制，而不是行动于体制中的个人。这一套体制，并不仅仅起于布特勋爵的野心，更起于有利于它的环境，起于一段时间以来士绅们对宪法的漠不关心。即使从没有过布特伯爵这个人，我们也会受它的磨难；即使人间不再有布特伯爵，它也不缺老于阴谋的魁首，敏于行动的爪牙。所以，我们不该责骂布特勋爵，而应联合起来，坚决反对这宫廷党和它的做法，只有这样，我们才有摆脱目前之处境的一线希望。

我所以把布特勋爵个人的问题，完全排除于考虑之外，还有另一层动机。他很少与我们公共事务中的大多数人有直接的交往。这自来不是他的习惯。派自己的奴才去围住他们，对他就足够了。故有人觉得，他们与布特勋爵，既没有个人关系，则他们就有了很好的借口，可以做该帮派的所有事。但任何人，只要加入这样一个由孤立的个人构成的内阁，一个无信仰可守、成员间无联结的纽

① 布特伯爵(1713—1792)，乔治三世的佞臣。乔治三世的父亲、威尔士亲王弗里德里克称他是一个“装门面的人，最适宜去无事的宫廷里做大使”。亲王死后，他攀缘亲王的寡妇和儿子、即乔治三世获得了权势，对乔治三世有巨大的影响。1762—1763年间任首相，与辉格党中的大家族(如纽卡斯、格拉夫顿和罗金厄姆等)发生了激烈冲突。由于对政治的复杂性感到束手无策、又因意识到自己的不得人心，故1763年辞职，首相一职由乔治·格伦维尔出任。但据说此后仍然对国王有影响。

带、无共同之原则的内阁,一个在国民中没有党派支持、故而在体制上是软弱无能的内阁,则他与布特勋爵之间,或没有任何关系,但他仍是一个爪牙;摧毁臣民间的联系与信任,将国家的大策,完全交由私人的意志和喜好——这样的罪责,他是难辞其咎的。至于他是此人的私友,还是仇敌,则无关宏旨。不管他是谁,不管他想什么,他都是宫廷帮的助纣为虐者,正是这个帮派在肆力于毁灭他的国家。他是在榨干它的自由之泉,扰乱它内部安宁的源头,削弱它对臣民的统治,降低它在欧洲体制中的一切重要地位。

我们的政府,就其构成来说,大多是民众性的(popular),故其中注入亲幸制是违反自然的;当前国内的骚动,正由此而来。人民对它的原则虽无深入的了解,却在四下的暴力中,在大事更张的时风里,在政府职能之普遍的混乱中,已清楚地看到了其后果。我的落眼点,是仅以这体制为限;即使我谈论产生于体制中的那些政策,目的也只为说明总的方针。它是一切苦水的源头,[①]流泄于上百条不同的水路,直到我们喝炸了肺为止。君主就内阁组成的自由处置权(discretionary power of crown),因坏人和愚弱者的滥用,导致了这体制的产生,它虽不直接违反法律的官文,却逆整个宪政的精神而动。[②]

在我们的行政部门中采用"亲幸制"的计划,与我们的立法部门的格局,从根本上是不相容的。构成我们政府的,有君主制成

① 《旧约·民数记》5.18:"祭司手里拿着致诅咒的苦水。"

② 从官文上说,国王怎样组成他的内阁,自己是完全有决定权的;但照柏克的理解,依英国的不成文宪法,国王之选定内阁的成员,必须要顺从公意、也就是说,必须要取得议会的支持,否则就是违反了宪法的精神。

分，也有对上层和下层人民的制约机制，像这样的混合政府，其主要的目的之一，无疑是使君主欲违反法律而不能。这确实很有益，也很根本。但这一点，不过是消极性的好处，只是防御的盔甲；这是一眼可知的。故第二个、却也同等重要的目的是：为执行法律、任命官职、处理和平与战争的事务、或为指定税入而必须授予君主的自由裁量权（discretionary power），其行使，应完全依据公共的原则与国民的意见；而不应依据宫廷的喜恶、偏见、阴谋或权术。这一点，如我上面所言，对于确保政府的依法行事，也是同等重要。法律是"行之不远"的。[①] 无论你建立怎样的政府体制，它的权力，都须一总地交由国务大臣的明慎与正直，故它的好坏，必然多取决于权力是如何行使的。甚至法律是不是有用，是否有权威，也都取决于它们。没有它们，你的公民政体就只是纸面的计划，而不是有生命、有活力、有效的政体。大臣们因失职、愚昧或故意施诡计，从而使政府的某一部门趋于衰微，使另一部门背离它本来的目标，使每一项重要的国家利益，陷于毁灭、朽烂的境地，而你想以罪行指控他们，却又举不出一桩可起诉的行为——这种事，是大有可能的[②]。故在执行国务的部门[③]里，选贤能，任良俊，与明智政府的目标，是绝非不相干的，而是它首要的、最宝贵的宗旨之一。所以，当为这新体制作伥的人告诉我们说，他们与他们反对者之间，只有权力的争夺，故不干我们的事；这时，我们就必须正告那些以这种方式羞辱我们的无耻之徒们：我们珍爱的每一样东西，谁在经管，什

① "法不自行"的意思。

② 这类的错误，柏克是归入被弹劾的范围的。

③ 指行政分支。

么样的人在经管，天下万事里，是我们最该关心的。除非我们彻底绝望了，或被哄骗成了傻瓜故不自觉危险，国民才漠不关心这个问题。以为人间都是好人，那一定是心软而轻信，连乳臭未干的三岁小儿也不如。但以为举天下都是坏蛋，都是恶棍，那我们就一定是沾染了魔鬼的恶毒。公共的生活，亦如私人生活那样，其中有好人，也有坏蛋[①]。拔擢贤俊，贬斥稗莠，是所有贤明政治的第一要务。但政权的组织，若不直接从制度上或间接由精神上，努力把它的事务交给最可靠的手，却把行政的体制，一股脑儿委之于个人的意志而不加以制约，任由他凭一己的喜怒去处置，则不管他多优秀，多有品德，则这样的政体计划，不仅是这里[②]有缺陷，结果也将害及它的每一分支。

在专制政府中(arbitrary government)，内阁的体制是准照其立法体制的。法律和官员，都是意志的产物。它必须这样。对这个问题略加思考，即足以看出：每一种政权的行政机构，都应该与它的立法机构相适应；这一点，可谓天下的至理。否则的话，国事就一定乱不可支了。自由政体中的人民，对法律之应为公意的结果，既如此介意，对自己的行政体制，就不能漫不用心；那些他们无所取赖的人，那些无以表明他们受公众的爱戴与信赖、故没有资格执掌关乎国家存亡之权力的人，是不能被允许进入行政机关的。

由民众选举长官，由民众授予奖赏与荣誉，是自由国家最重要的优点之一。没有这一点或与之相当者，人们就不能享受自由于

---

① 这是柏克最心爱的话之一。在《致布里斯托长官书》的结尾部分，柏克对此有更精辟、更深入的阐述。

② 当指行政部门。

长久，好政府也断无更生的活力。我们的政体结构，固不允许这种实际的选举，但它还有定制，比起民主国家的选举，这些定制能产生更好的结果（假如宪法精神得以保全的话）。不久前，人们还一直认为议会的首要义务是：执掌权力的人，除非是人民所接受的，或者说，得势于宫廷的派系，除非有国民的信任，议会则拒绝支持政府。这样一来，民众选举的一切好处，我们都可以得到，而起于无尽休的阴谋或为每一具体官职而向全体人民兜售选票的弊害，却可以避免。这是我们宪政体制之最高贵、最精纯的部分。人民被委以立法的审议权（deliberative power）（经由他们的代表，他们的显贵[①]）；国王则被委以否决权以相制约。国王被委以慎选、推举官员的权力；人民则通过议会的拒绝支持而享有否决权。在以前，这一制约的权力，一直使大臣们敬畏议会，使议会敬重人民。若不动用这一权力，以制约（行政）体制和政府的成员，那议会和一切就都完了。我们可以确信的是，假如议会依头顺脑，坐视恶人们占据国家的要律，假称给他们一次公平的试验其才德的机会，并想看一看到底权力能否使他们变好或他们的政策是否好于他们的品格，从而容他们有时间、有手段去站稳脚跟，扎牢营寨，则这样的议会，也必将支持他们的所有政策，不管该议会以什么为借口，也不管这些政策是什么样的货色。

凡良好的政治制度，必须有机制以“毖后”，也必须有机制以“惩前”。它生来应有良好的本性，可以把坏人排除于政府之外，而不把国家的安全，单单寄托于日后的惩罚；惩罚自来是滞后的，也

---

① 贵族。

不是有罪恶就必有惩罚；而权力一旦交给了坏人，则受惩罚的，又往往是受害者，却不是罪犯。

人被委以国家的大任之前，应该以自己的行为赢得国民的敬重，以此作为对公众的某种保证和抵押，表明自己是不会滥用他们的委托的。一个人，以自己惯常的行事作风，向世人表明他生活的主要目标之一，是赢得同胞公民的爱戴、信任与好感，表明他的每一次升迁或腾达，都不是起于公众对他的根深蒂固的蔑视，或敬重之情的偶一次丧失；——则这样的保证，对恰当地行使权力来说，是不可谓小的。

掌权前没有朋友的人，或为掌权而被迫抛弃朋友的人，或丧失权力后无朋友同情的人，在土地或商业利益的任何分支中都毫无势力，所有的权势，随官位而俱来、与官位而俱止，这样的人[①]，负有制约之职责的议会，绝不应允许他留驻于任何高位上，去领导、管理我们的公共事务；因为这样的人与人民的利益无任何关联。

那一小帮派中的人[②]，所以走到一起，并非有什么共同的原则，而只为了朋比为奸，以更高的价格售其奸恶，因此统统是坏蛋，议会绝不应该允许他们在国内擅做威福，因为这一帮货色与人民的感情和见解毫无关联。

依我之见，在一个自由的国家、自由的议会里，（议会）所以不得不支持国王的大臣们，则“国王觉得应该任命他们”这一短短的话，是远不如上面的考虑[③]更成其为理由的。这话倒是颇见出朝

① 这个人或许是暗指布特或谢尔本。

② 或许指贝德富和他的追随者们。

③ 即与人民的利益、情感无关联者，议会是不应该支持的。

臣的殷勤。但在我们这样的政体中,把亟亟于用世者的目光,由国民转向宫廷,则是一个孕育着各种灾难的原则。凡路之通往权力者,都将是车挂辖、人驾肩的。国民的意见,若不足成为权力和地位的途径,就不再有人砥砺才行、以取得国民的敬重了。像我们这样的国家,政体既有很强的民众色彩,则容忍人们别具心肠、而不以得民心为野心,把所有的事,完全委之于国王、大臣、与从政者的品德之纯粹;——这是对还是错,是需要英国人民的健全理智去判断的。

在这里,奸巧之徒往往要插嘴,由于君主(sovereign)难以分清什么是臣民的真声音、真感情,什么是帮派的假鸟噪(它很容易假冒前者的),故他们无须直接攻击这一原则[①],即可轻易地提出反对的理由。他们说,国民是普遍分裂为不同党派的,他们的见解、感情,是完全不可调和。假如国王把自己的事务,交给他们中的某个人,则他[②]肯定见恶于其他的人;他选择其中的一个,就得冒得罪全部的危险。他撇下的人,不论以前有怎样的歧异,都将麇集起来以反对政府;这众多的不满汇聚在一个焦点上,其热度与猛烈,是不待而言的。帮派的呼噪声将传遍全国,仿佛全民都在鼓噪一样;而民众的大多数和其中的优秀者,却因品德和中庸的性情,喜欢享受政府的福惠,故一言不出,一时间,他们倒像是被湮灭了。除此外,纯粹的老百姓因性情的暴烈、摇摆,故他们的意见,即使用以统治他们自己,也可谓不幸。你今天满足了他们的怪想,这满

① 即上一段中说的“民众原则”。

② 国王。

足，恰将成为他们明天不满的理由。所以说，汇集公众的意见以资统治，既是如此的困难，付之于施行的结果，也是诚乎难言，倒不如甩开它们，由英国的国王自出己意，觉得谁的见解、性情与他的相投，谁最少沾染骄傲与自负的恶习，谁最不为公众的怪想所动、最不因此而动摇国王的计划与对国王的服务，即任命此人为大臣；因为国王相信，他对自己的臣民不怀有恶意时，他的任命自会得到支持，至于他是循旧章，还是变祖制，可全凭他个人的判断或好恶。君主的权力，一旦不允许变作党派手中的工具，国王即可找到王权的力量与影响的真正源泉。

这一套推论的手法，我不敢说毫无道理，因我不想断言统治的艺术中没有一点困难。最好的政府，肯定遇到众多的反对，而最坏的政府找到的支持，又总比它应得的为多。对于有心自欺的人来说，粉饰观听的假象，是永远不缺的。有选择，就有不方便，而以为万事无高下、无善恶、混淆是与非的人，其最常犯的谬误，就是一味地坚持这种不方便，却从不考虑不方便之中也有轻重大小之分，后果也不同。我们要考虑的问题，不是对政府的绝对不满，或对政府的完全满意；不论哪个时代，什么体制下，这种纯而不杂的东西，都是没有的。我们所争论的，是人民满意的程度；这是有可能得到的，也是我们理当求取的。当某些政治家们眼巴巴地想搞清是不是每个人都反对他们，想精确的分清谁是稗民、谁是良民，想在帮派的妄举和人民的努力之间划出一条线来，这期间，正被他们精确地称量、区分、辨别着的政府，也许已垮塌于这些智者的掂斤播两之中了。审慎的人，当自己的决定关乎政府的安全、甚至安宁时，绝不会乱投虎狼方、给它以致命的危害。善观政治的天象者，看到

地平线的一角处有巴掌大的云彩[①]，就知道那是飓风，就会躲进最近的港湾里。什么是社会或政治的智慧，用不着用线去圈划。这种事，无法下一个准确的定义。但是，一条线虽不能划开日夜之交，而什么是光明，什么是黑暗，却大体可辨。一位君主，不需要好奇地、急切地去探求那抽象的、普遍的、完美的和谐，即可找到使人民大体满意的政府形式和经管它的人；致国于安宁的办法，本平淡无奇，他不求而自有；一旦他远求于外，他就抛弃这些办法了。

以给予自己的政府安宁为目标，不仅是君主的义务，也是他的利益所在。而为他出谋划策的人，从骚动与混乱中，却是有可能获利的。假如人民对他们持反对的态度，他们自然希望这样的态度，万万不要盛行开来。当此紧急的关心，人民必须要表明：他们是深深感受到自己的价值的。如今面临危险的，首先是他们全部的重要地位，然后是他们全部的自由。他们的重要地位一旦失去，自由也不可能长久。本王国之天然的力量，即大的贵族，有地产的士绅领袖，富有的商人、工厂主，还有殷实的自耕农们，眼下必须介入到国事中来，以挽救他们的君主，挽救自己和他们的子孙后代。

我们眼下的分歧就是在这一点上。我们如今处在这一争论的紧要关头；人们何去何从、扮演什么样的角色，将表明他们的品性，他们的原则。这一件事若不得解决，国家目前的乱象就无有已时。因试行中的内阁体制，是完全违逆人民的性情、彻底不容于他们[②]对政府的规划[③]的，在这期间，所有的事情，必然会一时陷入混乱，

---

① 《旧约·列王纪上》18.44：“我看见一小片云从海里上来，不过如人手那样大。”

② 人民。

③ 即相互制约的混合政府。

直到这体制摧毁了宪政,或宪政战胜了这体制。

依我看,目前的乱政有它特殊的毒液与邪害,是我从不曾听说、不曾见之于书本的。在从前,专制政府的设计者所攻击的,只是国民的自由;这阴谋的恶毒,即足以满足无法无天者的野心了。但一套有害于自由权的体制之建立,却有可能大大地提高国家的威势;人们虽丧失了实实在在的权利,而从国家的繁荣和尊严中,却可以找到某些安慰。那些狡诈之徒们,的确是常以国力的增长为借口,去剥夺公众的自由。而我们正谈论的阴谋帮,他们的计划,是不仅要攻击我们自由政体的每一根神经、陷之于瘫痪,同时还要使整个的行政权力变得麻木、呆傻:使政府所有的重要工作,都变得无生气、无定准、无效果;使大臣们不敢尝试、也无力推行任何有益的计划,以修明内政、促进外交。它既不像一个自由的政府,能给人民以安乐,也不如绝对的君主制,可为国家带来活力。宫廷身上的这一颗悬疣肿大几分,王权即缩小几成。

在战争状态里,人民的价值是展露无遗的,宫里的内阁深知这一点;他们还知道,人民地位的开始,就是他们地位的结束。因此,每一件有可能引发战争的事,不论在哪种情况下,都会引起他们极度的恐惧。我并不是说,他们表现出的,是那种如临深渊、如履薄冰的善良的恐惧,即不敢以国家的安全为孤注,在可疑的战争中一赌手气。这样的恐惧,是一种有品德的慎重之心,它一旦为理性所激发、并为之所节制,则往往表现为适度的勇敢,对于危险,它貌似蔑视,其实是拒危险于千里之外的。而他们的恐惧,其真实的原因、真正的目的如何,却是一眼可见。外国的势力,因自信对他们的品格了如指掌,故肆无忌惮地违反最庄严的条约;他们视条约如无物，在普遍的和平中、在欧洲的心脏里，大事征服之举。对科西嘉的征服就是一例；[①]它的征服者，公然与人类的自由为敌，公然蔑视它以前的公开的保护者。对这些被征服的国家(powers)，我们也有正当的权利要求，从道理上说，这些权利应贡献于他们[②]的，也应贡献于我们；因为它们所以能立国，是由于在它们饱受屈辱的年代里，我们对法国、对西班牙施行了宽宏大度的政策。马尼拉的赎取和向法国人讨还东印度俘虏的要求，也都是如此[③]。但这些国家深信，我们的双重内阁是他们力量的源泉。这些要求(起码是其中之一)，很快就被命令放弃了。我们所有的强烈抗议上面，开始布满了遗忘的蜘蛛网。我们贸易之树的一些最珍贵的枝条，也因同样的原因，面临枯萎的绝境。我所指的，并不是那些没有园丁剪枝便不结果子的枝条，而是我们以前靠条约获得的贸易分支；我想举出的，是我们的葡萄牙贸易；它的丧失与宫廷帮的得势，是同一个时代、同一根藤上结下的两个瓜。

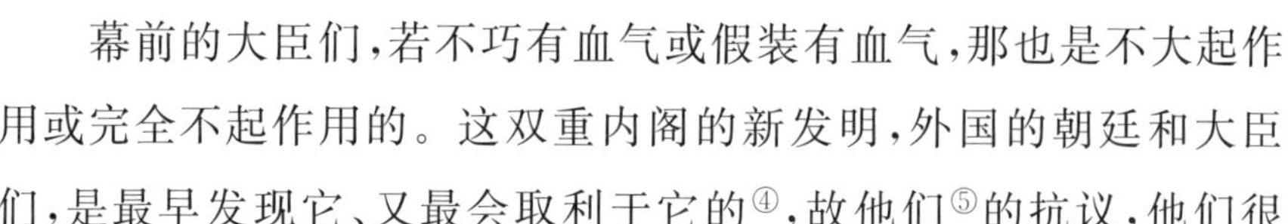

幕前的大臣们，若不巧有血气或假装有血气，那也是不大起作用或完全不起作用的。这双重内阁的新发明，外国的朝廷和大臣们，是最早发现它、又最会取利于它的[④]，故他们[⑤]的抗议，他们很

① 科西嘉原由热那亚统治，1755 年，科西嘉人举行了起义；英国的地中海舰队是一直支持科西嘉人的，但 1762 年国王公开禁止英国的臣民帮助科西嘉。随后法国人与热那亚人结为同盟，并在 1768 年吞并了该岛。

② 征服者。

③ 1762 年，即“七年战争”中，马尼拉被英国军队攻占，为了西班牙驻军的撤离，英国反答应支付 100 万英镑的赎金。

④ 指法国。法国是盛行“亲幸制”的。

⑤ 即上文说的“有血气或假装有血气的大臣”。

少放在心上。猜忌与仇怨,既被精心地培育于这徒饰观听的内阁里,甚至被视为其体制 causa sine qua non(之题中的必有之义),外国的朝廷由此断定;在这个国家里,靠共同的商议是做不成任何事的。即使有一位大臣,在他的职务上勇于任事,其结果,也只不过是映衬出其余大臣的卑鄙、暴露内阁全体的不和而已。他那些当权的同僚们,会赶忙把他搞垮,再废除他的所有政策。有一件骇人听闻的外交事务,可举为这一类事情的注脚:罗彻福勋爵、即我们驻巴黎的大使,曾直接受命于谢尔本勋爵,去抗议法国以兵戎加诸科西嘉岛。那位法国大臣不把这抗议放在眼里是很自然的;因他的朝廷派驻我国的大使向他保证说,谢尔本勋爵的这些命令,内阁("内阁"的前面,我本想加"不列颠"的)的其他成员是不支持的。罗彻福勋爵是很有血气的人,自然不忍受这种处境。而结果却非常的离奇。他带着一肚子怒火,从巴黎回到了国内。那下命令的谢尔本勋爵,被迫交出了官印[①]。听命令的罗彻福勋爵,却接收了它。但既然在前一局中,他曾出于职责而抗议过,则事情翻过新的一局后,为使他不必迫于职责去画诺,于是他进了同一官署的另一部门。这一职位的安排,在巴黎,舒瓦瑟尔公爵[②]认为是对他的敬意,国内的人则说,这是对罗彻福勋爵感情上的关照。但这一份敬意,不管是给一个人的,还是给两人的,对国家来说却是一回事。由于这一件事,我们朝廷的真实处境,就大白于光天之下了。我们的政府公函,连权威的门面也撑不住了:不久以前,这些国家还颤

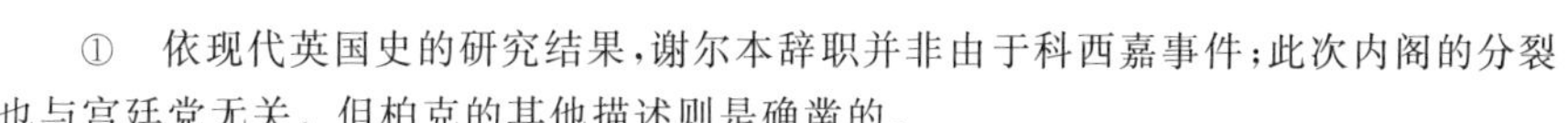

① 依现代英国史的研究结果,谢尔本辞职并非由于科西嘉事件;此次内阁的分裂也与宫廷党无关。但柏克的其他描述则是确凿的。

② 法国权臣,1758—1770 间的外交大臣。

栗于我们的武力之下[1]，还满怀着信心，仰求我们所有的协约中放射出的公正、坚决与坦诚的光芒，但现在，却把英国的政策引为笑谈了。我写这一件事，是完全按照人们对它的普遍看法的，一笔不多，一笔不少。

我们双重内阁影响下的外交，局面就是如此。宫廷中既有这样的布置，局面是不可能有其他的。对于管理我们的属地、即本帝国之内政政策的最重要、最珍贵、最敏感的目标，这一套计划，也不可能有好的结果。殖民地人都清楚，内阁与宫廷是两相隔绝的，内阁本身是四分五裂的，它在国民中，是备受厌恶的。这一双重的内阁的两部分，对殖民地虽抱有最刻毒的心，却无力伤及它们的一根毫毛。

过去的经验足以使他们相信：政府的任何方案，不论宽与猛，都不会得到坚决的、始终如一的贯彻。因此他们的目光，彻底离开了大不列颠；因这里没有可依赖的友谊，也无可惧怕的仇怨。他们事事指望自己，独自安排自己的事务。他们与这个国家的关系，在一天天的疏远；然而，他们虽日渐脱离我们政府，却不因新获的独立而对我们存一丝友善，故聊以自慰的东西，我们一点没有得到。论无效、低能、卤莽、胆怯和朝三暮四，则我们对美洲事务的管理，可谓是独步天下。这个伤心的话题，简直可以写一本书；但还是不展开说了，全部留给读者去想好了。[2]

这一套体制又如何影响我们的内政，是不需要解释的。这也

---

① 指在“七年战争”中。

② 请参看《论课税于美洲》。

是他们自己不停抱怨的话题。

宫廷党分裂了全国,散之为小的派别[1]。这个话题,由于我前面曾说起过,故现在只想说一点:他们在讲述国内的帮派林立时,却绝口不提人民信任政府的好处。他们应该明白的是,他们可以自以为得意变尽花样,以各种方案取代人民的信任——这伟大的、惟一的统治之基础,但每一次尝试,却只能使他们的处境越来越糟。人若总以为食物只是毒药的糖衣,送来食物的手,他既不爱、也不信任,则即使"老英国的烤牛排"这个名字,也无法劝服他坐在为他张开的餐桌前。当法律、法庭、甚至公民大会,在人民看来已走上了邪路、背离了他们创设的目的,则这些堕落的机构的名字,就只会引起他们新的不满。这些机构,在满身生机、满身妙处的时候,人民是把它们抱在怀里、作为快乐与安慰的;而一旦它们死了、变腐臭了,则人民由于回想起过去对它们的爱,会越发讨厌它们。不满的阴霾,愤怒的骚乱,将如发疟子一般,忽起忽落于全国;国民将无心于和平,无心于国家的昌盛;就好比在查理一世[2]时代,无以复加的民心之坏,终于使国家陷入麻烦一样。对某一类人来说,秩序是如判刑的,因为在安定的局面中,他们要做一辈子小人物;而一旦国内掀起骚乱的火,他们就可以暴得高位,以逞其凶歹;这样的人,包藏祸心,喜欢动乱,是不足为奇的,对他们来说,动乱是权势的父母。浅见者以为,这些人是国家不靖的原因,而实际上,他们只是国家不靖的结果而已。善良的人们,目睹国家的乱象,心

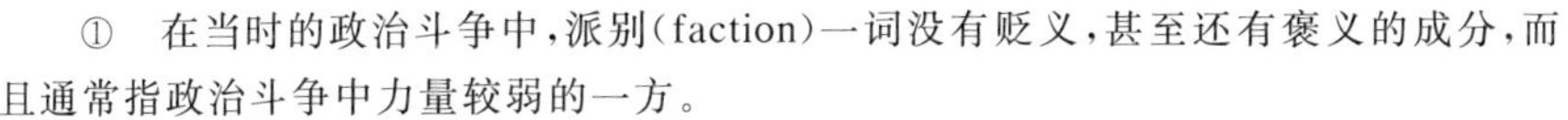

① 在当时的政治斗争中,派别(faction)一词没有贬义,甚至还有褒义的成分,而且通常指政治斗争中力量较弱的一方。

② 英国革命中被砍头的国王。

怀忧愁与愤怒。他们的手被反捆着。他们被剥夺了所有的权力，故无从调和政府的力量与人民的权利，使之两得其允。他们左不是，右不是，面临最使人困恼的选择。但他们诸害相权选其轻，寄望于一时的混乱之结果，会好于永久的奴役。在这期间，人们将听不到法律的声音。狂荡而失检，将导致暴力的镇压。武力成了惟一的依靠；到了这时候，给你的政体起什么名字，你尽可以随便，但终不改其靠刀剑统治的事实。任何东西，若求助的盟友力量胜过自己，则接受援助之日，就是灭亡之时；民政权（civil power）[①]亦如此。但这一套统治体制的策划者们，将不仅仅依靠武力；因他们是狡猾的人。他们狂荡而邪曲的心灵，驱使他们去垃圾堆里，翻耙每一种应急的手段。无法统治群众，就竭力在群众中间制造分裂。收买一群暴民去摧毁另一群暴民；这手段立即逗起了群氓的胆子，也加剧了他们的不满。人能否成为从国家领津贴的人，要看他们策划骚乱的才干、是否以制造混乱为原则。在以前法律未被破犯的时候，狂荡而作乱的行为是要被镇压的；但现在，政府则被强迫去保护它们，以免它们受法律的严惩，这真是可耻之极。事事都成了致乱之源。四处是无政府状态，但没有自由；遍地是奴役，却不见服从与谦顺。宫廷帮的计划，既然旨在于使行政机构变得可恶、变得虚弱，使内阁摆脱议会之有益的、宪政上的制约，并发明一种为宪法所不知的新制约、即一套宫内内阁，从而使整个政府机构陷入混乱、遭轻蔑，则它对我们的社会安宁产生上述的结果，就是无

① 指民政权，与军政权相对。意思是说，文官政府处理骚乱时，若动不动就用军队，则最后它会被军队所制。

可避免的。

这一套体制,是如何影响我们的外交、我们管理属地的政策以及我们内政的,我已尽量简短地做了说明;在这一部分文字里,我最后要谈的只有一点,那就是最初使宫廷心仪这一套体制的大原则。它的借口,是免使国王成为党派的奴隶,成为被囚禁于自己内室的俘虏[①]。人们或许指望这一套计划,至少能实现它本身的目的,虽然会搅乱国王的政府,却能使国王个人获得补偿。但实际的结果如何?这目的它实现了吗?假如它实现了,则我敢说,每一个爱戴国王的臣民,是都愿意耐心地忍受它带来的所有恶果的。

为看一看实际的结果如何,对它稍做周详的讨论,是不为过的。我这里谈的是国王,不是王权;王权的利益,我们已触及了。国王仅作为国家之尊严的代表而享有的尊崇,我撇开不谈,他作为个人,则与他利益相关的事,似不过如下的几件:财富的积累;为了场面、逸乐或慈善花去的财富;对他个人的尊敬、礼貌;以及最重要的:身心的安闲。人幸福不幸福,条件都在这里了,不论他是君主,还是臣民;他们的福乐,只因出身的不同而程度有别而已,性质是一样的。

那么请问,自亲幸制建立以来,国王积累的财富,可比他的前任多吗?则我相信,王室的贫困,从今年以前宫廷的描述来看,那真是扫尽了脸面。为舒解这不该有的贫困所采取的手段,莫不伤及人民对国王的爱戴、动摇他们对议会的信心[②]。假如国库是耗

① 这正是乔治三世的抱怨。

② 皇室当时负债 513511 英镑;1769 年,下院在经过讨论后,为了释除国王的窘境,拨款清偿了这一笔债务。

尽于摆阔气、讲排场了，这穷困也算有理由，有道理。天下最不该的事，就是扒拉着铁算盘，斤斤计较于国王的排场。做事这么小气的人，的确是很少见的。但必须承认的是，当人民比较了宫廷的穷困与它的开销后，他们的慷慨之心，却大大受到了伤害。从王室的仪仗、王室的排场里，他们丝毫找不见这穷困的原因。他们从中听见的，只有做事的小气和过度的节俭，而结果却与挥霍完全相同。什么也没花，什么也没剩。更令他们惊奇的是，除了每年拨付 80 万镑作为皇室金（civil list）[①]之外，陛下又每年从爱尔兰收到一笔为数颇巨的补助金（pension list），几近于 9 万镑[②]；还有兰开斯特王室直辖领地的收入（据说它的收入大为提高了）；来自于康沃尔王室领地的岁入；来自于美洲的免役税（quit - rents）；还有背风群岛 4.5％的关税；这最后一宗款子，每年肯定不少于 4 万镑。全部加起来，说每年不少于 100 万镑，是大可以肯定的。

这些岁入，还只是我们的国民议会[③]所知道、所管辖的。陛下从德国的各领地、从奥纳斯布鲁格主教管区[④]的收入几何，我们无权调查，这没错。但不归议会管辖的收入，却是人人都可以猜想的。即使一个居住在我们身边的外国君主，他的收入状况，也不会

① 皇室金（civil list）是光荣革命后确立的；在以前，宫廷的开销，主要来源于王室祖产的收入和有限的税收；光荣革命后始由议会估定数额、并以税收的方式授予国王。直到 1830 年威廉四世之前，这一笔费用，不仅用于王室的开销，也用于支付国王政府的官吏的俸禄；故这一笔钱，实际包括了当时的政府的费用。乔治三世为了收买支持者，暗中花费无算，所以他的皇室金总是不足。

② 这一笔收入应该有所保留，不应全部计入国王的收入，因为这一笔钱只能用于爱尔兰。

③ 当指英国议会、爱尔兰议会、各殖民地议会等。

④ 汉诺威家族在欧洲取得的一块地产，乔治三世将它授予了自己的第二个儿子。

不成为我们推测的话题。更何况事关我们君主之幸福的事,我们自然是满怀关切;所以,在讨论他的惨状时,这个摆在眼前的话题,我们不闻不问,那是不可能的。人们普遍认为,陛下由这里所得的岁入,扣除所有费用与固定的薪水,数目是很不小的。这一笔收入,人民不相信是攒起来了,也不认为是花掉了[①]。那么钱去哪儿了?惟一可解释的是:被挪去供养宫廷帮了;也就是说,耗尽国王的每一份财源、致他于贫困的人,正是那个陷民于水火的帮派。我再一次请读者注意:我并不是怂恿你们去查问这笔来自于外国的岁入,好像是我觉得我们有直接的权利、去调查它的每一笔开销似的;我的目的,只为了说明亲幸制带给君主本人的好处,是何其小也。无论从本国,还是从其他的属地,陛下都有充足的财源可取,致富的所有手段,可谓一样不缺;但结果呢,不曾起排场,没有造声威,国王就无声无息地被搞穷了,这可真是怪事。

那么,这一体制对待国王的方式,是否更符合他神圣而高贵的身份呢,是否不强迫他任用自己不喜欢的人、故而引起他的反感呢?有好多原因,我不想谈论这个话题;但宫廷一党的隅石,却正是"免国王于这样的约束、这样的身心之困扰"啊!可结果如何?在这体制尤堪指责的地方,我随便举出一点来,则它既已产生的结果,都能证明我选这一点是有道理的,因为它贬低了君主个人的尊严,陷他于数不尽的矛盾和屈辱之中[②]。设计这一体制、欲致国王于尊崇的人,又是怎样实现他们堂皇的诺言呢?这是一眼

① 当指被国王本人花掉了。

② 指布特内阁的大臣、当时的权贵贝德富粗鲁地对待国王的事。《格伦维尔文稿》中曾记载了国王对此的抱怨。

可见的。国王之统治的方方面面，莫不令人伤感、莫不或多或少地证明我说的是实情，但这些事，我不再重提；我们且想一想，不几年前，宫廷在谈论如今之宫外内阁的大部分成员时，使用的是什么样的语言[①]：我请问，伤害国王之个人感情的人，有谁设计的用以加害、贬低君主之全部尊严的武器，是锋利于现行体制的每一部分、每一分支呢？纵观我国的全部历史，则顺应人民之意志的举措，其冲犯君主明示于人的好恶，无有甚于如今的体制的，而这一套体制的建立，却是违逆着人民的每一愿望、完全不顾人民的赞同与否。

人们普遍认为，在佞臣的建议下，国家的大位，曾不止一次地自贬其高贵之身而降给某些个人，而这却是举国之人一向求之而被拒绝的。因为这体制之最下贱、最仰赖于它的爪牙，是清楚自己的身价的；无他的追随这体制便不能存在，这种时候总会有；于是他趁机以取利，以得据要津。不论什么人，一旦必不可少于我们所追求的目标，则他或迟或晚、或这样或那样，总会成为我们的主人；这是铁律。而如今之甘受他们的辖制，又所为何来呢？因为按人民的意志以统治国家，是被视为心腹之大患、是必欲去之而后快的。因为有人似乎把这样的事奉为原则：身为国王者，扰民是可以取利的；凡臣民喜欢的人，必不投君主的心。见恶于宫廷者，一旦也见恶于人民，那他就时来运转了，各种各样的高官厚禄，会沛然降临于他的身上。不建议采取不得民心的政策，就不被看作是对

① 宫廷党曾指责内阁把国王做政府的奴隶，从而伤害了国王个人的感情、贬损了他的尊严。

王权怀有好意的人;不被迫时时求助于王权以保护自己的生命之安全,就不配为王权服务。不被迫躲进政府的圣殿以寻求庇护者,即被认为没有资格担任这圣殿的祭司。这一套精心设计的计划,结果就是如此;所有的奸计,凡用以解脱人们于理性的奴役者,凡不强制人们依据自己明显的利益去经管他们的事务者,都莫不导致这种结果。这样的奸计,为了免受那所谓的桎梏、即有利于国家的约束,是必陷人民于真正的、毁灭性的奴役处境的。

这体制的堂而皇之的借口,既是要解救国王、使他不必任用自己不喜欢的人,而结果却如此的无效,那它是否给国王个人的生活带来了更多安宁、更多平静呢?我们几乎可以肯定地说:绝不会。身为人民的父亲,家里乱作一团,他是不可能有平静的。那么,从这精心策划的阴谋里,王权或国王到底得了什么好处?花这么多辛苦,费这么多奸谋,他更富了,更显赫了,更有权了,还是更安闲了?难道它们没有耗尽他的国库、玷污他宫廷的光辉、打垮他的尊严、伤害他的感情、搅乱他个人生活的全部秩序与幸福吗?

国王何所取益于这妄称自己是“国王之友”的帮派,我相信是诚乎难言的。

假如谁有他人所不及的荣幸、得与国王交游,故而成了国王的近幸;假如有谁陪国王游耍,故想方设法地满足国王的私好,而不扶持君主之高贵的品格,这样的事,倒是很自然、也足可以原谅。[①]但可笑的是,这些国王的朋友之僭取这一称号,资格还不如卡姆博

① 此处是暗讽首相布特;据说乔治三世国王尚为太子时,布特曾在跑马场上遇到过他,并由此结识。当时的英国人也认为国王喜欢较为下等的人。

兰或康瓦尔的一个小佃主呢[①]。他们见知于国王,仅仅因为在接受官职、津贴或补助金的场合亲吻过国王的手;[②]而这些东西,又是他们欺骗国王的善良得到手的。但愿别起什么风暴,以免暴露他们对国王之忠心的坚定与否;在风暴引起的混乱、恐怖与苦难中,谁是君主制的诤友,谁是婉容取媚的宫廷佞臣,这两者间的永恒之分别,就一目可见了! Quantum infido scurrae distabit amicus(朋友与无信义的寄生虫,有着天壤之别)[③]。

这一宫廷体制的后果、尤其是对行政机构、对人民的性情和君主之幸福的影响,我都已讨论过了。接下来,我们要稍用点心思,去看一看它对议会的影响如何。

所有这些政治策略,的确是以议会为大目标的;议会既是它们瞄准的目的,也是它们要操纵的工具。但这一套体制,既想贬低议会的地位、使它由一个国民的议事机构、完全堕落为宫廷的一支,则这体制,就必须充分改变它本来的身份、才能驱使它做自己的走卒。

在谈论这一机构时,我主要着眼于下院。我希望读者容我稍谈一谈该院的性质与它的身份;我不是要谈它的法定形式与权力,我要谈它的精神和它在宪政体制中要起的作用。

最初的时候,下院不被认为是我国之常设政权的一分支。人

① 原文是 resident freeholder,指持有领主之地产受益权的人,与中国的佃主不同的是,这受益权是终生的,并可传于子孙,领主不得剥夺这一权利。卡姆博兰和康瓦尔有王家的大片地产。

② 意思是说,国王平时根本不认识他们。

③ 语出古罗马诗人贺拉斯的《诗翰》。

们认为它是一种制约，直接出自于人民，又迅速消释于它所从来的群众里。从这一方面说，它之于较高的政权，就好比陪审团之于较低的政权。[①] 行政（司法）长官这一身份，是如白衣苍狗的，但公民的身份，则是终身的；因此，人们自然希望在所有的辩论（争论）中——不仅指人民与君权的常设权威[②]之间，还有人民与下院的短暂权威[③]之间——公民这一身份，都应占有压倒性的地位。[④] 下院的性质，既在于它是治人者与被治者的中介，则人们自然希望它比起另一支较远的、较为恒久的立法机构[⑤]，应该更关心、更体贴与人民相关的每一件事。

时间与对时势的必要的顺应，不论带来了怎样的变革，下院的身上，若不带有全体人民之真实意愿的印记，则这样的身份是断不能保持的。在国家的诸多不幸里，下院之沾染风行于人民中的病狂，比起它事事无动于衷于门外[⑥]人民的所有意见、所有感情，其为弊害是更自然、更可以原谅；因为这多少还表明：它与自己的选民还有着亲缘关系、还有着同样的感情。与民心没有同感，下院就不成其为下院。下院所以成为独特意义上的人民之代表，并不由

① 陪审团是监督司法之公正的，下院则是为了监督政府；陪审团开庭时招集，审理完解散；下院当初也类似。

② 所谓“君权的常设权威”，自然是指政府或内阁，以及上院。

③ 所谓“短暂的权威”，是说当时的议会还不是常设机构，而是定时召开、开完解散。

④ 这句话的意思大致是说，下议员们在开会时，虽然成了权威的一部分，但议事应更多地取公民的立场，而不应取权威的立场。

⑤ 指上院。所谓“较远”，是较远于人民；所谓“较恒久”，是指上院议员多是终身的、并可以世袭。

⑥ 下院的门外。

于它的权力，而是来源于人民。国王也是人民的代表；贵族也是；还有法官们。他们和平民[①]一样，都是人民的信托人；没有哪种权力，是单单为了执掌者[②]的缘故而授予的；虽然政府是一种有着神圣权威(divine authority)的机构，但它的形式和它的经管者，却通通源出于人民。

所以说，"起源于民众"这一点，绝不足以成为一个民众代表的自身之特色。这一性质，也同样属于政权的所有分支、所有形式。下院的效能、精神与本质，在于它是国民之感情的真像[③]。这一机构，不是作为一种对人民的制约而创设的，如近来那包藏祸心的教条所教导我们的。它的设立，是作为为了人民而制约的机构。为抑制民众的妄举而设立的机构，自有其他；它们应付自己的目的，只怕是绰绰有余。假如不如此，那就让它们如此。下院这一机构，绝不是为维持和平与臣民的顺服而设置的，让它来担当这样的任务，是不得其用；它有权指挥的最厉害的武器，不过区区一柄权杖，它最骁勇的军官，也不过几名卫兵而已。以警觉、猜疑的眼睛，监视行政与司法的官员；操心于公众的钱财；易于听取、敏于响应公众的抱怨；这些，似乎才是平民院的本色所在。但国民在申述疾苦时，下院却在阿谀奉承；国民被抛入绝望的深渊里，下院却满怀着信心；人民最厌恶的大臣，它与之相处甚得；公众要求传唤他们加以弹劾，下院则表决通过对他们的感谢；人民要求查账，它却急于拨款；凡人民与内阁有争吵，它必蛮横地反对人民；它惩罚人民的

① 当指平民院。

② 执掌权力的人。

③ 《新约·希伯来书》1.3："他是神荣耀所发的光辉，是神本题的真像。"

骚乱，却拒绝调查致乱的根由；——这种事发生于我们的政体中，可谓是变态的、可怕的。这样的议会，或是一个伟大的、智慧的、可畏的元老院，但绝不是一个为民众而设立的平民院。离弃权力的根源，由人民的直接之代理与代表，蜕变为（政府）行事的工具——举凡天下的民众之职权[①]，所以走了邪路、所以背离它们本身的目的，无不由此而来。它们之最大、有时也是最不可救药的堕落，正在于此。因为，偶然违反理性所产生的堕落（这种事，是人类的智慧所不能避免的，它不会导致太大的恶果），与原则本身的堕落，是有着天壤之别。原则堕落了，罪恶就不是偶然，而是根深蒂固、牢不可破的。骚乱也就成了自然的常态。

就我本人来说，当我看到下面的两种症状时，我不得不断言议会的原则，是完全堕落了，它的目的被彻底打垮了：首先，它不分青红皂白地支持所有的大臣，这已成为定制；这样一来，以议会制约政府的目的，就彻底被摧毁了，所有的秕政，它事先不闻不问，即一概加以批准；其次，它提出了每一种反对自由选举权的主张[②]，而这一点，则将毁灭下院坐议国事的合法权威。

我知道，自那场革命[③]以来，政府的许多有益的权力，随着那许多有害的权力之被削弱而削弱了。不断地求助于立法机构，就成了绝对必要的事。故议会年年得开，一开就得大半年。为避免频繁的选举所导致的可怕的混乱，议会有必要以七年为期、而不以

① Popular magistracies，当指下院。

② 见“威尔克斯”条目的注释。

③ 即光荣革命。

三年为期[1]。久于掌权，旷于选举，于是下院越来越像一个常设的元老院。这是起于更大的混乱之疗剂中的混乱；在君主制的统治下，调和自由权与对外的力量、内部的安宁，使两得其允，是极为困难的；上述的情形[2]，正是由这困难所引起。

这一巨大的不便，我们显然无法彻底摆脱；但是，我不能因为无法铲除一宗弊害，于是就加剧它；也不能因为我无力使下院忠于它最初的原则，于是就主张让它彻底忘记它们。而这一点，却正是我们当今权力的大格局。那些不愿使自己的行为顺应公益或无法靠君位的特权支撑此行为[3]的人，于是就采用了一套新计划。他们彻底舍弃了那被捣烂的、老式的特权之要塞[4]，到议会里来安营扎寨了。他们若有邪恶的计划、却无正常的、与之相称的合法权力去推行，他们便把它拿到议会来。从头至尾，在议会中付之于施行。在议会中，可资实现其目的的权力是绝对的；执行起来，也是彻底安全的；没有规则可限制，也不用担心秋后的算账。议会既是同谋，就不能为此而惩罚别人。议会对行政权力的制约，于是丧失了；因为议会卷入了政府的每一件重大的举措。弹劾是维持政体之纯洁的伟大的卫士，如今却面临着丧失的危险；甚至弹劾的概念也要丢了。[5]

① 1716年通过的《七年任期法案》，将议员的任期由3年延长至7年。

② 选举少、掌权长。

③ 想做公意所不允许的事，行政权中却没有根据。

④ 指君权；在英国内战和光荣革命中，它几乎已经被捣毁了。

⑤ 柏克在他的文章或讲演中，曾多次谈及弹劾。他对弹劾的见解是很深刻的；他认为，一般的违法行为，不能作为弹劾的目标，因为这是法院可以处理的；弹劾的目标应该是虽不违法、却不正当的行为。柏克一生最大的事业之一，就是弹劾印度总督哈斯廷斯，这一场弹劾持续了许多年，但不成功。他在书信中把此事称为他一生的“纪念碑”。

有了这一套计划，阴谋帮的若干重要的目的也就实现了。议会的权威若足用，则他们策划的每一项政府举措，就都可以取信于民；假如这举措太招人厌恶、穷尽议会的力量也不能使人民接受它，则失信于民的就是议会自己；这种失信于民的事，将逐日加剧人民对宪法的冷漠，而这恰是宪法的敌人持之以恒的目标：即滥用议会的权力，从而使人民普遍地产生对宪法的冷漠之情。议会一旦听人的诱劝，担当起行政的职权，则必将丧失所有的信任、爱戴与尊敬；而过去，当人们认为它是对国家之行政权的矫治与制约时，它是一直享有这些的。这些不务正业的做法，即使称得上公正、温和，它也会失去信任与尊敬；而一旦它邪恶、暴虐、滥施怒火、朋党为奸，则人将视之为所有暴政中最不可忍受的一种。

这一套隔离代表与选民的做法，曾悄然进行了很长时间；执行这彻底隔离之计划的人，若不是智小谋强，其性格与才干，但凡能与这重大的计划相般配，则成功是必定的。但他们操之太急，终于使自己的阴谋大白于人前，从而惊扰了国民，引起了他们的恐慌；对阴谋的策划者来说，这真是不愉快的事。国会上一次开会时，这帮自称“国王之友”的家伙们，竟肆其蛮勇，妄图一举变更选举权本身[①]；妄图授下院以权力，凡议员有不合他们心意者，即可不问规

① 在1768年中塞克斯的选举中，威尔克斯胜选；但1769年2月，下院以他散布煽动性的和有伤风化的言论为理由，将之驱逐。随后，他又三次胜选，并三次被下院拒纳。最后，路特莱尔受宫廷党的引诱，出面与他竞选，在选举中，路特莱尔仅得296票，威尔克斯则得1143票。但该年的4月，下院却宣布路特威尔当选为下院的议员。关于这件事，柏克曾在下院发表过一篇名为《论中塞克斯的选举》的著名演讲。

矩、只凭好恶而取消他们坐议国事的资格；又试图取消某一类人、还有某些具体个人的参选资格[①]；还想把那些大多数合法的选民不曾推选、也不符合任何已知的法律之规则的人，吸纳到自己的机构中来。

支持或反对这一权利[②]的理由，不是我现在要谈论的事。还从不曾有哪个话题像它那样，得到过如此充分、如此博学的讨论[③]，而且依我看，讨论的结果，是不仅仅让一方满意的；既已写出的东西，若还不能叫人信服，那即便起耶稣于地下，他也不会服罪的[④]。

我本人也考虑过这个话题；但我现在考虑它，只想把它作为政府之心爱计划的一部分；并考察引发它的动机；探讨它的政治后果。

狂热地要求对威尔克斯先生[⑤]加以惩罚，是整个隔离计划的借口。这位先生既挺身而出、强烈反对宫廷里的阴谋帮，自然就立

---

① 指后文中说的威尔克斯。

② 即取消议员之资格的权利。

③ 指格伦维尔在下院就该问题发表的演讲。

④ 这里所说的，也许是威廉·窦德斯威尔的一本小册子《一个英国之地产持有者的观点》（出版于1769年）。此人是一个无党派的下议员，后来出任罗金厄姆辉格党内阁的财政大臣。罗金厄姆内阁倒台后，又一直支持罗金厄姆的事业。柏克这里无疑有恭维它的意思。

⑤ 约翰·威尔克斯（1727—1797），当时的一位浪子，他因支持老皮特，撰写了一篇攻击（甚至有诋毁之嫌）布特的文字。政府曾以它有伤风化为名，试图逮捕他，威尔克斯则以自己是下院的议员而抗拒逮捕（下议员有豁免权）。宫廷派操纵下院将他除名之后（这是不合法的），才解决了法律的程序问题；最后由上院给他判罪（但没有执行）。虽然宫廷帮反对他，但他却数次在中塞克斯城的选举中获胜。参看上面“中塞克斯选举”的注释条目。

即成了他们的迫害的目标、民众喜爱的对象。宫廷党仇恨他、追赶他，人民则拥护他、保护他；事情很快就不关乎一人一事，而成了双方力量的较量。取胜于这场具体的争斗，既是眼前的、又不仅是眼前的、更不是它主要的目的。它的大目标，是影响下院的性格（character）。阴谋帮欲达到的目的，是建立一个先例，以向世人表明：**想获得民众的荣誉、民众的委托，则得宠于人民远不如得宠于宫廷更有保障**。每有不守法度的权力出现，便极力反对；有近乎于狂热的独立之精神；性好刨根问底，有天不怕地不怕的性格，故能发现、并敢于揭露政府的每一腐败、每一错误；——这些品质，在公开的、完全民众化的选举中，是最得民心、最易取得下院之席位的。而性格懒惰、依头顺脑；总是心存厚道、总是从好处去想掌权者的每一行为，与他们称兄道弟、相处得其乐融融；宁可支持用过头的权威，也绝不容忍民众的狂野；这些品格，在公开的议员选举中，是不得民心的。

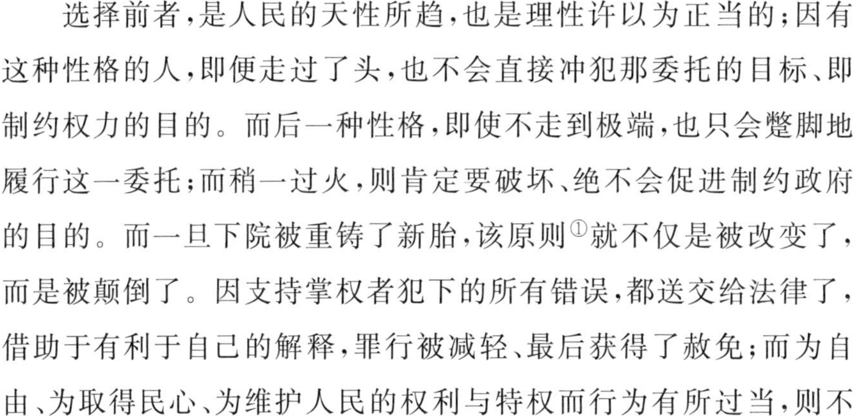

选择前者，是人民的天性所趋，也是理性许以为正当的；因有这种性格的人，即便走过了头，也不会直接冲犯那委托的目标、即制约权力的目的。而后一种性格，即使不走到极端，也只会蹩脚地履行这一委托；而稍一过火，则肯定要破坏、绝不会促进制约政府的目的。而一旦下院被重铸了新胎，该原则[1]就不仅是被改变了，而是被颠倒了。因支持掌权者犯下的所有错误，都送交给法律了，借助于有利于自己的解释，罪行被减轻、最后获得了赦免；而为自由、为取得民心、为维护人民的权利与特权而行为有所过当，则不

① 制约政府的原则。

仅要受已知的法律之严惩，还要受严惩于任意的程序，丧失这一民众的目标[①]。这样一来，“得民心”一事，虽不直接是犯罪、该受到刑罚，但至少是极端危险的。见爱于人民，甚至将导致他丧失代表人民的资格。而见恶于人民，却三转两转、经过一通颠倒黑白的解释，反倒成了一种资格，可以做人民之心爱的一切的托管者，大模大样坐在议会里。这是以犯罪来惩罚犯罪。这一次会议之前，人民的意见、通过多少还有点民众色彩的下院之权力，尚可促使君主授人以最高的地位、最厚的俸禄。而现在，这原则颠倒了过来；欲取得、并保住本应由人民支配的荣誉，惟一可靠的途径是得宠于宫廷。

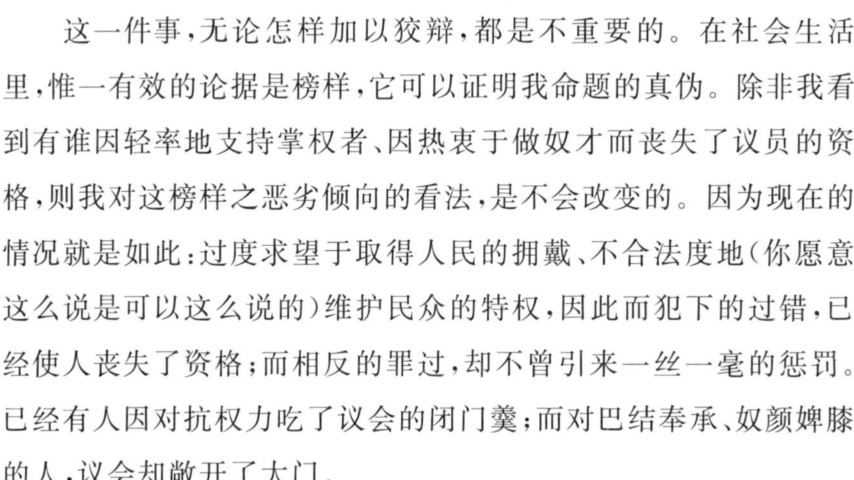

这一件事，无论怎样加以狡辩，都是不重要的。在社会生活里，惟一有效的论据是榜样，它可以证明我命题的真伪。除非我看到有谁因轻率地支持掌权者、因热衷于做奴才而丧失了议员的资格，则我对这榜样之恶劣倾向的看法，是不会改变的。因为现在的情况就是如此：过度求望于取得人民的拥戴、不合法度地（你愿意这么说是可以这么说的）维护民众的特权，因此而犯下的过错，已经使人丧失了资格；而相反的罪过，却不曾引来一丝一毫的惩罚。已经有人因对抗权力吃了议会的闭门羹；而对巴结奉承、奴颜婢膝的人，议会却敞开了大门。

我并不鼓励民众的骚乱，我不鼓励任何骚乱。但这样的过犯，我宁可交给法律、由它去量刑惩罚。本国法律的制定，就大部分来说，与其说是为保护我们具体的自由权，毋宁说是为统治的一般目

① “民众的目标”当指议员的资格、亦即制约政府的资格。

的(这样制定是很明智的)。因此,未受公众之委托、或不仅以委托者的身份[1]去维护自由的人,是容易或多或少地越出法律之常轨的;而法律本身即足以重惩这样的行为。审判的时候,除非有陪审团予以节制,则谁也不能阻止峻法把我们研成齑粉。但假如越法行事的恶习盛行开来、取消这样的审判制度、而把真的或假想的过犯拿到立法机构来审理[2],也就是说,立法机构把自己变成了刑事衡平的法庭(courts of criminal equity)(这是培根勋爵对星法院[3]的称呼),那么星法院的所有罪恶,也就通通复活了[4]。定谳时宽泛而随意地解释法条,量刑时擅作威权,这正是刑事衡平法的观念;这可谓法学中的怪胎。为此目的而设立的法庭,不论是一个枢密院,一个平民院,还是一个贵族院,都不会有什么区别;臣民的自由权,反正都要毁灭于它。一旦议会享有这样的司法权,则它真正的目的与目标,也终将被这法庭毁灭的。

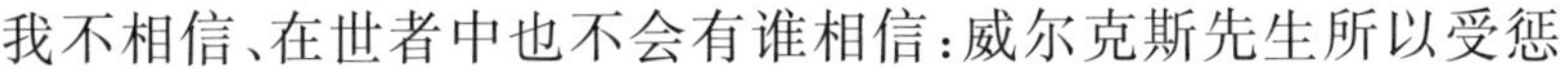

我不相信、在世者中也不会有谁相信:威尔克斯先生所以受惩

① 威尔克斯虽是议员,但他写那篇文章却不是以议员的身份写的。

② 威尔克斯案件是在上院审判的,上院没有陪审团。

③ 都铎和斯图亚特王朝时期的一种高等法院,由法官和国王的枢秘官组成,不采用陪审团制,与普通法法院相比,程序有更大的任意性;在斯图亚特王朝时期,该法院成了君主专制的工具,以暴虐、压制人民而闻名,1641 年被长期国会废除。培根对它的称呼,或是出自他的《亨利七世本纪》。译者浅学,不曾读过此书,故不知"刑事衡平法庭"指的是什么;以意推之:衡平法适用的目标,是成文法律或司法先例无法予以救助的民事案件(多涉及财产或契约),它的目的主要是救助,而不是惩罚,故不适用于刑事案件。刑事案件在英国,是交由普通法法院审理的。培根的意义或是说,刑事案件是有法可依的,审理时也是有程序、有陪审团制约的;衡平法则无成法可依,审理也不受陪审团的制约,以此来审理刑事案件,是不能公正的。

④ 威尔克斯的案件,不是由普通法法院审理(其中有陪审团)、而是由上院审理的。

罚，是因为他发表的东西有伤风化，或从他橱子里搜出的文字亵渎了神灵。即使他落于诽谤者、或渎神者都有的罪恶，则我相信其中的内容，也不过是它张狂而言的那点。但多年来，与它同样渎神、或更有害于宗教、道德与秩序的文字，却从不受惩罚，作者也不曾被羞辱，对王室尊严的最无礼的诽谤，亦被置之不问；诋毁法律、自由与国家政体的言论，即使最有叛乱色彩的，亦毫不受谴责——看到这些，我只能说这理由是骇人听闻的、无耻的借口。对每一件宗教的或民事的、公众的或私人的事件，大开骂口，毒害人心，这种事肆虐于国内并不少见，但从未受到过如此暴怒、如此猖狂的攻击。在这期间，为毁掉一个诽谤者，为了从民众的身上夺下区区一个宠儿，竟不惜动摇举国的安宁。

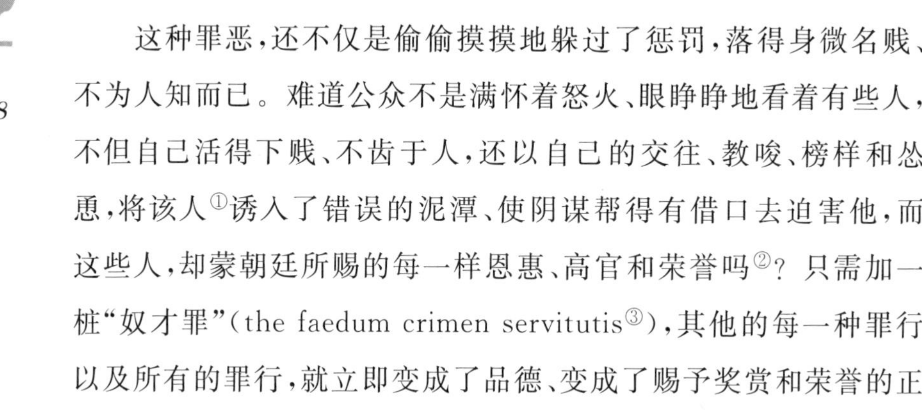

这种罪恶，还不仅是偷偷摸摸地躲过了惩罚，落得身微名贱、不为人知而已。难道公众不是满怀着怒火、眼睁睁地看着有些人，不但自己活得下贱、不齿于人，还以自己的交往、教唆、榜样和怂恿，将该人[1]诱入了错误的泥潭、使阴谋帮得有借口去迫害他，而这些人，却蒙朝廷所赐的每一样恩惠、高官和荣誉吗[2]？只需加一桩“奴才罪”（the faedum crimen servitutis[3]），其他的每一种罪行以及所有的罪行，就立即变成了品德、变成了赐予奖赏和荣誉的正当理由了。因此，阴谋帮陟罚臧否所遵循的原则，我细细地想过之

① 即约翰·威尔克斯。

② 指布特内阁的某些大臣，如财政大臣达史伍德等；他们与威尔克斯曾是同一个俱乐部的成员。而最终向布特控告威尔克斯的文字有伤风化的人，则是该俱乐部的另一个成员。

③ 语出塔西佗《历史》第1卷第1节；意思是“奴才的罪名”。

后,不得不断定说:威尔克斯先生所以被迫害,不仅由于他做过那些受赏者在做的事,还因为他有别于其中的许多人:他所以遭追捕,是由于他的罪恶中杂有勇敢的精神;即在奋力反抗压迫的时候,有一股威武不屈、百折不挠的坚定气概。

所以在这一件事中,该受惩罚的并不是这个人,将受羞辱的亦非他的过错。被拎将出来、遭到褫夺公权之惩罚的,是对抗权力的行为。这是要叫人们明白:这样的对抗,固可以获取民望,但民望却保护不了它。凡使宫廷面对人民的人,他的每一过犯,都无法抵偿,他的每一错误,都不能弥补。凡使宫廷面对权力的,他的每一桩恶行,则都可以掩盖、都将变为圣洁的举动。想体面而牢固地坐在下院里,就得刻刻小心,万不能斗起胆子,去培养可赢得民心的好品质;否则,他会想起那句老格言的:Breves et infaustos populi Romani amores(罗马人所爱的人物都活不长久,没有福分)[1]。所以说,追求民望,既然比甘心做奴才更危险,则作为民众选举之生命与灵魂的原则,就将消失于我们的宪法中了。

在这些榜样的影响下,构成下院的,必定是些什么样的人,这是英国人民有义务去想一想的。抱宫廷的大腿,则高官、厚禄、地位,样样不缺;私心里的贪婪与虚荣,也无一不可以满足;对大多数先生们来说,尤为重要的是,通过不停地巴结、谄事某些人,他们可以渐渐变成一股在地方上有广泛影响的势力。而另一方面,一向无瓜葛于宫廷、并反对其体制的人,他的处境如何,我们且来设想

---

① 语出塔西佗《编年史》第2卷第41节;译文出自王以铸、崔妙因汉译本,商务印书馆1983年版上卷第97页。

一下。他本人得不到官职、俸禄和头衔;他的孩子、兄弟或亲戚,不论供职于教会的、民事机构的、陆军的或海军的,都不可能有晋升的机会。市镇上(borough)上那奄奄待毙的势力[①],想为市长、副市长、或有头脸的市民的孩子要求官职或小小的谋生之具,都终归于徒然。他宫廷里的对手则拥有这一切。他能做出不胜指屈的慷慨、善意的行为,甚至是有公益精神的举动。他能使地方免于驻军之累[②]。他能取得贸易上的好处。他可以使罪行获得赦免[③]。他能得到千万种恩惠,免于千万种弊害。在出卖本国王每一珍贵利益的同时,他可以成为“及时雨”,保护人,好父亲和本市的护卫天使。而那不幸的、独立的议员,却没有任何东西可以给人,除了生硬的拒绝,可怜的道歉,或垂头丧气地为一个绝望的势力充当代表。除了动用私财(而宫廷里与他竞争的人,或和他一样有钱,甚至还要多),他无从展现任何一桩好品质[④],无从交一个朋友。他在下院里投票,永远处于意气消沉的少数派。他一发言,门就上锁[⑤]。一帮摇唇鼓舌的芝麻官奔将出来,向世人喧传说:他所有的目的,只是想得一顶官帽子。他若没有口才(许多智慧而深明世事的人,是没有口才的,下院中也如此[⑥]),则所有的麻烦会都来的,

① 指得民心的势力。

② 当时英国驻军的用度往往由驻扎的地方负担。

③ 国王有赦免罪犯的特权。

④ 如慷慨大度。

⑤ 依英国的规矩,任何一个议员,都有权要求清除议会旁听席的人,并锁上议会的大门,这种做法,常用以驱逐不友好的听众。这里的意思,显然是指这个孤单的议员的对头们为了驱逐支持他的旁听的群众,而要求清场,并锁闭议会的大门。

⑥ 此处或在暗示罗金厄姆;他不善于口辩。

任何一场马马虎虎还算成功的演说所得的喝彩，他绝得不到。天下义务攸关的职位，比这更令人沮丧的，我们能想象得出来吗？去他的“得民心”吧，它的奖赏太可怜了；下院的大多数成员，既不守法度，好恶由心，极力把维护民众利益时的过火行为，作为剥夺议员之资格的理由，且不仅让他丧失公民权，还要让他丢尽每一份脸，那就随他们的便吧。——假如发生了这种事，则本王国的人民请放心好了：准保不再有人坚定而忠诚地服务于他们了。这是人性与情理的必然；他们若还抱有期望，那他们的自负和愚蠢就是在半斤八两之间。人民的权力，必须表明它在法度之内有足够的能力，可保护热心履行职责的每一位代表；否则这职责就不可能履行。下院本身若不受制于选民、选民若不拥有推选议员的权利（这一权利，是下院无权夺走的），它就绝不可能制约其他的统治机构。这种任意剥夺议员资格的权力，假如他们允许它生下根来，那就彻底扭曲了下院的每一样其他的权力。近来的做法[①]，我不想说是违背法律的；它是铁板钉钉的违背法律；任何受制于宪法的统治之分支而持有他们所要求的这一权利[②]，无论如何是不可能合法的。

在剥夺议员的资格一事上，他们所提出的权力之要求，不应该高于一个最终法庭（final judicature）对权力的正当要求[③]，除非他们先把这一点立为一项指导性的原则：他们行使这一权利，根本不

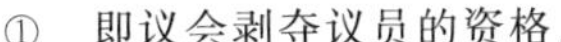

① 即议会剥夺议员的资格。

② 即剥夺人民推选议员的权利。

③ 这是退一步来说的话：意思说，即使他们可以要求这一权力，也应该先立下规则，如一个终审法庭断案那样，需要依据既定的规则，而不能随意。

要什么规则、全凭他们意之所之。而它们的煽动者们，却从不曾有谁着手订立相关的原则，说明什么样的人不适于作议员，指出哪一种过失、多大程度的过失即可成为下院驱逐之的理由，也不曾订立驱逐的程序或据以驱逐的相关证据。这样做的直接后果是，一个英国人，将因某种罪过而被剥夺最重要的公民权和其他赖之存在的所有权利，而这种罪过，事先却无人知其为罪过，靠哪些合法的证据去证实它，也没有已知的规则可循。这种事与我们的整个宪政体制，是如此地龃龉不合，故我敢说，以这种方式剥夺臣民的权利、哪怕最微末的权利，不仅未见于过去，也不应见之于现在与将来。

他们篡夺这一权力的全部的借口，是基于如下推论的。我们不是制定法律。不；我们并不争取这样的权力。我们只是宣布法律；既然我们是有合法之职权的至高的法庭，故经我们宣布为法律的，那就是法律；至于以前是不是这样宣布过，是全不相干的。所以说，在这一司法权下，是没有上诉可言的，这就意味着他们行使该权力，也无任何规则可约束；判决的合法性，并不来自于它符合（已知的）法律；而是颠倒法律与判决的先后，判决到哪里，法律就制定到哪里；所谓“判决的规则”，只是下院一时的好恶而已。专断、任意的判决权所到之处，合法性亦随之；而这一点，正是一项立法法案的本质与属性[①]。

他们握在手里的这一项权利之要求，绝非不结果实的空理论。它已被推到了结论的极端；一项危险的原则，已然产生了相应的做

① 立法与判决不同，判决要依据既有的法律，立法则大体是没有约束的。

法。双方都显得有计划，有步骤，有一股不达目的不罢休的精神。中塞克斯城的选民所推选的人，正是被下院投票取消资格的人；而中塞克斯的选民所不曾推选者，反被下院吸纳为它的成员[①]。通过解释自己所执掌的立法权，他们声称，在这一件事上，国民中只有这少数人，才真正理解什么是合法；而且还声称，凡是投票取消议员的资格、却遇到抵抗的时候，真正理解什么是合法的，总是非少数人莫属。

法律的制定，是为维护权利(privilege)，故对法律的任何解释，假如意在于反对权利的精神，那就是恶毒的、不怀好意的。实实在在地被代表，而不是只有形式、象征、影子和法律的虚文，对我们来说是万分重要的。当初选举权的确立，并不仅仅作为一套虚文，仅在于满足某些技术性推论的程式与规则；根据它当初的原则，被推选出来的是具体某人，不得以张三李四或阿猫阿狗替换之；某甲和某乙，是不能同时满足这一原则的。这是一宗权利；其功效，是使人民发出实实在在的声音，宣布某人为他们所了解、热爱与信任，并把此人、且只有此人给予他们；而不能解释他们的声音，以偷梁换柱。如何行使这一权力，是他们自家的事，全凭他们的判断与感情，它不是一个 ens rationis(出现之前即可想到的东西)[②]，不是法律的造物[③]：那些得使他人取代被实际推选者的手段，是不符合代议制(representation)的目的于万一的。

我清楚，法庭在审理其他的案件时，时有这种牵强附会的解

① 参看上面的注释。

② 意思是说，人民到底属意谁，不可预先而得知，非投票后不能确定。

③ 是民意的造物。

释。如“地产收回案”(common recovery)中的解释。在这种案件中，是把法庭的司阍、法警、扫地者、或另一些子虚乌有的人物，派给那些拥有残留权(in remainder)的人，以作为他们的担保人和继承者；这一套解释法律的办法，是一种质地粗劣的虚构品。但整个王国容忍这手段，足有好几个世代之久；因为对威斯特敏斯特老法令[①](它是允许承认“永久租地权”的)的规避，比起那被规避的法律来，是更合理、更有实效的。但把选举的权利改变成一场闹剧、一场学样的杂耍，像虚造的转地案(fine)和回收案一样，则这样的企图，我希望它有另一种命运；因为授人民以选举权的法律，对我们来说，是无比珍贵的，规避这样的法律，是无比可耻的。

人民确实被告诉说：这任意剥夺资格的权利，是委之于他们应该信任的人的手里，故他们绝不会滥用它、从而伤害人民。对这一套理论，我是很不想恭维的，除非我从中发现什么东西，能有别于那为每一种暴政做辩护的理论。人民所满意的，是把他们特权的行使仅仅委之于自己手里；而不愿意下院横插一脚，来使他们解脱这一负担。他们这么想是理所当然的。他们不应该把一种凌驾于他们选举权之上的权力，委托给下院之手；宪法既设置了另两种同

① 即1285年通过的《威斯特敏斯特第二法令》。整个这一段都涉及英国的封建法；11、12世纪之前，领主授予效忠于他的骑士以采邑，往往是不确定的，可随时收回的；但到了11、12世纪，骑士—封臣以及它的后嗣对采邑之利益的占有权，得到了法律确认，即便当初授予采邑的领主(即土地的主人)亦不得剥夺、或闯入(可参阅伯尔曼《法律与革命——西方法律传统的形式》一书之第9章“封建法”，此书有贺卫方等汉译本，中国大百科全书出版社版)。《威斯特敏斯特第二法令》则规定，采邑的占有者之享有采邑的收益，以一身为限，如果他去世时没有子女(或子女以先他而死)，则采邑将由授予采邑的领主收回。柏克文中所谓的“牵强附会的解释”，是当时通行于英国的一种规避这一法令的做法，以避免“永久租地权”的丧失。

等的权力[①],以作为对它的制约,则就是对该机构[②]不寄于这样的信任。为法律所狐疑者,我们却寄满腔的信任;把仅当给予一个守法度的立法机构的服从,给予一个想独霸立法权威之最严厉、最可恶的部分的下院;这样做可谓愚蠢,我们会遭报应、受奴役的。

下院为了全体平民的利益,想以牺牲另外两个等级[③]为代价而取得新优势,所以推行强硬的政策,——这一套做法,即使谈不上公正,至少也是自然的[④],选民也将默许他们的所有行为;因为最终获益的,是我们自己。但代表和我们本人发生争斗的时候,却劝我们服从、退让,且夺之于我们手中的东西,又没有一件可放进他们的天平里,这时候,他们居然对我们说:他们是我们的代表,是我们自己的血肉,他们鞭打我们,完全是为我们好,这简直是拿我们当孩子耍。这一机构期望于我们的信任,既如此地背逆法律,故单单这一期望本身,即足以表明他们是不配得到我们信任的。他们肯定要滥用它;因为所有人,一旦拥有了任意的、不受制约的权力,可以扩张其地位、谋取自身之利益,他们往往会滥用这权力;我看不出我们的时代有什么超凡入圣之处,故绝不可能出现奇迹,可以推翻这自然的规程。

但假如我们认为这一件事,仅仅是下院与选举人之间的斗争,那我们一定是故意闭上了眼。这一场斗争的双方,其实是王权与本王国的选举人;下院只是王权的工具。至于王权下的大臣们之

① 上院和王权。

② 下院。

③ 贵族与王权。

④ 即合乎下院的本性。

剥夺(他人参政的)资格,是通过依附于它的下院、依附于它的星法院、还是通过依附于它的王室法院(court of king's bench)[1],则完全没有区别。一旦议会的成员从实际中省悟到:他们的政治生命,并不依赖于人民的爱戴与看法,他们则将一头扎进宫廷的势力中,连样子也不装了。

对隔绝于人民的内阁来说,一个隔绝于人民的议会确实是必不可少的;故在这一件事里,宫内的内阁陷入了困难的烂泥潭,宫外的内阁,也被拖将下来,目睹这一切的人自容易想见出:这一号称"国王人马"的新帮派,把相机而动地取消个人的参选资格,树为他们整套阴谋的大政方针,是有着何等重要的意义。

下院被调教得自以为是选民的主人之后,只欠一件事情即可保证它将来不偏离故道、不去求得民心了:在拨付款项时,遵从宫廷的意志,毫不予以限制。

使我们的宫廷变得像邻国中之君主制国家的宫廷[2],既是他们的阴谋所在,则为了实现它,有一件事是必须做的:摧毁议会中的拨款机制,因为它似乎限制了君主的财产,如其他的法律之限制君主的权力那样。1769 年,在申请议会(拨款以)支付皇室费用的亏空时,他们终于抓到了这样的机会;在这一年,皇室金的亏空已达 513000 英镑。这一类的申请以前也有过;而照以前的方式提出申请,是绝不合眼下的目标的。

在过去,每逢君主来下院要求补助,以清偿到期的皇室金之亏

---

① 正是该法院缺席审判了威尔克斯,并为他定罪的。

② 指法国的宫廷。

空时，要求补助者与拨付款项者，往往受制于下面三个条件之一或全部的三个条件。一、用于此目的的岁金，被议会挪作了他用；二、专用于此目的而征收的税入，少于议会给定的钱额；立法机构的意图没有实现；三、申请用于清偿皇室金之亏空的款项，将从皇室金税中筹集。安妮女王当朝的时代，皇室背上了债务。负债的原因，据称是议会减少了皇室的岁金，并把其中的一部分拨作了他用，女王正是以此作为清偿的正当理由的。在那时候，向这一普通政权(the ordinary government)[①]申请的税项，每年的净得似乎不超过58万英镑；由于后来在拨款给乔治一世时，追加了12万镑后，总数才达到70万英镑。当时确曾有人断定说：许多年来，皇室金税的净收入不超过55万英镑；这话我毫不怀疑。此外，女王的意外的开销是很大的[②]，至少与本时代我们所知道的相当。当时申请于议会的，并不是实实在在的拨款；而是授权女王以皇室专用基金为抵押，通过借贷以筹得款项。

乔治一世当朝的时代，议会曾两度清偿皇室金的亏空。这些款项的拨付，都采用了安妮时代遵循的办法。皇室金的税源被抵押，以筹集所申请的款项，发还抵押时，还需要支付赎金。

在乔治二世时代，皇室金也得到过一次追加。议会授予他的税项，每年是可以筹集80万英镑的；直到他御世的第19年，即那一场叛乱之后，他才向议会提出要求，以清偿皇室金的亏空。叛乱所导致的意外的开销，即足以解释君主的困窘了。然而，政府的意

① 当指下院。

② 是多事之秋，故需要意外的开销。

外的开销，人们当时认为是不足为理由、不足以援据的。

在此数年以前，宫廷向议会提出申请，是把皇室金税的不足作为重要的、虽非惟一的正当之理由的。在那时候，这些税项的收入已下降得很低了；总计前一朝入库的平均净收入，每年竟不超过80万英镑。

此后，这位君主又统治了14年；不仅再无新的要求，还理顺了收支，使之井井有条；宫廷的许多机构，虽然比以前更大、更慷慨，而国王驾崩时，却留下了数量可观的钱，高达17万英镑之巨，可供当今的圣上用作皇室的开销。所以说，即使本朝的花销，一开始就有甚于往常，它的手里的钱也足够了，而且又岂止是足够呢？所有意外的花费，足可以应付裕如。本朝的皇室金胜过前两朝、尤其是乔治一世朝，是绝不会令人吃惊的：他[①]的岁入，假如算其净额的话，是仅有70万英镑的；而对该王朝的不忠之心，当时是强烈而危险的，又有来自国外的煽动，唆使人们支持僭君的事业，这些事，莫不需要大量意外的开销，以安抚国内，弭患于国外。大量的事要措办，花费必很浩荡。但是，当今圣上的宝座之基础的稳固，是没有一个君主可比的。

用度超过了给定的钱额，未经议会之特许，便擅自举债，这是明明白白的犯罪行为；这样的事，大臣们自然应该藏着掖着地不让审查，而不应该暴露给议会，从而受到议会的追究。当然，他们也应该出于职务的需要，带着各种理由到议会来，左右地解释，以开脱他们擅权的罪过。但不幸的是，下院的雷霆已不复加于大臣的

① 乔治一世。

头顶了。

从另一方面说，下院既是公众钱袋的托管者，这一特殊的身份，理应使它不惧烦琐的程序，以极大的关切索要每一笔公共的账目，并最为严格、最为准确地调查它们。

账目的首要用途是：在支付开销之前，先要说明费用的真实性，产生费用的原因和清付费用的合法理由与必要。没有谁是先给钱后看账的；因为这样的话，他就丧失了主要的且惟一有效的手段，不可能再迫使人出具一份清楚、完整的账目。但在国家的事务中，拨款前先出具账目，还有一个附加的理由。它是对窃取、滥用公共钱财的制约，或许还是惟一的制约。就任何合理的目的而言，付款后才出具的账目，是称不上账目的。但所有这些原则，下院却以为是陈年的皇历，不再适用于当今；他们有这样一种观点：最合议会身份的做法是：既然宫廷觉得应该要一笔钱，那就先给它，日子长着呢，等时间得了宽裕，再找机会查账不迟。

国民划定给王室的款项，每年有 80 万英镑之巨，这一笔钱，据国王自己大臣的估算，是足以维持王室之尊严的。当大臣们到下院来说，这一笔钱额，不足用于它的目的，他们产生了 50 万英镑的亏空，这时候，议会是不是应该先问问他们，它的拨款是怎么花的，怎么就不够了？调查一下这一笔债务，最初是起于内阁当政的哪一时期；找一找最怠乎职守的是谁，假如需要的话，对他提出谴责；对他们认为是不当的、或过度的花销，着手予以追查，以保证将来不再有人乱花乱用、越度开支；——难道这样的事，不正见出议会对公正还有几分关切吗？（查阅）其他的账目，只不过是好奇心的表现而已,绝非议会的正务[①]。而所有与议会的正务相关的账目,却统统被先决的动议所拒绝、或延迟。凡预防性的主张,都一概被排斥,理由是这么一来,倒显得对国王的大臣们有不当有的怀疑了。

在每一主要的账目被拒绝的同时,许多其他的账目却痛痛快快地被允许了[②]。

但宫廷还极为坦率地通知议会说:在下次开会之前,是什么账目也预备不好的,其中的某些账目也许更慢,可能到那时候也不成。但是,为牢牢确立这先付款后具账的先例,并在议会里形成为固定的成规,他们又摧毁了"机械中的神灵"[③],那就是能创造奇迹的议会法。他们宣称说,议会的成法是:每当君主[④]有要求,议会必须立即组成预算委员会,在这个委员会中出具并审查账目,这是合规矩的,符合常例的。因此,他们应该在没有账目的情况下,不加延迟地组成这一委员会,以便于按照程序和规则,去审查那些不可能出具给他们的东西。在组成预算委员会、并慷慨地议决支付皇室金的亏空时,他们就是这样靠着一时性起、任意胡为,去"符

① 这是在暗示议会追查约翰·威尔克斯的事。

② 指大臣们允许查阅。

③ 柏克此处的原文是 god in the machine,我想这一句话是常见于英文中的一个拉丁谚语的英译:即 Deus ex machina。这个谚语与古希腊的剧场有关,在古希腊的剧场中,"主要的舞台机械装置是一种起重机式的机关,神凭借这种机关从天而降出面解决戏剧中的难题(这就导致了机器神这个术语的诞生)。"(菲利斯·哈特诺尔《简明世界戏剧史》,中国戏剧出版社李松林译本,1986 年版第 11—12 页)所以这个谚语的意思是:从外而来的解决难题的力量。但议会的成法何以是"外来的力量",译本不得其解,或相对于政府是"从外而来的解决问题的力量"。

④ 包括政府。

合”规矩、“符合”议会之成法的。

在那场辩论中,还有一件很显眼的事,是不可能被人忽略的。他们在谈论皇室金的亏空时,口吻始终像是在谈论由国民授权而借的国债。他们强调说,这一笔亏空的偿付,也是一件紧迫事,同样关乎公众的信用与荣誉;在报告全年的账目时——他们称之为“预算”——内阁颇为自己偿付了这么多公共债务而自豪,仿佛它所清偿的是50万镑的海军证券或财政部证券[①]。而其实呢,他们用偿债基金所清付的债务,是未经议会授权而借来的,这样的清偿,无论从哪一方面来看,都使财政背上了重债。但眼下人们对于公共信用与债务偿付的观念就是如此。它产生这样一些后果,是毫不足怪的。

议会做精明地措置、以防杜将来,最好的办法,自来无过于追究既往的渎职行为,并予以严惩。我本来认为,内阁在当政期间,是应该做出诺言的,虽然对于公众来说,这只是一种脆弱的保障。派尔翰先生[②]是做过这种保证的,他守了诺言。但现在呢,谁要想从我们大臣的嘴里挤出一句稍稍像诺言的话,以保证皇室金的开销,不超过议会划定的额度,那真是难于上青天啊!在我看来,这缄口不开,等于在明明白白地宣布:他们是决心要反其道而行之了。

然而,为去除人们对此事的所有猜疑,在感谢了议会如此慷慨的拨款、以解除君主的债务之后,大臣们在借君主之口所做的发言

① 当时英国即发行公债以应付公共开支了。可参阅亚当·斯密《国富论》下卷之第5篇《论公债》一章,商务印书馆郭大力、王亚南译本下卷474—481页。

② 纽卡斯的兄弟,沃波尔倒台后曾短期出任首相。

中,这样通知上下两院说:他们会尽量把民政(the civil government)的开销,限制在——什么范围呢?你想得出吗?法律所划定的范围?那你就大错特错了——是限制在“君权的荣誉所可能许可的范围内”[①]。

君主的尊严[②],议会本来是划定过合法之标准的,但这样一来,他们即建立了一套任意的标准。在君权的荣誉这一宽泛而含糊的概念下,他们可毫无约束地上下其手,挥霍,腐败,无所不可为。这种任意的标准,他们既敢拿到上下两院的桌面上,则那估定君主的尊严为80万镑、且不许越过此数的议会法案,也就被投闲置散、不再起作用了,图书馆架子上的过时的法案又将新加一种;但这一次,人民却没有任何实惠可言[③]。

有了这一套做法,我猜就不会有人愚蠢到居然还认为君主的花销是有固定限制了。因为假如依据本国的法律[④],内阁每年有80万镑;又假如依据议会的成法,所有超过此数的亏空,都可以后具账目先报销;则我敢说:这就等同于一笔没有限制的岁入,假如说还有限制,则只有臣民的承受力与宫廷的克制了;也就是说,这一笔岁入,正是欧洲每一个专制君主所拥有的那种。正如一位有才具的人在这一场辩论中所说的:它等同于一种无限的权力,可以

---

① 出自1769年5月9日英王对下院的讲话。

② 即维持君主的尊严所需的花费。

③ 旧法案的取消,原因往往是为害人民。

④ 原文是the law of the land;英美法系中的一个术语,含义以译者所知约有两种,一是指某一地区或国家所通用的法律,如“美国宪法”第六款中所说的“this constitution…. shall be the supreme law of the land”(本宪法为……全国之最高法律);第二个含义,是指一个国家中已具有法律效力的习惯性做法。这里显然是指第一个含义。

随便从偿债基金里提款。它对于本王国的公共信用，肯定会有明显的影响；因为，假如能以皇室金为名义而随便地举债，并有权通过一个委员会去动用偿债基金，以为清偿之计，而该委员会又觉得，迫于法律的要求[1]，它不能问账、有债就得乖乖地拨款；——到了这种地步，所谓“其他一切的大支柱”的偿债基金[2]，也就徒有其名。

50万英镑并不是戋戋小数。但与表决这一款项所据的原则相比，又根本算不上什么；这一原则，将是多子多孙的，称之为“100多个孩子的多产母亲”，也毫不为过。这一次清偿皇室金的亏空是一坏先例，它凿开了一个取之不尽、用之不竭的腐败的矿源，由此而产生、并为此原则所打磨的凶器，固然会害及公共的信用、导致恶劣的后果，但这一点伤害，比起它为虐于公共的道德和宪政的安危，是根本不成其为伤害的。经由议会的一项法律，他们得有任意的权力，可取消别人的资格；由于议会的另一法律，国民不得不偿付皇室金的每一笔亏空；这些事，国民若不加警醒、而任它们蒙混过关，它们定会建立一笔“奖赏与恐怖”基金[3]的，从而使议会成为专制权力的最恭顺的附庸和最坚固的支柱，人智所发明的专制之爪牙，将以此为极。这一点，人民已感受到了。代表和人民之间已开始了争吵。但说到底，使他们陷于争斗的，还是那宫廷帮。

在这多灾多难之秋，最智慧的人也将不知所从，最果敢者，也

① 因为先例已变为成法。

② 一种用于清偿旧国债的基金。具体的内容，可参阅亚当·斯密《国富论》中的论国债一节。

③ 有了收买或威胁议会的手段，使之顺从于自己。

将是犹豫的。如今的局面，可以说是新的、得未曾有的。从我们祖先的智慧里，我们找不出指路标。我们至多是遵循他们在其他事情中的行事之精神。在观察社会的动乱时，我付出了几多辛苦，我心里清楚；我出版这一篇文字的动机之纯正，也是我敢自许的；但是，要说我有疗克目前之乱象、并防杜它于将来的妙药灵丹，则我岂敢。我的目的，只是提出此事，以期引起公众更广泛的讨论。让其他有才略的人去从事它吧。一位医学家，准确地描述疾病的起因、症候，却很少论及治疗的方法，这种事，亦非不常见也[①]。

疗克议会之混乱的药方，通常可以想见者，是缩短议会的任期[②]，并取消所有的、或大多数官吏在下院中坐议国事的资格[③]。这些药方，不管如何有效力，但我敢说在目前的局面下，是不可能服用的。欲做其他的改革，则恢复自由选举的权利，是不可或缺的第一步。至于这以后，政体应有哪些更张，则需要做深入而困难的研究。

这些药方，在人们的臆想中，是颇有大名的，但即使最嘉赏它们的人，也没有真心想付之于施行者；我写这一篇小文，若单为取悦公众的口味，则我尽可以像别人一样，毫不困难地推许它们。但坦白地说，我既不信赖为期三年的议会，也不信赖“席位法案”

---

① 古希腊、古罗马的医学家多有这样的著作，如希波克拉底的。

② 当时有缩短下院议员任期的强烈呼声。

③ 由于在威廉三世的统治下，官吏的数目激增，因而导致了1693年的一项“席位法案”(place-bill)，该法案打算将所有的政府官吏，拒之于下院之外。1705年，又通过一项正式的法案，该法案称：凡1705年10月25日以后所创设的官职，其持有者必须被排除于议会之外；任何接受了现有的有俸官职的下议员，必须自动放弃下院的席位，准备再选。

(place-bill)[①]。对前者来说，它或许会阻碍、而不是推进它意中的目标。人民频繁地选举，由此导致的可怕的混乱且不去说；每隔三年，国内有独立精神的士绅，就得被投诸格斗场上，与国库相厮拼[②]，这种事是我最害怕的。这争斗的双方谁先被毁灭，是一目可见的。凡用心观察过公共事务、故尽量以经验为自己理论之基础的人，肯定看到了内阁的势力，在每届议会的第一次和最后一次会议中，是何等的嚣张，而在中间的时期即议员立足稍稳之后，它的势力则不如此之甚。那些与我素有交往、并最具议会经验的人，在议会付诸表决的问题命运未决、尚需游说的阶段，却每因选举的临近，而经常在某些事上倒向宫廷的一边。时下的政局里，假如有人们所抱怨的罪恶在，则三年为期的议会，也难以铲除之。因为政府对选举的影响，假如不予以根除，则选举越频繁，个人的独立精神所受的侵扰，亦将愈甚；也会有越来越多的人，被迫躲避于树大根深的、自成一统的政府的势力之下，并求助于皇室金的无尽的资源。减少宫廷对选举的影响，肯定是事有可为、也是事所当为的；无论是延长、还是缩短议会的任期，都离不开这一点。但根除这一罪恶、又不至于使竞选频繁地回头、从而先是彻底摧毁独立的财产[③]、既而摧毁独立的精神，这样的手段，天下是没有的。对这一点，我只是略述己见而已，并不是持相反的主张，故我之提到另一

① 见上页注④。

② 指宫廷帮动用国库的钱，支持他们的走卒们与这些有独立精神的人去竞争议院的席位。

③ 有独立精神的竞选人，竞选时往往动用自己的家产，而无论家产有多大，与国库较量最终是不免于毁灭的。

点，还望读者的原谅[①]。我可以真诚地对你们说：同我谈论过这个话题的人中，凡熟悉公共事务者，我不记得有谁认为缩短议会的任期，能果真改进我们宪政的体制[②]。热心于民众之事业的先生们，总是把这些人的所有言谈，归之于堕落的动机。久执公众的事务，从这一方面看，若容易使人的心灵堕落，那么从另一方面说，也可以使他们更了解世情。这种人的权威，往往不可小觑。它与那些不太练达于世务者的空理论，或有同等的价值；这些人，宅心也许更纯正，而论事评情，却往往不如他们灵验。此外，以为每一个政治家，都理所当然的堕落，他在每一个宪政问题上的观点，莫不出于邪恶的利益；这样的看法，是粗俗而幼稚的恶意所致[③]。

人们所中意的第二个药方里，是席位法案。这两个药方里，指导性的原则其实是同一个；我是指那为许多人所持有的见解：即认为法律与规则，对治疗政治的弊病而言，肯定是有效力的。对这样的原则，我虽不如许多人那样盲目地信服，却也不无端地怀疑，我只想说：兹事体大，要认真而成熟地思量才成。隔离议会与持有公职的大部分人、和强大重要如海军、陆军的大多数势力集团，其后果如何，是颇不易言的[④]。它们在宪政体制中，享有一份堕落的利益，比起它们一无所享来，也许更可取。这个问题，与剥夺某一类税务官坐议国会的资格、或把低级的税务官排除于选举的投票之

① 可能是说：我虽然不主张缩短议会的任期，但也不是主张延长任期。

② 关于缩短议员任期的问题，柏克在下院中曾专门做过一次演讲。这里的观点即出自于其中。

③ 这是柏克的一个钟爱的观点，他的作品中曾至再至三地说。也曾见本书《致布里斯托长官书》的结尾处。

④ 有人之所以提出要排除他们，是因为他们吃国王的俸禄，听命于宫廷。

外,是完全不同的[①]。在前一种情况下,受影响的只是寥寥几人;在后一种情况下,受影响的是无足轻重者。但是,若干巨大的利益集团,如政界的,职业界的,陆军或海军界的,已逐渐形成于本王国,这里面,势必包括了许多举足轻重的人,他们有第一等的地位,第一等的能力,第一等的财富,和第一等的精神[②]。这些新利益,必须有它们的代表,必须被允许在国家事务中占有一份额;否则的话,它们可能生歹意,摧毁那些不许它们参与的制度。这是个庞然大物,不可以狎玩;每一个宅心善良的人,都不该去撩拨它。此外还有一些重大的理由。我这里不想展开说,因为与我的目的并无直接的关联;凡对政体做重大的更张,莫不有巨大的困难,我的目的,只是取出困难的一脔,让读者尝一尝;只是想暗示说,欲挫败宫廷的诡计,即使不往最坏处说,也不大可能有把握——只要它还能动用权力去大肆施加影响,并把这影响加在议会的头上;如果公开的手段被禁止,则它施加影响的方式,也许会更下作、更危险。他们将钻研那些隐秘而邪曲的手法。规避之术,如今他们已略知一二了,那样一来,他们可就登峰造极了。一桩罪恶,我们该容忍到几何,明白这一点,可谓大智慧;否则的话,在民风堕落的时代,却妄行那不可行者,欲使世风归于纯粹,那么维持社会的坏做法,是不但不能砍断新的腐败,它还将因为旧腐败的潜伏与平安无事而滋长出来的。没有任何势力去影响议会成员的心,那当然最好。

① 1782年罗金厄姆的第二次组阁成功,靠的就是这种办法。

② 在此之前,英国有地位的阶层,主要是贵族、地主和僧侣;因为此前很少有常备军,逢有战事,军官总是由贵族充当的;这以后则有了常备军,于是产生了一大批职业军人。

但依我之见，在所有类型的影响中，政府下的一个职位，对占据它的人来说，却是最不可耻的，对国家来说，也是尤其安全的[①]。合同、认捐、直接的贿赂和众多暗中腐败的手段，宫廷帮的手里多的是，只要我们身边有腐败的媒介、我们自己又有腐败的心，这些手段，他们就会拿出来使；我既无力阻止他们，雅不欲把这种公开的、可见的影响拒之门外的，因为它与国家的尊严、国家的事务紧密相连。我们的政体，是站在一个微妙的平衡物上的，四面是陡峭的悬崖和无底的深渊。朝某一侧移动它，是异常危险的，这容易倾覆它的另一侧。对我们这样一个复杂的政权来说，任何重大的变革计划，假如同时伴有更加复杂的外部环境，则一定是一件充满困难的事；对于这样的事情，细心的人，将不急于做决定，谨慎的人，将不轻易去着手，而诚实的人，是不会动辄许诺的。拿不准自己该不该、或有无能力去做，便一口应承的人，是既不尊重公众，也不尊重自己。我的看法就是如此，它或许浅陋，但诚实，没有偏见；我把它完全交给稳重的人，热爱本国之政体的人，和有经验、有阅历、知道哪些事情、是最能促进或伤害自己国家的人，以求他们的睿断。

我们有广盛的财源，有巨大的债务[②]，有强大的势力集团[③]，政府本身，又是一个大银行家、大商人，在这样的局面下[④]，每逢那些

① 即政府官员对议员施加影响，是最不可耻的，也是最安全的。

② 或许指发行国债而筹集到的钱。

③ 指军界、职业界等。

④ 这局面是：王权、王权下的政府、吃政府俸禄的集团，是太有钱、势力太大了，他们的钱可以收买、他们的势力可以威胁下院，这已打破了宪政的平衡，所以必须启动人民的力量去制约他们的代表，否则平衡就不能恢复。

代表们或以明目张胆、臭名昭著的法案,或以重大的变革,想越过法律的篱笆、引进专制的权力,那么欲迫使它们对于公众的利益,保持一分适当的关切,则舍人民一方的干涉,我看实在没有其他办法。这干涉,是一剂最苦的药。但是,假如这药是合法的,那么它调治出来,就是要用于某些场合的;而只有当其他的手段都不足使政体恪守它真正的目的[①]时,才可动用这样的药物。

在上个世纪,须担心并矫治的大问题,是君主制的弊病;这个世纪则轮到了议会的弊病。对议会之病乱的救治,单在议会里是不能完成的;它也不能在议会开始。人民对政权的信任恢复之前,应先激发他们的心,从而使他们更严格、更仔细地关注他们的代表的行为。评定他们行为好坏的标准,应该更系统,应在各郡、各自治市的大会上确定下来。逢有重大的表决,准确而翔实的投票者名单,他们应经常取到手里。

有这样的手段,事情就有可为了。凭借这样的手段,人民就可以看出:到底是哪个家伙,在不分青红皂白地支持所有的内阁,在公务中全没有骨气、彻底辜负了信任;是谁在混淆好人与坏蛋;是什么样的人,在削弱、瓦解、而不是增强、加固政权的一般结构。任何人,即使他关心政权与秩序甚于他国家的自由,他也应想办法结束这种胡乱支持的作风。正是这盲目的、黑白不分的支持,才蓄起了混乱的泉头,而这些混乱,又吓破他的胆子,一头扎进了宫廷帮的怀里(殊不知削弱国家之一切光明正大的、正规的权威者,恰是这一帮派,它就是万恶之源)。这混乱,又因他有失慎重地乱诊断,

① 平衡。

胡下药，而愈形地加剧了。

一个宫外的内阁，只因无能而被选中，或被选中后，为使它驯服而故意使它变得无能，那么这样的内阁，我们是不应该服从的。执法者受蔑视，法律也不会被人尊重；假如他们的权力，不是直接出自于王权，不是本王国之天然的力量①，则它肯定受蔑视。大臣得议会的支持，无有甚于今天者。议会的支持，可谓与官职而齐飞，共官职而一色，全不管执掌官职的人，是阿猫还是阿狗，是好人还是坏蛋。那么政府的力量加强了？没有；反而越来越弱了。民众的洪流，无时无刻不在扑向它。我们还是从经验里学点乖吧。政府所缺的，眼下不是支持，而是改革。政府以民众的意见为基础，并不就稳如磐石；但这样的政府，至少还有稳定可言。倘若它以个人的好恶为基础，则它的结构就是草插的，它的基础，就是在流沙上。我再说一遍——一见内阁必支持的人，是政权的颠覆者。原因是宫廷感兴趣的一切事，不管谁来实施，也不管他地位的高低，明智还是愚蠢，可耻还是可敬，既然都能顺利地进行，那就没有什么东西能使宫廷忠于任何阶层(hold firm to any body of men)、或固守任何连贯的政策了。宫廷的翻云覆雨，喜怒不测，将彻底左右我们的公仆，我们却无从阻止，无从干涉。内阁的体制，将因最可鄙的阴谋、最下贱的宠嬖之纲领的忽左忽右，而动荡不已，变化无常。没一样东西是坚固而恒久的。到最后，所有的好人，都将被吓得躲离政坛，不敢出任这样的公职了。有身份、有才能者，应以自己的精神，去鼓舞自由国度的好人，当他们拒不接受阴险的宠嬖

① 主要指有恒产者和贵族。

对其行为与命运的宰制时，他们将为了自己、为国内的好人，而欣然以国民为靠山。他们将信赖一个好刨根问底、能分辨善恶的议会；惟其能刨根问底，惟其能善恶分明。他们若行得端，走得直，那他们会明白，在这样的议会里，他们抵御阴谋，是不缺少援军的；但他们若行如狗彘，则他们也清楚，任何阴谋都不足以保护他们。这样的处境，可怕固然可怕，但体面而尊严。但假如转眼之间，在同一个议会里，他们丝毫没有来由，便从最高的权威上一头扑落，公然懈怠于国事，不问理乱之机，那么这样的处境，就是充满危险、断无尊严可言了。凡谨慎的人，凡有血气者，都是避之而惟恐不及的。

隔离宫廷与内阁，分裂国务官员，后果就是如此。合法的政府，因前者而覆灭，对不法权力的所有抵抗，又因后者而萎缩。这一帮国王的人马，势如盘踞于要塞的驻军，宰制并奴役着内阁；假如为数颇广的人，有足够的决心与诚实，不看到国王的人马被击溃、被解散，不看到他们竖起的工事被夷平，则拒不接受这样的内阁，那么政府大半是可以恢复的。公共生活中的人，是不是愿意保持国王人马的完整，是不是甘于听它的调遣，是不是有心与它合作，在未来，应是每一届内阁之好坏的试金石。这一个帮派与公共的安宁、与好政府的所有目的，都是背道而驰的，每一届内阁，对此莫不有领教；因为，他们若反对它，会很快失了权柄，无法再尽心于王事；他们若俯首于它，又丧尽了国民的尊敬。做大臣的人，不管有多巧妙的借口，但如果拿不出足够的证据，向公众表明他们与这体制已是一刀两断了，则我们就可以断定说：他做官是为俸禄，而不是尽职守。假如他们拒不出示这样的证据，则他们是什么样的货色,即一目了然了。在这一件事上,选民的正业,应是监督他们的代表。在议会中,他们的代表投票支持这样的内阁,哪怕只有一次之微,选民也应该视之为大过犯,当受的谴责之深,不下于出任内阁的官职;容忍它,或效力于它,其间没有区别,选民应该一体看待。在我建议选民们所做的调查中,有一件事他们必须要注意:即议员们对人对事的看法,总变去变来、总是朝三暮四,这一点可谓臭名远扬。这一做法,正是宫廷体制的梁柱之一;而这一套为祸于国家的体制,是一直尽力于瓦解本王国之所有正派的、体面的和有益的联合的。

这一帮宫廷的佞倖,还四处传扬一套歪理,以粉饰这叛党求荣的行为,而且颇为成功;这歪理得到的支持哪怕只有一份,则谈论对宫廷一党的有力抵抗,也将是彻头彻尾的废话。这理论是:所有的政治联合,究其实质,都是植党以乱国的,所以理应剪除之,毁灭之;凡组阁,须仅依个人的才具为准,先由宫廷的佞倖们评断才具之高下,然后征募于公共人员的每一党、每一派。这一道饬令,是1766年在一篇反对当时之内阁的演讲中,由宫廷帮的党魁布特伯爵本人庄严颁布的;这一内阁,是他见识过的、惟一公开而直接地抗拒宫廷的内阁①。

这种人,发出这样的宣言,本无足怪也。自古以来,凡不遵法度的政客,都莫不机关算尽,给人灌输着这样的观点:联合与朋党,是一物之两称。这其中的名堂是一目了然的。有联合,人们相互之间,才可以便捷地示警,起而抵御罪恶的阴谋。有群策,故能看

① 即罗金厄姆内阁。

穿它;有群力,方能抵抗它。而散兵游勇,不齐心,无秩序,少原则,则相互间的示警,就不可指待了,既无以集众策,也无以抗暴敌。人与人之间,互不知对方的原则,未见识过各自的才具,不曾戮力于事、故而通其性,达其情;相互间无信任,无友谊,无共同的利益;要这样的一些人,欲其履行公共的职责而步调一致、百折不挠、有绩有效,我知其必不可也。在联合中,即便最微贱的人,也因依附整体的力量而有价值,有用益;但脱弃了联合,则纵有雄才大略,也是万难服务于公众的。一个人,倘非激于虚荣,自大而狂妄,是不会自诩为擎天之独柱的,或以为一支孤军,东一枪西一棒的,即足以击溃狡诈的阴谋和有野心的公民结成的妖党。坏人植党,好人就必须联合;否则的话,他们会逐一落马,在一场不光彩的战斗中,成为无人可怜的牺牲品。

在公民社会里,受人民之委托,却仅满足于对国家怀有善意,这是不够的。立身端谨,从不做恶事,投票每依自己的良心,甚至每见有阴谋,即担心它害及国家的利益,故慷慨陈词,以为抵制之计,这也是不够的。这虽无害、却也无益的作风,其所以形成,似是为了开脱自己,推委责任,距公共义务的标准,是不及远甚。这义务要求、并命令人们:凡正确的东西,不仅要使它见知于人,还要大行于世;凡罪恶,不但要识破它,还要打败它。受公众之委托的人,假如泄泄沓沓,不取有利的地势以有效地尽职守,则委托的目的,将因他的懈怠而受挫,其后果,盖同于正式地背叛人民的委托。人在自己的一生中,行事处处端正,但总是明哲保身,总设法不让自己的努力有任何后果,这种人不过是乡愿而已。

敏感而多顾虑的人,因许多政党的行为,而不喜欢所有种类的政治联合，这一点，我毫不感到奇怪。我承认，在政治结盟中，人们经常染上狭隘、偏执和党同伐异的作风；公益之心，每沉沦于党派的小利益。但是，想尽职守，是不能不占据要地的，我们该做的是远离这要地的邪害，而不是弃逃。一座军堡，若坐落于烟侵雾瘴之地，则守军的军官必须要做的，是注意自己的健康，而绝不能弃离职守。每一种职业，都有它自己的毛病与邪害，即使光荣如从军、或圣洁如事神[①]，也概莫能免；但这些毛病，却不足为反对这些生活方式的理由；在这些职业中，也不是人人必受这样的邪害。政治的联合也如此；对于克尽公共的职守来说，它是必不可少的，至于它容易堕落为乱国的朋党，却只是偶然、事不经有的。社会(commonwealth)固然由家庭构成，但自由的社会，也是由党派构成的；就好比我们天然的情感与血缘必有其害处、即容易使人成为坏公民那样，党派的纽带，也容易削弱我们对国家的忠诚。

有的立法者们[②]甚至走得更远，他们把不偏不党也视为对国家的犯罪。这是不是把原则推过了头，我不清楚。但我肯定的是，在最伟大的共和国中，最有爱国心者，是每每提倡、并推进这种联合的。Idem sentire de republica(政见相同)[③]这一句话在他们那里，是友谊和亲附的主要理由；至于在此之外，还另有什么办法能形成更牢固、更珍贵、更可爱、更尊严和更有德的习惯，则非我所

① 做牧师。

② 指古希腊的梭仑。

③ 语出西塞罗的《论友谊》，此文有徐奕春汉译本，收入商务印书馆《西塞罗三论》。

知。罗马人在奉行这一原则时,走得远。甚至共居一官[①],这种机缘、而非选择所导致的人事安排,也足以产生终生的关系。人们称之为 necessitudo sortis(命运的必然),并敬之如神明。在他们看来,背弃任何一种政治关系(civil relations),都是极端卑鄙的行为。那里的全体人民,分流于不同的政治团体,在国家的事务中,他们集体行动,以赞护各自喜爱的利益。因为在那时候,以正派的手段,把情感同于自己、见解同于自己的人,推至高位,推上权力,人是不以为犯罪的。这一智慧的人民,固不认为这样的联合是没有约束、不需要尽义务,但人们应每一利益的召唤而脱离它,也并不是耻辱。他们坚信个人的荣誉,是公共之委托的基石;讲友道,就是朝爱国迈进了一大步。他们相信,在日常交往中,除自己外还关心他人者,一旦出任公职,那么做事的时候,或许会顾及别人的利益,而不是光想自己。也许我们绝不会变得——如那法国喜剧作家的妙语所说的——pus sages que les sages(比智慧而贤良的古人还聪明)[②]。在他们看来,公德与私德,并非不协和、相倾轧,亦非合之而两伤,而是两相浃洽的;他们的愿望,就是想看到公私之德,高贵而有节有序地相生相长,并两相扶持。在我国历史上最幸运的时代之一,国家就是由某一联合来统治的;即安妮女王御世的时代,——那伟大辉格党之联合。一位颇受辉格党人尊敬的诗人,曾依据这一原则,赋诗以歌颂他们。为他们不以为然的事而赋

① 古罗马的执政官或财政官等,往往由多人同时执掌。

② 语出莫里哀的喜剧《〈太太学堂〉的批评》。

诗歌颂他们，阿迪生必不为也，因为他了解他们的观点。为不得众望的事而为他们喝彩，诗人亦必不为也，因他了解自己的本业。他对不列颠说：

你的宠儿，不是落生于命运的玩笑，
不是来自宫廷的罪恶与蠢行，
他们起于美德之坚实的台基，
来自于久经考验的信仰
和友谊的神圣纽带①。

当时的辉格党人相信，获得权利的惟一恰当的途径，是通过患难中结成的友谊和时危节见的忠诚。在当时的人看来，爱国主义并不是血腥的偶像②，需要祭献孩子与父母，或最珍贵的私交，以及由这些关系中产生的所有品德。他们道德感很平正，绝不私智穿凿，绝不认为隐忍于朋友的苦难，是克制精神的恰当表达，或不牺牲他人的身家，即无以见自己的无私。他们相信，凡步调不协调者，做事必不成功；无相互信任的人，做事必不协调；想法分乖、感情相歧和利益背谲的人们，是必不能相互信任的。

① 出自艾迪生的《战役》一诗。艾迪生（Joseph Addison，1672—1719）即著名的小品文报《旁观者》的发起人和作者之一；他曾任下院议员，助理国务秘书等职，政治上属于辉格党。仕途失败后组织了当时最有名的文学俱乐部。

② 当指《旧约·列王纪上》11.7、8等处提到异邦神摩洛，以色列人曾以自己的子女为牺牲祭献他，为上帝所谴责。

我不得不说，桑德兰勋爵[①]，格德尔芬勋爵[②]，萨摩斯勋爵[③]，和马尔博罗勋爵[④]，就是这样一些智慧的人；公共力量的大厦所立基的原则，他们牢牢据守，出语如三岁小儿者的一呼一嘘，不足以把他们吹离自己的阵地。他们不怕被别人称为野心帮；也不怕那些芝麻大的官吏们把他们一荣俱荣、一损俱损的决心，解释为争逐权位。

人们结为政党，是为了依据他们共同认可的某一原则，同心协力，以推进国家的利益。对自己的政见自信甚坚，或认为它们将有功于世，却拒不采取手段付之于施行——这样的人，我是不知其可的。理论哲学家的正业，是划定政府的固有目标。而政治家、即行动哲学家的正业，则是寻找恰当的手段、并有效地实施之，从而抵达这些目标。所以说，凡正直的党派都应公开地申明，自己的首要目的，就是采用每一正当的手段，把政见同于自己的人推至要路之津，使之得以动用国家的全部权力和权威，把他们的共同纲领付诸实行。既然这样的权力，是附着于某些职位的，因此他们的义务就是争夺这样的职位。在不排斥其他党派的前提下，他们必须在所有的事情中，优先考虑本党的利益；绝不能私打算盘，在本党之全体被拒于权力的门外时，却接受他党提供的位子；也不能在公务

① 查尔斯·斯宾塞，桑德兰伯爵（1674—1722），英国政治家，著名的辉格党人。

② 西德尼·格德尔芬（1645—1712），英国政治家，查理二世、詹姆斯二世和威廉三世三朝的廷臣。是一个精明的不倒翁。他的政治态度，并不如柏克说的那样有辉格党气味。

③ 约翰·萨摩斯（1651—1716），坚定的辉格党政治家；起草《权利宣言》的委员会就是以他为主席的。

④ 约翰·丘吉尔，马尔伯罗公爵（1650—1722），英国政治家，军人，在“西班牙王位继承战”中大败路易十四的法国军队的英雄。英国前首相温斯顿·丘吉尔就是他的后代。

中，或会商时，任由那些反对本党之基本原则的人、甚至反对每一正派的联合赖以存在的基础者，去引导他们，控制他们，或力量超过他们[①]。这样追求权力，是大大方方的，这些原则，是大丈夫的原则，它与宵小之徒的争权位，贪俸禄，区别是晓然易见的。他们的作风，使他们有别于那无数的骗子，这些人，总拿凿枘于人类之实践的高调，去欺蒙无知的人，然后又做下猪狗不如的事，从而激恼他们。

有些人的智慧与道德，是器小而易盈的，但他们却有个天大的优势：他们的原则都显得很有道理，乍看之下，简直是第一等的原则。它们轻巧而便于携带。它们流布天下，宛如铜币一般，价值也略似。上智下愚，它们无不合用；最起码说，它们是既能取用于狗彘，也能取用于圣贤的。带这种图徽的人[②]，有这样一句时髦话，叫做看政策不看人[③]；这句话的魔力，使得许多人脱离了每一种正派的契约。每当我看见一个人，行若散兵，东一枪西一棒地做事，既不利于自己的腾达，也有损于政党的事业，这时，我总难以相信他是正确的；但我乐于相信他是真诚的。品德不论见于何处，我都敬重；即使它与弱点薰莸同器，我也如此。我只痛惜少而珍贵的才德，徒然地抛洒，却无补于公益。但一个眼前有厚禄的人[④]，脱离

① 这也是罗金厄姆的原则；据《格伦维尔文稿》第4卷说，他讨厌“那些见内阁就支持的人”。

② 由铜币而引申的比喻。

③ 此语是针对谢尔本的，《罗金厄姆回忆录》中收有他的一封致罗金厄姆的信，是拒绝在罗金厄姆的内阁中出任大臣的，其中说：“至于我将来的行为，则我有一句话，请阁下原谅：我日后的行为之准则，是看政策不看人”。

④ 这里或是影射亨利·西摩·康威（Henry Seymour Conway），当时的下议员，曾在罗金厄姆内阁中任国务秘书，在此后的皮特内阁和格拉夫顿内阁继续任此职。

他长期活动于其中的政党,这时他告诉你说:他所以如此,是基于他自己的判断,他做事,是依据应时而出现的不同政策的好坏,他得依从自己的良心,而不是别人的良心;他这一通道理,的确让人无法反驳,但话中暴露的品格,我们也是不可能搞错的。一个人,自来无分歧于某一派人,而一旦他们失权,分歧就来了,而且从此以后,不见有一桩事与他们有同见;这样的人,我们该怎么想好呢?观点与利益,不期而然走到了一起,天下可有这巧事?脱离联合以自立门户,或接受权位,恰恰发生于朋友们失权的紧要关头,这一枚骰子,无乃也掷得太离奇了。当人们背弃自己的联合时,背弃之举,是明明白白的事实,它头上的问题,是简单而直接的,好与坏,常人即可以审断。政府的政策之对错,则不是事实,而只是看法的问题,人们是大可以——其实他们也正是——聚讼不休,纷争不已的。但某个人,是不是果真认为这措施是对的、或错的,则穷竭人类的理智,也无法加以判断。所以便巧的政客们,每不依据公开的行为来审判自己的操行,因为在寻常的法庭上,即可以见其好坏;他们所依据的,是那些好坏存乎一心、仅可在秘密法庭上审判的事情,因为在这里,他们相信听讼者是偏袒他们的,最坏的刑罚,也不过一顿良心的鞭子。

依据行为之端邪,以察人品的良莠,是人间的正理;而这一套教条,既意在于摧毁之,则我相信,读者是必不指望其中会有什么真货色的。因此,假如我再补充一点,以便于澄清另一问题,读者会原谅我;因为在这个问题上,那些隐微其心迹以图取方便的不诚实者,已经把水搅浑了。

为毁谤政治的联合,这些政客们假定说,即使党派的政见,南辕北辙于他本人之清晰的主张,你也得盲目地服从它,这种事,是联合必有的。屈从于这样的奴役,的确是高尚的人不忍去想的,而且我相信,除了某些宫廷的帮派,没有哪种联合是如此愚蠢,竟暴虐到以这样的奴役加诸自己的成员。有自由之思想的人,对于某些具体的事件,自有不同的想法。但在公共事务中,应时而起的政策,在很大程度上,大多是有关于、并依赖于某些重大的、**主要的和一般性的政府之原则**的,所以说,一个人既选定了政治伙伴,却十次之中至少有九次与他们政见不同,那么此人可就太不幸了。建党的一般性原则,在应用的时候,成员们必须要一致赞同,假如他不同意建党的原则,当初就应该选择另一党,即更投合他的政见者。假如拿不准问题的性质,或问题不是很重要,那么作为个人就应该克制,应该偏袒他慎重选作朋友的人,这样的话,他会每每默从大家的观点。你往东我往西的事,自然就少;只要不破坏和谐,不搅扰本党的安排,就可以爱怎样就怎样。所有这些,是过去最步调一致、最牢不可破的联合所要求的特征。没有联合的人怎么做事,我是完全不理解的。一个人,终年坐在议会里,四周的同胞公民,有 550 人之多,激情澎湃于身边,宛如暴风雨,各种才华、脾气和性格,在激烈地厮杀,表决重大的问题时,如置身汹涌的潮水,所讨论的利益,又如此的广袤、如此的重大,然而他放眼身边,却不见哪类人的品格、行为与脾性能引动他的心,去与他们联合,在公共事业的政策中,去帮助、或受助于他们;这样的人,到底是什么材料造的?这些材料,又是如何团弄起来的呢?

我记得一位老学者有格言说,“离群而索居的人,倘非天使,则必是魔鬼”[①]。从当代的这些离群索居者的身上,假如我看到天使般的纯洁、力量和善行,我会承认他们是天使的。但话说回来,我们生来不过是人而已[②]。砥砺品行而成为好人,即足矣。所以说,我们的正业,是精心陶冶自己的心灵,培育天性中的每一大度、诚实的感情,使之最完满、有力、成熟。把私生活中的可爱的[③]性情,移用于服务社会,带入公共的行为里。做一个爱国者,却不忘记我们是绅士[④]。培养友谊,招致仇怨[⑤]。爱朋友,恨敌人;但敌与友,要慎重地选择;宽和待友,不屈服于敌人。依据我们的义务、我们的身份,去塑造我们的原则。要坚信凡品德不可行于实践者,必是骗子的高调;要有精力、有实效地做事情,宁可犯错误,也不能无功

① 这里的老学者也许指17世纪的英国作家罗伯特·伯顿(Robert Burton),他的名著《忧郁的解剖》第一部中有同样的话;此话的大意则最早见于亚里士多德:“凡隔离而自外于城邦的人——或是为世俗所鄙弃而无法获得人类社会组合的便利或因高傲自满而鄙弃世俗的组合的人——他如果不是一只野兽,那就是一位神祇。”(《政治学》第1卷第2章,商务印书馆吴寿彭译本第9页)

② 英美政治的本质,是排斥道德高调的。杰佛逊即公然说嫉妒是公平的人性基础。进而也可以说,自私是权利的人性基础。圣人舍己而利人之不暇,是不会谈自己的权利的。柏克的这一句话,令我们想到《联邦党人文集》第51篇中的话:“人若是天使,政府就是不必要的。”

③ 原文使用的是《新约·腓利比书》4.8中的一个短句。

④ 柏克在他的《英国史纲要》中曾提到,宗教精神与绅士精神,是欧洲文明的两大支柱,他的其他文字中也不断出现“男子汉”“大丈夫”“绅士”一类的字样。所谓绅士精神,是指自尊、出于荣誉、自愿(而非出于恐惧)的服从,注重品德,注重私谊等等。绅士不能说不爱国,但爱国不是绅士的标志。绅士所侧重的是私德,而不是公德。所谓“做一个爱国者,但不要忘记我们是绅士”,就是这个意思。柏克这里暗示的人,或许是老皮特;因为老皮特不大以结党为然,并提倡爱国重于私谊;“结党的人必不爱国”是当时流行的看法,不仅英国,欧洲也如此,皮特即持有此见。政党政治之普遍为人接受,柏克是有大功的。在《论课税于美洲》的演讲中,柏克又攻击了皮特所持有的这一流俗之见,称之无益于人类的、“瓠落无当”的高调;并把皮特内阁在美洲政策的失败,归之于这一原则。

⑤ 好者好之,恶者恶之的意思。

无过地混日子。政治社会,是需要力量与干劲的;身为守护者,却抱头睡大觉,这与通敌一样,都是对职守的犯罪。

凡事都有定期[①]。需要诚实人行动起来的紧要事,固然有很多,却不是同样急迫;然而,危如累卵的关头,会不时出现的;眼下若非这样的关头,那我就是看走眼了。总有一天人们会明白,即使最梗正的人,也有必要结党;但他们明白的时候也许已太晚了。等他们结为一党时,结党就是自取灭亡,却丝毫无益于国家。不及时地联合起来、故得以站在法律的一边、为维护法律而抗争,事已不可为了,却结为一党,这时候,则只能耍一耍阴谋,却无法会商国事了。他们所维护的法律,将成为恶敌手里的武器;到最后,他们将被一脚踢进悲惨的境地,或当奴隶,或搞内乱,此外无他途可走;这样的处境,善良的人见之,是莫不恐惧的;无论做奴隶,还是搞内乱,他良心都不会安宁。因此,我们当前的首要义务,就要把这使人负疚、使人悔恨[②]的处境,拒之于千里之外。早行动,日后即可避免无成果的暴力。我们如今仍然行动于朗朗的乾坤之下。破坏公共安宁的人,他们的计划已经乱套了,它并没有打垮我们[③]。

---

① 《旧约·传道书》3.1:“凡事有定期,天下万物都有定时。生有时,死有时,栽种有时,拔出所栽种的也有时……”。

② 搞内乱,故而负疚;不及时联合而做了奴隶,故悔恨。

③ 柏克的这几段关于当时政党行为的描述,是政党出现之初必有的现象(民国初年中国政党的作风,也是如此。马良当时有一篇论政党道德的文字,提出了与柏克大致相同的主张)。随着议会政治的进一步发展,英国的政党采用了督导制度,以维持党的纪律,柏克所抱怨的问题方得以解决。督导的原文做 whip,其本意是动词,是“鞭打”的意思,引申为猎狐狸时管理猎狗的人,他的职责是用鞭子把脱群的猎狗抽打回狗群。政党督导员、即 whip(往往不止一位)的职责,是投票时负责政党纪律的:第一要保证议会有重大的表决时,本党的议员必须出席,第二命令他们按本党的决定投票,不得自行其是。这一制度,后来又引进了美国国会,成为现代政党制度的支柱之一。

假如读者相信，在我国，的确有一个我所描述的帮派，一个违逆人民的普遍意愿、以宫廷一己的好恶统治国家的帮派；这个帮派，在施展阴谋、蛀蚀我们自由之基的同时，还削弱了（至少是目前）政府的所有行政权力，使我们受外国的蔑视，使我们内政不理，扰攘不靖；——读者若相信这一点，那么他也会相信：除非活跃于公共舞台上的人，牢固地联合起来，并得到全体人民真心而一致的支持，则我们是不可能战胜这一帮派的。人民将看到，恢复公共人物对公意的关心，恢复宪政的固有原则，是非常必要的。尤为要紧的是，他们要尽量地约束下院，不让它僭取那不属于它的身份。他们应尽量使下院的存在、权力和特权，独立于别人，而只依赖他们自己。对下院来说，这一种奴役，就好比顺从于神的法律那样，是一种"完满的自由"[①]。因他们一旦放弃这自然的、理性的和自由人的服从，抛开他们权力的惟一本基，他们肯定会跑到别处，去仰事那些狗彘之辈，以求取他们的支持。当通过这与选民的正当联系、而恢复它本来的尊严之后，它自然会想：这些非法权力的虚假之装饰，这奴才的皂衣，是该脱下的时候了。它会开始想到它制约政府的老职守的。它将不允许那万恶之首者肆虐于国内：它将不把政府的所有权力，委于那些不得公众之信任、违逆公众之好恶、没有自然的联合或相互信赖之关系的人。

他们本人若学会了这一课，他们自然乐意、也能够教导宫廷说：君主的真利益，是只有一个政府，其成员之荷君主的眷注而入

① 语出英国国教的《公祷书》。

阁，应通过国民的意见，而非贡媚于亲宠[1]。靠民望而进入政府的人，服侍君主，是竭其忠悃的，因为君主依据这样的原则选拔他们，是对他们品德的褒奖。他们服侍君主，是有效绩的，因为他们以国民的力量，济助了行政的权力。他们服侍君主，是无损君主的尊严的，因他们绝不盗用君主的名号，去泄私仇，饱贪欲。举凡天下的政府，若还感到自己有责任于下院，下院又感到有责任于选民，那么这一点，即使考虑到人性的缺陷，则也该成为政府的一般特征。而假如其他的观念占了上风，则目前的乱象，必无有已时，到后来，不是百事汹汹，陷于内乱，就是举国陆沈，一片暴政的死寂。

① 国王的亲宠。

附录二:柏克小传

埃德蒙·柏克1729年生于爱尔兰的都柏林市,父亲是一位律师;母亲是天主教徒,柏克自小信奉国教。他少年就读于基尔代郡的巴利托尔学校;在此结识了该校校长的儿子理查·沙克莱顿,两人保持了终生的友谊。随后他就读于都柏林的三一学院,1748年获文学士学位。1750年,柏克赴伦敦四大律师公会之一的"中殿"学习法律;但不久后,觉得法律一门过于狭窄,故而辍学(这一感受,曾多次见于他后来的文字里)。此后,他旅食伦敦,以文学为业。1757年,娶简·纽珍特为妻;婚后寄住于岳父家中。一同寄居于此的,尚有他的弟弟理查·柏克,他在中殿结识的好友威廉·柏克;两人同姓,但不同宗。

1756年,柏克出版《自然社会的辩白书》,一本讽刺博林布鲁克赞美自然宗教、攻击天启宗教的作品,对"自然社会",它佯为赞美,对文明则假抑为扬。这是柏克的第一本著作,书中为文明的社会与政治结构的辩护,后来又数见于柏克的文字中。它的主张是:文明是无数代人智慧的结晶;"浅薄的愚妄子"如博林布鲁克者流,奢谈以立法而一举更张所有的法律与习惯,何其可笑之甚也。这一本书,是逆启蒙时代的风气而行的。

柏克的第二本书,是美学史上的名篇之一,也是他惟一的一本可称为“理论著作”的作品:《对崇高感与优美感之起源的哲学探讨》[①]。此书受启发于洛克与孟德斯鸠,主张与休谟相对立,并影响了康德[②]。这是一本以英国经验主义传统写成的现代哲学著作。它为年轻的柏克带来了小名声。

这两本书均由道兹雷出版,他是当时最受尊敬的出版商;柏克1759年创建的《年鉴》(Annual Register),也是由他出版的;《年鉴》的客观与准确素为人称道,至今仍是研究当时政治的必读书。这同时,柏克受道兹雷委托,开始撰写《英国史》一书,却终老不能完成;它的残篇《英国史纲目》,是在柏克的身后出版的。此书的用力之处,是英国政体的变迁;现在读起来,仍颇有发人深省之处。

这以后,柏克便弃文从政了。他的天分,本在于政治的练达,前期的文学生涯,则颇有功于他的辩才与文采。1759年,他做了威廉·格拉德·汉密尔顿的私人秘书,此人是议会的议员,位轻望浅的政客;同年,他去爱尔兰任职,柏克随他去了都柏林,得以考察英国对他家乡的不良统治;这成为他毕生关心的问题之一。他未完成的《论爱尔兰的天主教法》,即始笔于这一次家乡之行。回伦敦后,就自己的身份是属员还是幕宾的问题,柏克与汉密尔顿发生激烈的争吵,他颇悔当初之轻来,放弃了300镑的年金,拂袖而他去。1765年1月,正在组阁的罗金厄姆侯爵招揽了柏克,用他为自己的私人秘书。1765年12月,在罗金厄姆的支持下,柏克经由佛尔

① 这本书与柏克的政治思想不无关系。

② 康德《判断力批判》上卷“审美判断力的批判”中,对柏克的学说有很高的评价(宗白华的《判断力批判》汉译本中,柏克译作“布克尔”)。

尼勋爵的影响，被推选为温多佛市的下院代表。温多佛的这一议员席位，本答应给柏克的挚友威廉·柏克的；但威廉让给了他。

柏克甫来下院，即一头扑进了辩论中，他雄辞如云，是下院多年所未见的，下院的议员们，颇震眩于他的口才。在那个雄辩的时代，他成了最大的雄辩家；也是政治小册子登峰造极的时代中笔锋最健的人。他最著名的文字，都是就当前政治问题的演讲，和供宣传用的小册子。但柏克并不徒有鸿词，对眼前事务的看法，每以哲人般的思考和广博的学识为经纬。他写的是眼前事，但目光所注的，则是全人类和万代千秋。这些文字中的政治哲学，前后是以一贯之的（虽然学者们对此有不同的看法）；柏克本人也颇以此自傲。他后来对法国革命的攻击，引起了他的辉格党旧友的不满，以为他首鼠两端，持不同的标准对待美洲革命与法国革命。他以《一个老辉格党人对新辉格党人的呼吁书》作了回答；文中说：自由，是存在于不同势力对垒的夹缝中，倘若一支势力打垮了其他的势力，自由就没有了安身之处；所以，当英国的君主制因法国革命的原则而动摇时，他便来扶持君权（《法国革命论》）；当议会因宫廷帮的阴谋而弱化时，他便来增援议会（《论当前之不满情绪的根源》）；当议会欲宰割殖民地时，他则保卫殖民地（《论课税于美洲》、《论与美洲的和解》、《致布里斯托长官书》）。表面上看来，这是朝秦暮楚，实际却是真正的首尾一贯；是政治的眼界与胸襟。爱自由的人，即使受虐于一支既有的政治势力，也不应动匹夫之怒，而任由、并帮助其他的势力将之摧毁。这些话，是柏克一生的自道；自由的制度中，有危者则必持之，有颠者则必扶之，这可谓柏克政治生涯的大概。

首先是政党。在罗金厄姆的第一届内阁中(1765—1766),柏克只是幕宾。罗金厄姆第二次组阁时(1782—1783),柏克才得据"军需主计长"这样一个小官职。如果不为了保持本派的团结和自己的信仰,他本可以飞黄腾达。在结党尚被视为无原则的表现、政党亦松散而无制度的当时,柏克对政党的忠心,是很不寻常的。

为改变世人对结党的偏见,1770年,他出版了《论当前之不满情绪的根源》。他在书里断言:议会中有一个帮派,自称为"国王的朋友",自诩为不党不附,凡内阁必支持;他们在摧毁着英国的宪政。不仅以结党为政治的必须,还以结党为政治的道德,在政治哲学的历史上,柏克是第一人。针对"结党之为善是偶然,为害是必然"的常人之见,柏克反驳说,政党"对于克尽公共的职守来说,是必不可少的,至于它堕落为乱国的朋党,却只是偶然的、事不经有的"。从1765年起,柏克即忠心耿耿于自己的党派;但1782年他的故主罗金厄姆勋爵死后,柏克在党内日渐孤独;法国革命爆发后,柏克的好友、辉格党的领袖查尔斯·詹姆斯·福克斯,决心支持法国革命的原则,柏克因此与他发生冲突;1791年5月6日,议会中发生了戏剧性的一幕:福克斯在下院发表演说,公开谴责《法国革命论》一书,谴责柏克是变节者,并暗示他反对法国革命是政府的贿赂所致;柏克党内的旧友们,则作壁上观,默不出一言。柏克的感情受到了极大伤害[1];这时他醒悟到,对本党的忠心,必须

① "一个人,在议会坐了26年之久,却居然没有一个朋友临危而相助,真可谓日光下的新事。"(柏克1791年6月致菲兹威廉,《柏克书信选》,Harvey C. Mansfield Jr.编,1984年芝加哥大学出版社)

要有所底止了。他虽不情愿，但还是拔出笔投向他的旧友人。这就是1791年出版的《一个老辉格党人对新辉格党人的呼吁书》[①]。

柏克的政党观，是倚重于有恒产的乡绅阶层的；认为它是社会的天然因素，是宪政的基石[②]。个人的才干，远不如出身更有益于宪政，有益于自由。有才而无产者，多躁进之心，所以宪政的安全，须有赖于智不过中人、但行事稳健的贵族地主的领导。因此，他虽然是政治中的活跃人物，一生却满足于服侍出身于高门的辉格党人，如罗金厄姆；才干虽胜于他们，却甘于做属吏。出身寒微者，尽管当时已有了腾达的机会，柏克多弃之不用。

柏克虽信仰"保守主义"[③]，但美洲独立之前、甚至宣布独立以后，他一直是美洲事业的支持者。1766年，即罗金厄姆当政时期，他在下院发表演讲，支持内阁撤消《印花税法案》的动议；但又投票赞成"英国在美洲享有课税权"的声明，认为"拥有主权"和"行使主权"，是完全不同的两回事。1770年至1775年，他任纽约议会驻帝国政府的代理，颇尽心于事；在英国与殖民地的冲突中，他达下情，传上意，并极力弥缝两方的分歧，但终无结果。

1774年4月19日，柏克发表《论课税于美洲》的演讲，这是迄当时为止最见柏克的辩才与远见的文字，在演说中，他力图把争论

① 文中有一段宣布本党决裂的话，颇为有趣，译出来以资谈助："犬儒第欧根尼，是欧济尼河边一个荒残僻陋的小镇之公民；它名作'西诺普'，背山而面海，饱受风涛之害。卜居的地点，去风吹浪打的城墙颇遥远，他不事生计，以文事为心，日子颇闲适。有一天，镇上的人通知他说，西诺普人责罚他滚出该城。他冷冷地回答说：'好吧，我责罚他们住在西诺普。'"

② 他借钱在比孔斯菲尔德购置地产，就是在施行他的政治信仰。

③ 当时并没有"保守主义"一词，该词是19世纪初出现的。

的焦点，由主权的理论之分歧，转移到对美洲行使该主权的谨慎与否上。1775年3月22日，柏克在下院发表《论与美洲的和解》，朝野为之轰动，演说印成文字后，伦敦一时纸贵。这一篇演讲，是雄辩术的不朽的典范，选入美国的学生课本几近百年之久。在演说中，他恳求议会以宽容、大度为心，不要牵拘于教条，陷入主权理论的“撒卜尼斯大沼泽”。他感叹说，执一个大国的权柄者，却是一帮鸡肠鼠肚的人，智小而谋大，何其不伦之甚也。战争爆发后，柏克所属的罗金厄姆党退出议会，以示对政府的抵制。1777年，他致书于他所代表的布里斯托市的司法行政长官，解释自己的“退席”政策，对政治中应用理论的恶果，不胜痛惜；并隐然支持美洲的独立（《致布里斯托长官书》）。

柏克终生关心爱尔兰事务。他虽拥护不列颠对爱尔兰的主权，却不以英国的统治方式为可。在《论爱尔兰的天主教法》中，英国的立法禁止天主教徒任公职、受封赏，大为柏克所诟病。1792年，在《致赫克勒斯·朗格历舍的信》中，他以为明智之策，是把英国宪政的自由权，推恩于爱尔兰人。在《与美洲的和解》中，柏克承认，英国的宪法，固有恩及于爱尔兰者，但“小惠未遍”，民不相从，推恩之路，是很遥远的。现代的一些学者认为，英国在爱尔兰的统治，假如一直采取柏克的“推恩政策”，爱尔兰当不会有今天的乱局。在论爱尔兰与印度的文字中，他不断诉诸自然法。他的自然法观念是祖述西塞罗的；他以为，天地间自有正道，不是凡法律就是“合法的”；他援据“至高的自然法原则”，反对霍布斯以法律为“主权者之专断意志”的陈说。

1774年，柏克受英国当时的第二大城市布里斯托市部分士绅的邀请,前来竞取该市的下院议席。在获选后的演讲中,与他一同当选的亨利·克鲁格对选民们说[①],他的所有行动,将一依选民的指示为去就;柏克闻之不怿,他起而回答说,代表所应尽忠于选民者,不是婉容取媚,而是在事关公益的事上,自持其判断,至不惜和选民们相乖歧。"在万头攒动的选举中,公然不以选民的指示为权威",在人类的选举史上,柏克"恐怕是第一人"[②]。他这一主张,对后来的代议制理论有深刻的影响,并至今不衰。布里斯托市激进的商人们,很不满意于柏克的演讲,兼以此前他主张宽待天主教徒,此后又主张对爱尔兰的贸易做出妥协,也为他们所不悦;1780年,柏克被迫退出了选举。此后,经罗金厄姆控制的马尔顿市的推举,柏克出任该市的代表,迄1794年退休。

柏克也是英国政体改革的先锋。在1780年发表于下院的《论经济改革》的演讲中,他发挥了自己10年前的政党理论。他主张撤消皇室的大量冗职;出售皇室之无效益的、糜费公财的庞大地产,一来为减轻国库的负担,二来可抑制王权的邪恶势力,使国王或内阁欲"犒赏"它的支持者,却找不到职位让他们吃俸禄,贪国财;王权和内阁,一旦失去了可用于犒赏支持者的经济资源,麇集于权力周围的宵小之辈,自会作鸟兽散;王权就只好依赖由有产阶层组成的公开的政党了。举地产而抑才能,是柏克政治信仰的主调,在《法国革命论》一书中,它达到了最高音。1782年,罗金厄姆再次出任英国的首相,柏克得有机会推行他的部分改革计划;长达

① 该市有两个议会席位。

② 柏克致奥哈拉的信。

一个世纪的英国政体的改革,从而启轫;但改革的结果是日趋于民主,背离了柏克维持士绅统治的初衷。

在政治经济学上,柏克的思想也是异常"现代的"。1795 年,他撰写了《论歉收》一文,在文中,他抗议政府对贸易的"胡乱插手";称"商业的法则,……是上帝的法则",警告政府干涉的危险后果。这一篇文字,日后招致了马克思谩骂式的抨击,说柏克是取媚英国资产阶级的马屁精。在经济学上,柏克的立场是近于他的朋友亚当·斯密、而不是近于西塞罗的。他的"经济的活力在于政治的自由"的思想,也深深地影响了现代的自由主义者。

印度的事务,是柏克平生用力最深、最动感情的问题之一。他在迟暮之年(1796 年)致朋友的信中,指示他把自己弹劾印度总督哈斯庭斯的所有记录,在他死后公诸世人,"让我欲使国家免于耻辱和罪孽的努力,作我本人的纪念碑吧。我只想用它作我的墓碑。除了它之外,让我做过的每件事,说过的每句话,写下的每个词,都统统被后人遗忘吧"[①]。他用心于印度,始于 1766 年,这一年,查塔姆勋爵(即老皮特)试图从东印度公司征取更多的岁入。该公司为保护它的贸易,逐渐据有了政府的职能,依柏克后来的说法,它"始于贸易,终于帝国"。柏克与他的党人们,起初是维护公司的宪章,抵制政府的榨取的。到 1773 年,他仍反对政府对该公司的管制,却终不成功。

但后来,随着对印度事务有更深入的了解,柏克改变了态度。1782 年,他盛张怒焰于哈斯庭斯,并决心拉他下马来,摧毁英国在

① 柏克 1796 年 7 月致弗兰池·劳仑斯信,见《柏克书信选》。

印度的腐败而暴虐的统治。在哈斯庭斯印度的宿敌菲利普·佛朗西斯的协助下，1782 至 1795 年间，柏克在下院的一个委员会中，曾七次谴责哈斯庭斯（1782—1783 年）；并在下院中提起了对哈斯庭斯的弹劾案（1786—1787 年）。

弹劾哈斯庭斯时，柏克正处于势力的巅峰；但哈斯庭斯是一个可怕的对手，他的行政手腕，政治的胆识，和作战的勇武，曾挽救了英国在印度的统治。柏克要求政府干涉印度的事物，禁止对印度的掠夺，禁止东印度公司越出贸易的圈子。他援借自然法说，印度人也是人，理当受到公正的对待，哪怕这样会伤害英国的贸易，危及英国的统治；英国的自由权，应推恩于印度。柏克的弹劾案通过了下院，但上院在审判时，则宣布哈斯庭斯无罪。结党与弹劾，是柏克所推崇的宪政的两大支柱；故多年来，他一直谋求使弹劾成为议会的定制，但随着哈斯庭斯弹劾案的失败，他的理想破灭了；柏克深为痛苦①。

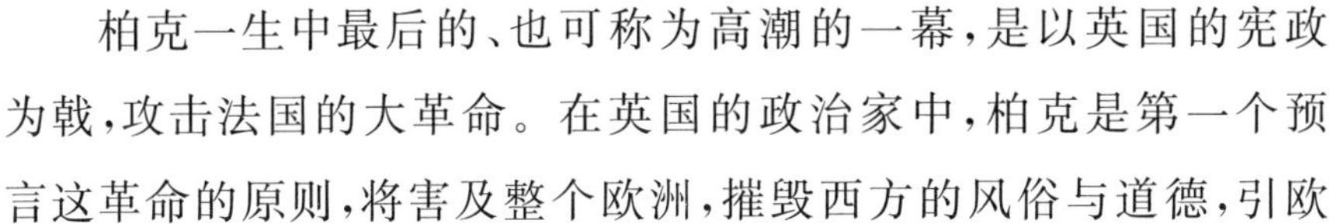

柏克一生中最后的、也可称为高潮的一幕，是以英国的宪政为戟，攻击法国的大革命。在英国的政治家中，柏克是第一个预言这革命的原则，将害及整个欧洲，摧毁西方的风俗与道德，引欧

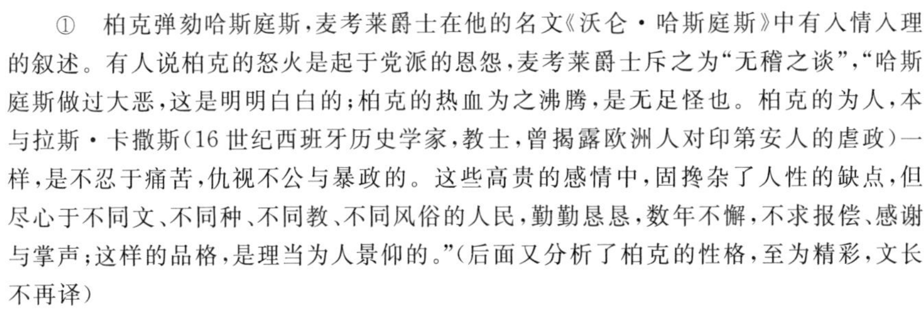

① 柏克弹劾哈斯庭斯，麦考莱爵士在他的名文《沃仑·哈斯庭斯》中有入情入理的叙述。有人说柏克的怒火是起于党派的恩怨，麦考莱爵士斥之为“无稽之谈”，“哈斯庭斯做过大恶，这是明明白白的；柏克的热血为之沸腾，是无足怪也。柏克的为人，本与拉斯·卡撒斯（16 世纪西班牙历史学家，教士，曾揭露欧洲人对印第安人的虐政）一样，是不忍于痛苦，仇视不公与暴政的。这些高贵的感情中，固搀杂了人性的缺点，但尽心于不同文、不同种、不同教、不同风俗的人民，勤勤恳恳，数年不懈，不求报偿、感谢与掌声；这样的品格，是理当为人景仰的。”（后面又分析了柏克的性格，至为精彩，文长不再译）

洲(包括英国)于暴政之途,甚至将改变人类之精神的。他先是在1790年2月的议会辩论中,斥责这一场革命;随后撰写了他平生最伟大的作品《法国革命论》。这书一出版,就成了当时的“畅销书”,并引起激烈的论争;攻击柏克最力的,是汤姆·潘恩的《论人权》①。

1794年,柏克的儿子理查去世,丧子之痛使他的健康日下。1797年6月9日,即退休约三年后,他病逝于乡下的宅邸。

柏克文学圈子里的朋友、诗人、戏剧家哥尔斯密,在柏克发表其《论课税于美洲》的当年、即1774年,曾做过一首打油长诗,是为他的朋友们戏拟墓志铭的。关于柏克的一节,他这样写道:

这地里埋的,是我们善良的埃德蒙,
他的才分,仰之而弥高,俯之则弥小;
他生来是为天地立心,却自蹙其心灵,
本当给予人类的,反糟蹋给了政党。
虽有满肚子学问,却非从嗓子里挤,
以劝说汤米·汤申借给他一票。
对听众而言,他太高深,但他意犹嫌浅,
他想劝服人家,人家想的,却是酒肉膏粱。
他事事能来,事事做不好,
做政客太高尚,做文人太骄傲,
做爱国者,他太冷静,做胥吏,又太桀骜,

① 商务印书馆的《潘恩选集》收有此文。

他爱权力,容不得权宜。
总之,他命不好,一辈子用非其所,
剃刀锯木头,杀鸡动牛刀[①]。

① 《哥尔斯密诗歌戏剧集》,人人丛书本,38页,纽约,1930年。

人名译名对照表

（本书翻译所据底本为1866年波士顿“利特尔·布朗公司”的《埃德蒙·柏克著作集》本。该版没有注释和索引。为便于读者检索，译者编写了人名译名对照表，以英文字母为序）

Addison,Joseph,艾迪生
Anne,Queen,安妮女王
Aristotle,亚里士多德

Bacon,Francis,培根
Balmerino, Arthur Aelphinstone, 鲍摩里诺勋爵
Bancroft,Hubert Howe,班克罗夫特
Bathurst,lord,巴瑟斯特勋爵
Bedford,duke of,(Russell,John),贝德福
Bentinck,Duke of Portland,本提克
Berkley,George,bishop of Cloyne,贝克莱主教
Bernard,the governor,伯纳德总督
Blackstone,Sir William,布莱克斯通
Bolingbroke,Henry St John,Viscount,博林布鲁克
Browne,Sir Thomas,托马斯·布朗
Burke,Richard,Jr.,理查·柏克
Burke,William,威廉·柏克
Burton,Robert,罗伯特·伯顿
Bute,John Stuart,third earl of,布特伯爵

Carmarthen,lord,卡尔马森勋爵
Carteret,John,baron(Earl Granville),卡特里特
Cavendish,Lord John,卡文迪什
Charles II,King,查理二世
Charles V(Holy Roman Emperor),查理五世(神圣罗马帝国皇帝)
Choiseul,Etienne Francois,duc de,舒瓦瑟尔公爵
Cicero,M,Tullius,西塞罗
Coke,Sir Edward,爱德华·柯克爵士
Conway,Henry Seymour,康威
Cornwall,Charles Wofran,查尔斯·沃尔夫兰·康瓦尔
Cromwell,Oliver,奥利弗·克伦威尔
Cumberland,William Augustus,Duke of,卡姆伯兰公爵

Dashwood,Sir Francis,达史伍德
Davis,Sir John,约翰·戴维斯爵士
De Lancey,James,迪·朗西
Devonshire,Duke of; Cavendish,William,德文郡公爵
Dowdeswell,William,窦德斯维尔
Dunmore,John Muray,邓睦尔
Durham,duke of,达雷姆公爵
Dyson,Jeremiah,迪森

Edward I,King,爱德华一世
Edward,James,詹姆斯·爱德华(老僭君)
Egmont,lord,埃格蒙特勋爵
Elliot,sir Gilbert,吉尔伯特·爱略特
Elizabeth I,Queen,伊丽莎白(女王)

Farr,John,约翰·法尔
Fitzwilliam,William,菲兹威廉
Fox,Charles James,查尔斯·詹姆斯·福克斯
Francis,Philip,菲利普·弗兰西斯
Frederick,Prince of Wales,弗里德里克,威尔士王子
Franklin,Benjamin,富兰克林
Fuller,Rose,罗斯·富勒

Gage,Thomas,盖奇将军
Gibbon,Edward,爱德华·吉本
Godolphin,Sidney,first earl of,格德尔芬勋爵
Goldsmith,Oliver,哥尔斯密
Gower,lord,格沃尔勋爵
Grafton,Henry Fitzroy,Duke of,格拉夫顿
Grenville,George,格伦维尔

Halifax,the earl of,哈里法克斯伯爵
Hamilton,William Gerard,Lord Lieutenant of Ireland,威廉·格拉德·汉密尔顿
Hampden,John,汉普登
Harrington,James,哈灵顿
Harris,John,约翰·哈里斯
Hastings,Warren,哈斯庭斯
Henry the eighth,King,亨利八世
Henry III,King,亨利三世
Herodotus,希罗多德
Hillsborough,Lord,希尔斯巴罗勋爵
Hobbes,Thomas,霍布斯
Horace(Q. Horatius Flaccus),贺拉斯
Howe,Richard,理查德·豪
Howe,William,lord 威廉·豪勋爵
Hume,David,(大卫)休谟

James I,King,詹姆斯一世国王
John,King,约翰王
Johnson,Dr. Samuel,塞缪尔·约翰逊博士
Juvenal,D. Iunius Iuvenalis,尤文纳尔

Keppel,Augustus,奥古斯都·凯普尔
Keppel,Augustus,凯普尔

Langrishe,Sir Hercules,1st Baronet,赫克勒斯·朗格历舍
Laurence,French,弗兰池·劳仑斯
Lenox,Charles,Duke of Richmond,林诺克斯
Locke,John,约翰·洛克
Luttrell,Colonel,路特莱尔

MaCaulay,Thomas Babington,麦考莱
Machiavelli,Niccolo,马基雅维里
Mackenzie,Stewart,斯提沃特·麦肯齐
Malborough,John Churchill,first duke of,马尔博罗勋爵
Martial,马夏尔
Mentagu,Edward,爱德华·蒙塔古
Milton,John,弥尔顿
Mill,John Stuart,约翰·穆勒
Moliere,莫里哀
Montesquieu,Charles le Secondat,Baron de,孟德斯鸠
More,Sir Thomas,摩尔
Morley,John,1st Viscount of Blackburn,莫雷勋爵
Moynihan,Daniel Patrick,丹尼尔·帕特里克·莫尼罕

Newcastle,Duke of,see Pelham,Holles,Thomas,纽卡斯公爵
North,Frederick,Lord,诺斯勋爵
Northington,Robert Henley,earl of,诺星顿
Nugent,Jane,简·纽珍特

O'Hara,Charles,奥哈拉
Ovid,奥维德

译 后 记

《法国革命论》之外，柏克最著名的文字，是他发表于法国革命前的《论当前之不满情绪的根源》、《论课税于美洲》、《论与美洲的和解》、《致布里斯托城行政司法长官书》。收入这个选本的，就是这四篇文字，后三篇文字都是就美洲问题而发，篇幅也约占这个选本的四分之三，因此我把这选本定名为《美洲三书》（书后所附的《柏克小传》则是我根据手边的资料，主要是约翰·雷的《埃德蒙·柏克传》、芝加哥大学出版社的《柏克书信选》）编写的。

哥尔斯密为柏克戏拟的墓铭中说，他的才分生来是为全人类，却糟蹋给了政党。这话不无几分真实；他的十多卷文字（除早年的两篇外），讨论的都是当时的具体问题、具体事件；他的思想的果实，散缀于现已枯萎的历史细节的枝叶里，这四篇文字也不例外。但把他的思想摘寻出来，不仅阅读起来不便于理解，也是违反柏克"思想"的。因为他一向反对抽象的理论，主张以情理、道德感和经验等，去应对当前的事。删除了问题的环境，他的思想虽不至于干瘪，毕竟会伤它的色泽，也不利于体会柏克的真精神。所以这几篇文字，我做了完整的翻译，没有抹去那些已枯萎的枝叶。

我不是英国政治史专家，也不是任何门类的专家，只是喜欢17、18世纪英国文学与历史的闲人。我生活于荒残僻陋的小城，没有书济助我的浅学。身边的朋友，也没有与我有此同好的人，可广我见闻，补我缺漏。凡有疑难处，只能聊试铅刀，冀收一割之效。错误之不免，是不言而喻的。四方的博雅君子，当有以指出我的缺点者。

犹记得80年代初读大学时，师友中好言柏克者，有我的同学刘皓明先生，我读柏克，是在他的影响下开始的。去年翻译柏克以来，我多蒙他的鼓励；书中的一段法文、若干拉丁文，都是由他代我译为英语，复由我译为汉语的；拉丁文的原始出处，也多是由他代我检出。我感谢他当年的启蒙，更感谢他后来的帮助与鼓励。

2002年　石家庄

图书在版编目(CIP)数据

美洲三书/(英)埃德蒙·柏克著;缪哲选译.—北京:商务印书馆,2017
(汉译世界学术名著丛书:120年纪念版:珍藏本)
ISBN 978-7-100-14898-6

Ⅰ.①美… Ⅱ.①埃… ②缪… Ⅲ.①政治思想史—英国—18世纪 Ⅳ.①D095.614.1

中国版本图书馆CIP数据核字(2017)第160070号

汉译世界学术名著丛书
(120年纪念版·珍藏本)
美 洲 三 书
〔英〕埃德蒙·柏克 著
缪哲 选译

商 务 印 书 馆 出 版
(北京王府井大街36号 邮政编码100710)
商 务 印 书 馆 发 行
北京新华印刷有限公司印刷
ISBN 978-7-100-14898-6

2017年12月第1版 开本710×1000 1/16
2017年12月北京第1次印刷 印张23
定价:115.00元